网络视听节目创作

邓瑶　齐梦若 ｜ 编著

四川人民出版社

图书在版编目（CIP）数据

网络视听节目创作 / 邓瑶，齐梦若编著.
成都：四川人民出版社，2025. 1. -- ISBN 978-7-220-
13900-0

Ⅰ. G206.2；G222.3

中国国家版本馆 CIP 数据核字第 2024NG4457 号

WANGLUO SHITING JIEMU CHUANGZUO
网络视听节目创作
邓　瑶　齐梦若　编著

出 版 人	黄立新
责任编辑	汤 梅
版式设计	张迪茗
封面设计	张迪茗
责任校对	北京圈圈点点文化发展有限公司
责任印制	周 奇
出版发行	四川人民出版社（成都三色路 238 号）
网　　址	http://www. scpph. com
E-mail	scrmcbs@ sina. com
新浪微博	@ 四川人民出版社
微信公众号	四川人民出版社
发行部业务电话	（028）86361653　86361656
防盗版举报电话	（028）86361661
照　　排	🐼 四川看熊猫杂志有限公司
印　　刷	成都勤德印务有限公司
成品尺寸	170mm×240mm
印　　张	18
字　　数	250 千
版　　次	2025 年 1 月第 1 版
印　　次	2025 年 1 月第 1 次印刷
书　　号	ISBN 978-7-220-13900-0
定　　价	88.00 元

前　言

在网络媒介等新兴媒体的冲击下，传统媒体行业发生的变化主要有两点：一是媒介融合时代信息过载，人们的观看行为变得个性化、碎片化与多屏化；二是随着生产方式的便捷化，人们不再是视听作品被动的接受者，更是主动的参与者。网络社会的发展深刻影响了传统的影视与传媒行业，也给高校的人才培养模式带来了较大的挑战。"网络视听节目创作"作为广播电视编导专业的核心课程，从名称到内容上也进行了一系列的调整，如课程名称从之前的"电视节目制作"更名为"网络视听节目创作"，内容也涵盖了更多元化的节目类型。在此基础上，《网络视听节目创作》教材也必须与时俱进，体现专业特色和时代特点。《网络视听节目创作》教材在原有传统节目形式如新闻、谈话节目、专题片节目的基础上，又增加了带有社交性质的视听节目形式，如短视频、网络直播等。这些新的节目形式迎合了时代的需求，迅速获得广泛的关注，也推动了行业的发展。

"网络视听节目创作"作为广播电视编导专业核心课程之一，其教材内容需要紧密结合人才培养方案，旨在培养学生德智体美劳全面发展，使用影像工具，描摹时代的变迁。通过课程的学习，使学生掌握不同类型的网络视听节目的类型特征，并初步具备网络视听节目的策划和制作能力，能够自觉利用专业所学，策划新时代展示祖国大好河山、风土人情、生产劳动、感人故事、传统文化等题材的优质网络视听节目。网络视听节目具有网络性、互动性和时代性的特征，网络视听节目的策划与制作必须关注现实生活，紧密结合时代热点话题。通过对网络视听节目的策划和制作，将极大地发挥学生的主观能动性、创造力、动手能力和团队协作能力。

《网络视听节目创作》教材通过理论与实践相结合的方式，在生动而立体的讲述中培养学生的审美意识和实践能力。全书分为八个章节，分别为网络视听节目概述、网络视频新闻、微电影、网络纪录片、短视频、网络视频广告、网络音频节目和其他类型的网络视听节目等，从网络视听节目的起源与发展、类型与特征、前期策划、实地拍摄和后期剪辑等方面进行全方位的梳理，内容具有较强的实操性。

Contents

目 录

第一章

网络视听节目概述

伴随互联网迅猛发展,我国网络视听节目步入黄金年代。随着科技的不断发展,近年来,智能化、数字化手段让影视制作流程更加完善,众多技术深刻影响了内容的制作、传播等各个领域,效率大幅提升。增强现实(AR)、虚拟现实(VR)、扩展现实(XR)、区块链、元宇宙技术的发展让电视文艺节目创新有了更大想象空间;虚拟穿梭、时空交互、沉浸式观赏等,使得网络视听产品的在场感、互动化、沉浸式等特征愈发凸显,更多节目从以往的单一型、平面化向多维度、穿越式进行升级再造。紧跟时代变化,讲好中国故事,打造优秀作品,是网络视听行业义不容辞的责任与担当。探索网络视听节目的创作规律,首先需要深刻理解网络技术发展的特点。

第一节　网络新媒体概况

一、网络概述

网络视听节目的诞生、发展与网络技术密不可分,理解网络视听节目的制作规律,需要先对网络技术的内涵、属性和特点有所了解。"网络"(network)一词,在最基本的意义上,是指任何事物(对象)的集合,其中某些事物之间的连接(link)关联起来,就是网络。[①] 因此,我们可以认为,网络的本质属性是连接。

(一) 互联网的起源与发展

从技术层面来看,自互联网诞生以来,计算机网络的发展经历了三个不同的发展阶段,分别为 PC 互联网阶段、移动互联网阶段和物联网阶段。

---

① 大卫·伊斯利、乔恩·克莱因伯格:《网络、群体与市场——揭示高度互联网世界的行为原理与效应机制》,清华大学出版社,2017,第 1 页。

1. 互联网的诞生

1969 年，互联网的雏形阿帕网（arpanet）诞生于美国，它是美国国防部的高级计划研究署（Advanced Research Projects Agency，ARPA）研发的一个实验性网络，最初阿帕网只有 4 台计算机相连。为了应对可能发生的战争，阿帕网的设计目标之一是，即使它受到外来袭击，仍能保持正常工作，即计算机之间可以通过任一路由而不是固定路由发送信息。这种设计，使计算机网络具有更高的安全性。

阿帕网的网络结构被称为分布式结构，这种结构的通信网是对于集中型和分散型网络结构的一种更新。分布式网络去掉了中心交换点，形成了一张由许多节点连接而成的网络，每一个节点都有多条途径通往其他节点。采用分布式结构，使得网络中的任何一个节点被破坏都不会影响其他节点之间的通信。分布式的网络结构，为互联网成为一种去中心化的、分权的新兴媒体奠定了基础。

2. 互联网的普及

1974 年，文顿·瑟夫（Vinton Cerf）和罗伯特·卡恩（Robert Khan）提出了互联网协议 TCP/IP（Transmission Control Protocol/Internet Protocol）。1983 年，TCP/IP 被制定为互联网的标准协议，为所有的网络所采纳，成为互联网技术史上的第一次飞跃。

由于早期的商用互联网仍存在着较高的技术门槛，欧洲粒子物理实验室的蒂姆·伯纳斯-李（Tim Berners-Lee）于 1989 年提出万维网（World Wide Web，WWW）的技术构想，从根本上改变了这一现象，也从根本上为互联网成为一种大众传播媒介奠定了基础，因此也被看作互联网技术发展的第二次飞跃。万维网的普及，使得网站成为互联网主要的信息获取渠道，越来越多的门户网站提供丰富的内容与服务，开始成为人们在网络中的必去之所。

1994 年 4 月 20 日，中国加入国际互联网。网络技术的发展和网络服务的丰富，使得互联网上的信息传播异常活跃。随之而来，搜索引擎的兴起也使得互联网更加普及。海量性、时效性、互动性等优势，使得互联网逐渐成为信息传播的重要媒介，在政治、经济、文化等领域的影响力也日益增长。

PC 互联网阶段的主要表现为以个人计算机为终端，以万维网逻辑实现信息传播——个人计算机用户通过万维网的网页和浏览器两个基本构成进入信息系统浏览信息。这一时期，大众新闻门户网站成为最早的与报纸、广播、电视相比较而言的新媒体。

3. 社会化媒体的兴盛

2004 年以来，互联网开始了新一轮的变革，而这一变化的核心特征是开启了调动用户参与的 Web2.0 时代。随着用户广泛参与网站内容建设和交互，网络不仅是"可读"的，也变成"可写"的，因此 Web2.0 一般是指由用户主导生成内容的互联网应用模式。

相比 Web1.0，Web2.0 具有强烈的交互性、个性化等特征。Web2.0 的应用，作为一种社会纽带，不仅是个体吸纳与整合社会能量的接收器，同时也是个体能力放大为社会能力的转换器。Web2.0 应用与社会化媒体（Social Media），也称社交媒体，两者几乎是如影随形的关系。社会化媒体的主要特征有两个：一是内容生产与社交的结合。社会关系的需求促进了社会化媒体平台上的内容生产，而这些平台上的内容也成为连接人们的纽带。二是社会化媒体平台上的主角是用户，而不是网站的运营者。

伴随着 Web2.0 时代的到来，"自媒体（We Media）"这一概念也逐步被接受。自媒体指在网络技术特别是 Web2.0 技术环境下，不从属于专业媒体的个体或组织通过网络手段进行自主的信息传播的新形式。随之而来的是 UGC（User Generated Content）的出现，即用户生产内容，那些由网民上传图片、视频、音频等内容的网站被统称为 UGC 网站。其中，创立于 2005 年的美国 YouTube 网站被认为是 UGC 网站的早期代表。在 Web2.0 应用推动下，网民日益成为网络内容的重要生产力量，UGC 也在一定程度上对专业网站生产的内容产生了冲击。

4. 移动互联网时代的到来

移动互联技术的真正普及是以智能终端和 App 的应用为起点，实现接入信息系统的无时间限制、无空间限制。移动互联网的基本特征包括终端的随身性与私人性，信息传播与服务的流动性、个性化与场景化。

信息技术经历了从移动模拟通信到移动数字通信再到移动智能通信、移动数字化通信和移动场景通信的发展历程。每一代移动通信技术的发展都带来了系统性质、传输速度、核心技术、数据容量、服务内容等方面的变化。

2019年1月10日，工信部宣布发放5G（第五代移动通信技术）临时牌照，拉开了中国5G商用建网的大幕。由此，5G时代从人们的议论和关切中实实在在地从幕后走上了前台。在此之前，移动通信技术已经经历了从1G到4G共4个时期，2G实现从1G的模拟时代走向数字时代，3G实现从2G语音时代走向数据时代，4G实现IP化，数据速率大幅提升。概言之，5G的诞生，将巨大而深刻地改变我们的生活和社会，推动一场全新的信息革命。而5G最大的现实改变就是实现从人与人之间的通信走向人与物、物与物之间的通信，实现万物互联，极大地推动社会的变革与发展。在物联网时代，将通过射频识别装置、红外感应器、全球定位系统、激光扫描器等信息传感设备，按约定的协议，把任何物品与互联网连接，进行信息交换和通信，以实现智能化识别、定位、跟踪、监控和管理。

（二）互联网的多重属性

网络的属性可以从技术平台、传播媒介、经营平台和社会形态等四个维度进行理解。

1. 网络的技术平台属性

无论是传统媒介还是网络，都是一种技术平台。技术上的变革，是媒介发展的根本动因之一。总的看来，相较以往的传媒技术，网络技术的特点是：它与很多技术相互关联，例如计算机技术、通信技术等，其发展脉络更加复杂。网络技术不仅是一种传媒技术，更涉及社会生产与生活的各个层面，正因如此，它的发展动力更为多元、强劲。

2. 网络的传播媒介属性

(1) 网络传播的复合性

网络所承载的传播形态包括人际传播、群体传播、组织传播与大众传播等，各种传播形态之间形成了复杂的交织、渗透与互动关系。从传播形式来看，网站、客户端、电子邮件、即时通信、论坛、博客、微博、微信等相互连接、渗透，形成了立体的传播网络。

各种传播形态与形式的相互交织，使网络信息传播的具体过程与结构也变得格外复杂。网络中的传播既可以是"点对面"的，也可以是"点对点"的；既可以是一级传播，也可以是多级传播；既可以是同步传播，也可以是异步传播。一条信息的传播可能会跨越多种传播形态，在多个传播渠道中进行着多级传播，所以网络传播常常是"复合式"传播。在此过程中，会产生信息的放大、扭曲、衰减等多种可能性。

(2) 网络传播的连通性

从网络结构来说，分布式网络的技术结构本身具有连通性的特点，从理论上来说，网络上的任意两个节点之间的连通都是可能的。在网络中，大众传播者与受众之间的直接联通成为可能，同时，受众之间也会产生各种各样的联通，这种联通不仅改变了传播模式，也影响了人们的社会关系。未来，人与物、物与物也会产生连通，这些新的连接通道将进一步改变网络传播。

技术结构上的连通性促进了信息在网络中的自由流动与相互渗透，但同时，也对信息传播的控制提出了很大的挑战。在信息传播路径四通八达的情况下，简单封锁某一个站点或者某一路径，很难完全控制某些信息的发布与传播。

(3) 网络传播的开放性

在网络传播的宏观与微观两个层面都可以看到"开放性"这一特点。在宏观层面，网络传播的开放性体现在传播格局方面。传媒机构在传统媒体时代的垄断地位已被打破，网络传播的参与者可以是任何有条件利用网络的人或组织。在微观层面，网络传播的开放性体现在传播过程方面。与传统媒体相比，网络可以全天候地处于信息发布的状态，同时，网络传播的各个要素与环节都处于开放状态。

3. 网络的经营平台属性

（1）传统经济：网络经济的基础

网络经济虽然是一种新兴的经济，但仍是传统经济的一种延伸。一方面，网络经营并没有完全脱离传统经营的轨道，另一方面，网络经营平台实际上还是以各种传统产业为支撑。近年来，利用互联网实现传统经济的改造与升级，成为传统行业发展的一个重要方向，2015年3月，全国人大代表、腾讯科技创始人马化腾提出"互联网＋"战略，利用互联网的平台，利用新兴通信技术，把互联网和包括传统行业在内的各行各业结合起来，在新的领域创造一种新的生态[①]。

（2）信息经济：网络经济的基本特征

网络经济在很大程度上是一种信息经济，以信息产品的生产和经营为主。信息产品的诸多特点，意味着信息行业是一个高投入、高产出同时又可能是高风险的行业。信息经济在全球得到了迅速发展，但同时它的起伏动荡也十分激烈。

2004年以来，UGC这一概念被广泛采纳，与传统的由网站生产内容的方式相比，用户生产的内容不仅可以使信息生产的成本转移到用户，从而减轻网站的负担，而且用户生产的内容更加个性化，更能满足长尾需求。同时，它们也有助于用户人际关系的形成，因此往往更容易产生用户黏性。

（3）体验经济：网络经济的增值方向

美国的两位经济学家约瑟夫·派恩（B. Joseph pine Ⅱ）和詹姆斯·吉尔摩（James H. Gilmore）撰写的《体验经济》一书，明确提出了"体验经济"这一概念，并提出"工作是剧场，生意是舞台"的理念。他们认

---

① 中国经济网：《解读：李克强政府报告中的"互联网＋"是什么》，2015年4月1日，http://www.ce. cn/cysc/ztpd/2015zt/9gz/bd/201504/01/t20150401_4997927. shtml，访问日期：2024年7月17日。

为，体验经济具有如下的理想特征：在这里，消费只是过程，消费者成为这一过程的产品。当过程结束后，体验记忆会长久地保存在消费者脑中。消费者会愿意为体验经济付费，因为它美好、难得、非我莫属、不可复制、不可转让、转瞬即逝，它的每一瞬间都是"唯一"的。

（4）共享经济：网络经济的再升级

"共享经济"的思想通常被认为源自美国得克萨斯州立大学马科斯·费尔逊（Marcus Felson）和伊利诺伊大学琼·斯潘思（Joe L. Spaeth）两位社会学教授。1978 年他们在《美国行为科学家》杂志上发表的论文《社区结构和协同消费》（*Community Structure and Collaborative Consumption： A Routine Activity Approach*）中提出了与"共享经济"相关的概念"协同消费"[①]。相较"协同消费"这一概念，从其发展而来的"共享经济"，不只关心消费者之间的协同和共享，还关心促成这种协同和共享的平台和机制。

共享经济的产生，一个重要的基础是用户的"盈余"——时间盈余、知识盈余和资源盈余等，这些盈余可以通过互联网被组织起来，被分享给需要它们的其他用户。当然，参与者们对盈余的贡献一定是以获得收益为目标的。共享经济的特点首先是在需求与服务或资源之间提供实时的、高效率的匹配和连接。其次，共享经济的另一个特点是资源的提供者与需求的满足者随时可以发生角色互换，这为参与者的利益获得提供了双向可能[②]。

（5）数据经济：网络经济的未来方向

在 2014 年世界互联网大会上，大数据专家涂子沛在其演讲中指出，未来经济是数据经济。所谓的新经济就是以信息经济、知识经济、智能经济为先导与核心的经济。对用户数据的采集与深层应用，将是互联网发展的重要方向，也是网络改造传统行业的重要撒手锏，O2O 应用、场景应用以

---

① 李文明、吕福玉：《分享经济起源与实态考证》，《改革》，2015 年第 12 期。
② 彭兰：《网络传播概论（第四版）》，中国人民大学出版社，2017，第 53 页。

及共享经济平台，都离不开数据分析。

4. 网络的社会形态属性

（1）作为虚拟社会的网络

哲学家陈志良认为，虚拟作为一种中介方式，不同于人类历史上的其他中介方式。虚拟使人类第一次真正拥有了两个世界——一个是现实世界，一个是虚拟世界；拥有了两个生存平台——一个是现实的自然平台，一个是虚拟的数字平台。这两个世界、平台之间相互交叉、相互包含，从而使人的存在方式发生了革命性的变化[①]。在虚拟社会里，人完全以符号化的方式生存，虚拟社群的出现，带来了新型的人际交往方式和群体关系，进而形成了虚拟政治、虚拟军事、虚拟文化等一系列全新的概念。

（2）与现实社会日益交融的网络

随着网络社会越来越映射着现实社会，网络中的互动也深刻地影响着现实的社会关系。这不仅包括个人的社交网络，也包括社会圈子、社会阶层。网络这个虚拟社会在某些层面上正在"现实化"。

（3）从卡斯特的"网络社会"到互联网社会

曼纽尔·卡斯特（Manuel Castells）在《网络社会的崛起》一书中提出了"网络社会"的概念，认为网络社会是一种具有广泛意义的社会结构，是指新经济所带来的与信息化、全球化相平行的一种社会结构[②]。

二、新媒体概述

（一）新媒体的概念

"新媒体"一词最早出现在 1959 年，马歇尔·麦克卢汉（Marshall Mcluhan）将所有"篡夺了印刷术长达 500 年的君王统治"的媒介都称为"新媒体"。随后，在 20 世纪 60 年代，"新媒体"一词普遍用来指电子媒体中的创新性应用，如电子录像技术。新媒体可以是一个研究范畴，其研究

---

① 陈志良：《虚拟：人类中介系统的革命》，《中国人民大学学报》，2000 年第 4 期。
② 曼纽尔·卡斯特：《网络社会的崛起》，社会科学文献出版社，2009，第 434－435 页。

的对象并非一种新的媒体，而是随着社会的发展，不断进入媒体范畴内的新技术、新实体、新分类。

新媒体与传统媒体的根本区别主要在于信息的无界。新媒体的"无界"体现在永无休止的超链接、随时更新的新内容。传统媒体是给定边界的，而新媒体消费的边界取决于消费者的精力、时间、兴趣的自我配置。

在实际运用和研究中，要避免单纯的二元对立，如新媒体与旧媒体、现实与虚拟、线上与线下等现象和概念的对立。应认识到，新旧之间具有传承关系，现实与虚拟之间存在辩证关系，线上与线下之间存在互存关系[①]。

（二）新媒体的优势

1. 传播与更新速度快、成本低

新媒体传播是一种数字化传播，它将一定的信息转化成数字，经过传播，数字在操作平台上还原成一定的信息。由于其传播的介质是比特（BIT）而非原子，所以这种传播具备了快捷、方便和高保真等优点。新媒体打破了物理上的空间概念，网络信息传播实现了无阻碍化。互联网使不同国家之间的跨文化传播有了前所未有的方便且迅捷的信息交流渠道。

2. 信息量大、内容丰富

互联网能够使用户共享全球信息资源，可以说没有任何一种媒体在信息量上可以与海量信息的网络媒体相提并论。新媒体可以不限时、不限量地储存和传播信息，运行各种信息数据库，使受众可以随时对历史文献进行检索。凡是在互联网中存储的数据，网民只要动动手指，便可以通过搜索引擎在各类数据库中迅捷地获取所需信息。

3. 多媒体传播

新媒体是一种多媒体的传播，它可借助文字、图片、图像、声音中的任何一种或几种的组合来进行传播活动。这种具有立体效应的多媒体传播组合可以更加真实地反映所报道的对象，给用户带来逼真而生动的感受。

---

① 刘新传、魏然：《语境、演进、范式：网络研究的想象力》，《新闻大学》，2018 年第 3 期。

4. 超文本

所谓超文本，是一种非线性的信息组织方式。超文本设计成模拟人类思维方式的文本，即在数据中包含与其他数据的链接。用户单击文本中加以标注的一些特殊的关键词和图像，就能打开另一个文本。网络以超文本、超媒体的形式组织信息，用户在接收内容时便可方便地联想和跳转，更加符合人们的阅读和思维规律。

5. 互动性

从传播学的角度看，互动性是新媒体的根本特征。传统媒体的传播方式通常是单向的，传受双方无法随时随地进行双向沟通，而新媒体既可以单向传播，也可以双向（传受之间）甚至多向（传受之间、受众之间）传播。

第二节　网络视听节目的起源与发展

从1994年中国加入国际互联网以来，在三十年的时间里，网络视听节目取得了飞速发展。为发挥优秀网络视听作品的示范引领作用，更好地满足人民群众美好视听生活新期待，汇聚起奋进新时代、奋进新征程的磅礴力量，国家广播电视总局先后开展年度优秀网络视听作品推选活动、季度优秀网络视听作品推选活动评审工作。推优作品类型包括网络剧、网络电影、网络纪录片、网络综艺节目、网络动画片、网络音频节目、网络直播节目、中视频、短视频等。

2011年8月19日，为进一步推动网络视听专业领域的研究与发展，中国网络视听节目服务协会应运而生，成为网络视听领域唯一的国家级行业组织（一级协会），曾任国家广播电视总局局长的聂辰席任中国网络视听节目服务协会会长。协会现有会员单位700余家，包括中央广播电视总台、湖南电视台、浙江电视台等广电播出机构，人民网、新华网、中国网、咪咕文化、华数传媒等主流新媒体机构，阿里巴巴、腾讯、百度等互联网企业，优酷、爱奇艺、搜狐视频、哔哩哔哩等视听节目服务机构，中影、华策、慈文、正午阳光、完美世界等影视节目制作公司以及华为、中兴等网络技术公司，涵盖了网络视听行业全产业链。

2013年11月28—29日，首届中国网络视听大会在成都举办。作为国内唯一聚焦网络文艺内容建设和媒体融合发展的国家级综合性行业活动，大会由国家广播电视总局、国家互联网信息办公室指导，中国网络视听节目服务协会主办成都文化发展促进会、成都市广播电视台、成都传媒集团共同承办。举办以来，已成为国内网络视听文化和"大视听"领域规格最高、规模最大、具有"年度风向标"之誉的行业盛会，得到了社会各界的高度认可。

一、网络视听节目概述

（一）网络视听节目的概念

网络视听节目（包括影视类音像制品），是指利用摄影机、摄像机、录音机和其他视音频摄制设备拍摄、录制的，由可连续运动的图像或可连续收听的声音组成的视音频节目[①]。

2004年6月15日，国家广播电视总局发布《互联网等信息网络传播视听节目管理办法》，对网络传播视听节目作出了规定。网络传播视听节目是指以互联网协议作为主要技术形态，以计算机、电视机、手机等各类电子设备为接收终端，通过移动通信网、固定通信网、微波通信网、有线电视网、卫星或其他城域网、广域网、局域网等信息网络，从事开办、播放（含点播、转播、直播）、集成、传输、下载视听节目服务等活动。

（二）中国网络视听行业的起源与发展

中国网络视听行业发展可分为导入期、成长期、成熟期三个阶段。其中2006年以前为中国网络视听行业发展的导入期，即行业初期；2007—

---

① 国家广播电视总局：《互联网等信息网络传播视听节目管理办法》（广电总局39号令），2004年7月6日，http://www.cnsa.cn/art/2004/7/6/art_1490_23020.html，访问日期：2024年7月17日。

2010年为网络视听行业成长期，即行业高速发展期；2011年中国网络视听行业进入成熟期，即行业成熟、再度突破期，并奠定了由网络视频、网络电台、IPTV、手机电视、公共视听等组成的行业基本架构。

1. 导入期

我国正式接入国际互联网是在1994年，在互联网起步的Web1.0时代，网络信息是单向传递的，表现形式以图文为主，较为单一。1998年国务院机构改革之后，广播电影电视部改组为国家广播电影电视总局。《国务院办公厅关于印发国家广播电影电视总局职能配置内设机构和人员编制规定的通知》（国办发〔1998〕92号）规定了广电总局的职责包括"监督管理广播电视节目、卫星电视节目收录和通过信息网络向公众传播的视听节目"，首次将网络视听节目纳入广电总局管理范围。

2004年，国家广播电影电视总局发布的《互联网等信息网络传播视听节目管理办法》（国家广播电影电视总局令第39号）对广播电视节目和信息网络传播视听节目作了区分，前者是通过广播电视传输覆盖网传播的节目，后者通过互联网等信息网络进行传播，具有交互性；还对申请信息网络传播视听节目许可证的程序、业务监管等进行了规定。2005年中国观看过网络视频的用户有3200万人，占中国网民的29%。2006年美国视频网站YouTube被谷歌公司以16.5亿美元的天价收购之后，中国民营视频网站如雨后春笋般地发展起来。据不完全统计，红杉资本、凯雷投资集团、海纳亚洲创投基金（SIG）、DCM等一批国际风险投资不约而同地进入网络视频领域，投资总额1亿美元以上。民营视频网站从最初的三四十家到2006年年底已经增加到了三百多家。2006年，中国境内有16家网络视频企业拿到风险投资，中国网络视频产业进入发展元年。这一年，优酷网、酷6网成立；8月，土豆网获得第二轮850万美元投资；12月，优酷网获得1200万美元风险投资。

网络视听行业在网络、终端、技术以及投资这四大因素的合力推动下，进入历史发展中的关键时期。2006年，中国网络视听行业收入总规模为5亿元，观看过网络视频的用户有6300万人，占中国网民的47%。

2. 成长期

2007年12月20日，国家广电总局颁布的《互联网视听节目服务管理规定》中对网络视听节目的主管单位、传播内容、保留时长等作出了细致的规定，明确了许可准入、运营监管、行业自律和社会监督相结合的管理方式。该规定自2008年1月31日起施行，规定从事信息网络传播视频节目的企业，必须获得信息网络传播视听节目许可证，把互联网视听节目服务界定为制作、编辑、集成并通过互联网向公众提供视音频节目，以及为他人提供上载传播视听节目服务的活动。从事互联网视听节目服务，应当取得广播电影电视主管部门颁发的信息网络传播视听节目许可证或履行备案手续。明确了由广电总局负责视频节目的监管，而信息产业部负责资质的审核。《互联网视听节目服务管理规定》的发布有效遏制了网络视频无序发展的现象，客观上加剧了视频分享网站的洗牌，并为进一步的网络内容监管打好了基础。

2007年，优酷首次提出"拍客无处不在""谁都可以做拍客"，引发全民狂拍的拍客文化风潮。2008年5月12日，汶川地震发生后几分钟，就有网友把震中、震后情况通过视频传到优酷上，最终引发全国网友关注、支援四川灾区的热潮。

截至2008年6月30日，我国网民总人数达到2.53亿人，网民规模首次跃居世界第一位。在2008年北京奥运会的推动下，网络视听行业面临一个全新的黄金发展期。2008年北京奥运会的赛事节目除了传统电视直播外，还采用了互联网视频直播的方式，这在奥运历史上尚属首次。国内各大视频网站纷纷争夺奥运赛事播放权，除了奥运官方合作伙伴央视网外，还有包括PPStream、悠视网、PPTV、酷6网等9家网站获得了赛事播放权。奥运期间网络视频的用户覆盖达到1.91亿人，成为历史最高。2008年10月12日至16日，网络视频媒体参与了"神舟七号"发射、出仓和返回的全过程直播。这是继奥运会之后视频媒体报道的又一个重大事件，国内主流视频网站均积极参与，网络视频媒体价值再次得以突显。

2009年，广电总局下发《关于加强互联网视听节目内容管理的通知》，强调未取得许可证的电影、电视剧、电视动画片、理论文献影视片，一律不得在互联网上传播，对一些不符合规定的内容也要及时进行剪辑、删除。2009年12月28日，中国网络电视台（CNTV）正式开播，拉开了国家级网络视频网站与民营企业竞争的序幕，这为本不平静的网络视频市场带来更大的冲击和震荡。网民可以看到中央电视台以及各省市电视台每天播出的共计长达1000多个小时的电视节目，而一直是民营资本或者外来风投占领的视频网站市场开始有了国字号的身影出现。央视进入网络视频领域意在应对网络视频对传统电视媒体的渗透性竞争，开拓新市场，以创新业务带动央视整体发展，是其推动互联网化进程的举措之一。

2010年，广电总局出台了《互联网视听节目服务业务分类目录（试行）》，将互联网视听节目服务分成了四类，并对服务内容作了界定。截至2010年12月，中国网民人数已达4.57亿人；国内网络视频用户规模达到2.84亿人，年增长率18.1%。

3. 成熟期

2011年是视频网站大发展的一年，网络视频呈现出大发展小繁荣的局面，产业格局、用户行为、视频内容和人员结构等方面发生了很大的变化，显示出网络视频行业正在走向规模化、集约化、原创化和专业化。视频网站经过五年多的发展，已经从过去的几百家淘汰为二十多家，产业格局基本形成，产业类别基本明晰，大致分为综合类、影视剧类、新闻类、分享类四大类型。

2012年，广电总局和国家网信办联合下发《关于进一步加强网络剧、微电影等网络视听节目管理的通知》，将网络视听节目播出前的审核权下放给播出机构"自审自播"。互联网视听节目服务单位要按照"谁办网谁负责"的原则，对网络剧、微电影等网络视听节目实行先审后播管理制度，推动了网络视听行业的繁荣发展。2014年，爱奇艺网络综艺《奇葩说》的诞生开启了网络自制节目元年。

2015年是"互联网＋"元年，国务院发布了《国务院关于积极推进"互联网＋"行动的指导意见》。《2015年中国网络视听发展研究报告》显示，网络视频用户达到 4.61 亿人，用户使用率为 69.1%。

2016 年被称为网络直播元年，各部门纷纷出台监管文件。2016 年 7 月，文化部发布《关于加强网络表演管理工作的通知》；2016 年 9 月，广电总局发布《关于加强网络视听节目直播服务管理有关问题的通知》；2016 年 11 月，国家网信办发布《互联网直播服务管理规定》；2016 年 12 月，文化部发布《网络表演经营活动管理办法》。

2019 年 1 月，在广电总局指导下，中国网络视听节目服务协会发布《网络短视频平台管理规范》和《网络短视频内容审核标准细则》，前者对平台应遵守的总体规范、账户管理规范、内容管理规范和技术管理规范提出了 20 条建设性要求，要求短视频先审后播；后者面向短视频一线审核人员，提供了具体的 100 条审核标准。2019 年 11 月，网信办、文旅部、广电总局首次共同印发《网络音视频信息服务管理规定》，把网络音视频信息服务界定为通过互联网站、应用程序等网络平台，向社会公众提供音视频信息制作、发布、传播的服务。网络音视频服务也包括了网络直播。

2020 年受新冠疫情影响，直播电商"人、货、场"的影响力持续扩大，直播逐步渗透至电商各个领域，网络直播用户数、用户使用时长等指数激增。2020 年上半年，全国电商直播场次达 1000 万场，活跃主播数近 40 万人，观看人次超 500 亿，电商直播用户规模为 3.09 亿人。2020 年 11 月，国家市场监管总局出台《关于加强网络直播营销活动监管的指导意见》，强调压实有关主体的法律责任；广电总局发布《关于加强网络秀场直播和电商直播管理的通知》。2021 年 2 月，网信办等七部门联合发布《关于加强网络直播规范管理工作的指导意见》，明确了相关部门在网络直播监管工作中的分工。

2019 年 11 月 13 日，国家广播电视总局官网发布消息，为提升网络视听节目内容品质，加强精品网络视听作品创作传播，总局建立优秀网络视听节目创作研评机制。一是密切关注网络视听节目播出情况，在每月的网络视听节目播出安排协调会上对立意好、质量高、反响佳的节目予以通报表扬，引领网络视听行业风向。二是举办优秀网络视听节目研讨会，通过优秀案例研评，总结推广优秀网络视听节目创作传播的经验方法，引领网络视听节目高质量发展。三是组织重点网络视听机构和创作机构开展精品网络视听节目创作座谈会，全面了解各机构未来几年的正向内容创作规划和优质 IP 储备，要求创作要抓住重大节点、重大主题、重大题材，关注现实、关注人民、关注生活，融入公益、融入文化、融入价值观。四是深入网络视听机构调研，先后走访了优酷、爱奇艺、腾讯视频、央视网、字节跳动、快手等机构，要求其扩大正能量内容生产传播规模，发挥新型主流媒体生力军作用，更好地服务党和国家工作大局。

优秀网络视听节目应具备的基本特征包括：

（1）舆论导向正确，突出新时代精神，守正创新，具有"三贴近"特点，社会效果好；

（2）内容真实，主题鲜明，时代感强，富于创新；

（3）具有较高的思想水平和审美格调，为群众喜闻乐见；

（4）传媒特点突出，传播方式多样，影响力大，感染力强；

（5）制作精良。

2019 年 11 月 20 日，中央广播电视总台"央视频"5G 新媒体平台正式上线，这是中央广播电视总台基于"5G＋4K/8K＋AI"等新技术全新打造的综合性视听新媒体旗舰。"央视频"在充分发挥总台独家视音频优势基础上，以矩阵逻辑进一步聚合社会机构和专业及准专业创作者的优质账号，在内容上聚焦泛文艺、泛资讯、泛知识三大品类，在形态上主打短视频，兼顾长视频。

2019 年 12 月 5 日，北京网络视听研究院成立仪式暨 2019 年北京优秀网络视听节目发布活动在京举行。北京网络视听研究院从三方面助力网络视听行业高质量发展：一是聚焦政策解读和规划研究，持续开展北京视听业管理发展体制机制研究；二是加快推进网络视听全域创新，以协同创新实验室为载体，启动和推出一批先导性项目；三是组织"线上＋线下"品牌文艺评论，文艺评论矩阵，传播主流声音。

2021 年 12 月 15 日，中国网络视听节目服务协会颁布了《网络短视频内容审核标准细则（2021）》，从审核基本标准和审核具体细则两方面对短视频节目的标题、名称、评论、弹幕、表情包等，以及语言、表演、字幕、画面、音乐、音效中不得出现的具体内容进行了规定。

短视频作为一种网络视听节目，已发展为大众频繁使用的视听产品。为确保人民群众通过短视频获得健康有益的精神食粮，远离违规违法有害的精神糟粕，国家广播电视总局自 2021 年 10 月开始，按照中央文娱领域综合治理工作的精神，持续督导抖音、快手等 10 多家用户规模大、应用软件使用频率高的短视频平台，开展为期 2 个月的短视频节目和账号专项治理工作。通过系统梳理突出问题，明确工作靶向，细化任务台账，加强事前事中事后全过程监管，发现问题动态更新清单等方式，有重点、分层次、分类别推进工作，持续清理违规账号 38.39 万个，违规短视频节目102.40 万条。一大批"伪正能量"节目、借"网红儿童"牟利账号、"低级红、高级黑"内容得到清理，违规传播未经引进境外视听节目的问题得到有效遏制，互联网电视开展短视频业务得到规范引导。

第三节　网络视听节目的类型

网络视听节目的形态不仅是节目的制作形式，还是节目的播出形式。视听节目形态的限定性作用有两个：一是节目工业化生产的需要，有利于节目的标准化大规模生产；二是在视听栏目化的今天，节目都是在特定的栏目内构成的，因此都有时长的限定、制播的规定。这样有利于观众的辨识和记忆，也有利于节目品牌的塑造和积累。网络视听节目主要分为网络视频新闻、网络纪录片、网络微电影、网络短剧、网络影视广告、网络音频节目和其他网络视听节目等几大类型。

（一）网络视频新闻

网络视频新闻以影像、声音、字幕、图表等多种手段，迅速、直观地再现或同步还原新闻事件，弥补了报纸、广播等媒介在形式和功能上的不足。网络技术赋予了视频新闻更多的灵活性，无论是节目形态、播出方式还是生产制作方面，网络新闻都逐渐突破电视栏目化的限制，变得更加灵活自由、交互立体。网络新闻又分为消息类视频新闻、连续报道与系列报道类视频新闻、深度报道和新闻评论等。

（二）网络纪录片

纪录片反映真实、描摹时代，是人们认知世界和自我拓展的窗口。近年来，网络纪录片异军突起，一方面在内容上包罗万象，所涵盖的垂直细分领域丰富多样，同时在讲述上深入浅出，擅长以小见大。无论表现重大主题还是日常生活，网络纪录片往往都能找到"四两拨千斤"的角度，以亲切灵动的姿态讴歌平凡英雄，激发观众共鸣。另一方面，网络纪录片不仅在题材内容上持续深耕，还在艺术表现形式上拓展创新。创作者积极运用新理念、新技术，创新素材使用手法，陆续出现"纪录片＋剧情演绎""纪录片＋综艺""纪录片＋互动体验"等跨界类型，作品更具趣味性，更受互联网用户青睐①。

（三）微电影

微电影是指能够通过互联网新媒体平台传播，时长在几分钟到60分钟不等的影片，适合在移动状态和短时休闲状态下观看。微电影是具有完整故事情节的"微时"放映、"微周期制作"和"微规模投资"的视频短片，内容融合了幽默搞怪、时尚潮流、公益教育、商业定制等主题，可以单独成篇，也可系列成剧。

2016年微电影行业慢慢转向"微电影＋"的新形态、新业态，即网络大电影，又称新媒体电影。在网络视频飞速发展、竞争激烈的环境下，视

---

① 牛光夏：《网络纪录片——记录美好生活，展现时代气象》，《光明日报》，2022年7月8日，https://m.gmw.cn/baijia/2022—07/08/35869450.html，访问日期：2024年7月17日。

频网站需要寻找差异化的竞争路线，提升原创能力。在这种竞争环境下，自制微电影则是一个很好的选择。自制微电影不但成本低，而且投资决策的风险更加可控。同时，与电影的巨大投资相比，微电影不论是在拍摄设备、资金、团队、流程等方面都有较低的要求，适合电影专业院校毕业生实际操作。

（四）网络短剧

随着科技的发展和技术的变革，广播电视和网络视听行业积极探索推进题材、体裁、风格、样式创新，短剧创作传播日益活跃，发展潜力强劲。短剧通常采用单集时长 15－30 分钟的系列剧、集数在 6 集内的系列单元剧、20 集内的连续剧、周播剧等多种形态，具有篇幅短小、内容精炼、情节紧凑等特点，与中长剧集、微短剧、短视频等优势互补、各展所长，在丰富人民精神文化生活、满足多样化收视需求方面发挥了积极作用。2022 年 12 月 6 日，国家广播电视总局印发《关于推动短剧创作繁荣发展的意见》，指出短剧为人民所急需，符合精神文化产品精品化的发展规律，已成为一种新趋势，应当大力倡导推动。为进一步适应新时代媒体格局、传播方式深刻变化，深化供给侧结构性改革，构建现代视听发展格局，推动短剧创作繁荣发展，意见提出了八项要求，包括：坚持正确创作方向，坚持以人民为中心的创作导向，加强现实题材短剧创作，提升短剧创新创造能力，培育壮大短剧创作主体，构建现代短剧传播格局和市场体系，加强短剧文艺评论，切实履行管理职责。

（五）网络影视广告

在大众媒体时代，影视广告是最为受众熟知的一种广告形式，它主要出现在电视、电影的屏幕上，采用视听一体的传播形式，因而被称为影视广告。近年来，伴随网络技术、数字技术、移动技术的发展，影视广告开始越来越多地出现在手机、平板电脑等新媒体上，其传播方式和传播特性均发生了一定的变化，因此人们称这种主要通过网络传播的影视广告为网络影视广告。网络影视广告主要分为两类，一类是广告主根据网络视频具体特性、视频形式和网站形式制作的视频广告，另一类是广告主将在传统视频媒体上发布的广告在互联网播发的视频广告。

（六）网络音频节目

20世纪50年代，随着电视的崛起，已经进入大众生活三十多年的广播被称为"夕阳媒体"，而随着互联网的应用，广播的发展又迎来了新的阶段，开始致力于窄播化、专业化发展，试图区别于其他媒体的传统广播，在与网络的融合中有了发挥想象力和创造力的新路径和发展方向。广播在媒体大变革的环境下生发了新的内涵，但是广播的本质并没有改变，传播的主体内容依然是音频，只不过传输接收方式、构成样式、传播体验发生了变化，并形成了基于新媒体的新特点[①]。

（七）其他网络视听节目

随着网络技术、社会文化的进步，网络视听节目的类型也在不断发展和变化中，除了上述提到的几种不同类型的网络视听节目外，还有网络视频谈话节目、网络综艺节目、网络文艺节目、网络短视频、网络直播等不同类型。

【本章小结】

本章对互联网、网络视听节目的概念、特点和发展历程做了大致回顾，并对网络视听节目的类型做了介绍。

【本章学习与思考】

1. 网络媒介给电影、电视的内容生产、传播方式分别带来了哪些变革？

2. 一档优秀的网络视听节目应具备怎样的特征？请举出一例，并进行分析。

---

① 周建青：《新媒体视听节目制作（第二版）》，北京大学出版社，2019，第342页。

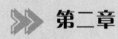

第二章

网络视频新闻

学习新闻可以从三个维度入手，分别是：新闻理论、新闻史、新闻实务。新闻理论是总结、阐明人类新闻活动主要是新闻事业的基本规律。新闻史是评述和研究有史以来人类的新闻活动的历史，重点是新闻事业的产生、发展的历史。新闻实务是总结、研究各种新闻业务知识和新闻工作的技能技巧，包括新闻采访、新闻写作、新闻编辑、新闻摄影、报刊发行等。对于网络时代诞生的网络视频新闻，也可以从新闻理论、新闻史和新闻实务这三个方面着手探究。

第一节　网络视频新闻概述

一、网络视频新闻的概念

一直以来，学界和业界对新闻的概念有着不同的看法。李大钊认为，新闻是现在新的、活的社会状况的写真。历史是过去、旧的社会状况的写真。现在的新闻纸，就是将来的历史[1]。1943 年，陆定一在发表于《解放日报》上的《我们对于新闻学的基本观点》一文中提出，新闻是新近发生的事实的报道。电视新闻是运用画面与声音符号体系以及电视媒介的综合优势手段的新闻，是电视屏幕上各类新闻体裁、各种新闻性的节目的总称。

网络视频新闻是对传统新闻在媒体和媒介形式上进一步延伸的产物，由网络、视频、新闻三部分组成。中国人民大学彭兰教授认为，网络视频新闻是依托现代电子技术，利用音频和视频通信符号来报道和传播最近的新闻事件[2]。还有观点认为，网络视频新闻是一种以信息化技术为依托，将数字技术和传统新闻相互融合而产生的一种新型新闻形式[3]。

---

[1]　李大钊：《在北大记者同志会上的演说词》，《新闻战线》，1980 年第 2 期。

[2]　彭兰：《网络多媒体新闻》，中南大学出版社，2006。

[3]　刘紫涵：《试析网络视频新闻的构成与编辑制作》，《新闻传播》，2019 年第 12 期。

二、网络视频新闻六要素

传统新闻六要素（5W1H）指的是新闻从内容上需要包括什么人（Who）、什么事（What）、什么时间（When）、什么地点（Where）、为什么（Why）、怎么做（How）六个方面。新闻六要素有助于记者在采访新闻时迅速地弄清每一个事实的要点，有助于记者迅速地抓住新闻的重点。这些要素对于网络视频新闻来说同样适用。

三、网络视频新闻的分类

（一）以新闻内容来分类

从内容上，网络视频新闻可以分为时政新闻、经济新闻、民生新闻、法制新闻、文化新闻、体育新闻等。

（二）以新闻发生地来分类

按发生地来划分，网络视频新闻可以分为国际新闻、全国新闻、地方新闻。

（三）以新闻的时间性来分类

按时间性来分类，网络视频新闻可以分为突发性新闻和延缓性新闻。突发性新闻指的是出乎人们预料而突然爆发的事件的报道，这类新闻往往是新闻媒介的主角。延缓性新闻指的是对逐渐发生变化的事情的报道。

（四）以新闻与受众关系来分类

按新闻与受众的关系来分类，网络视频新闻可以分为硬新闻和软新闻。硬新闻指的是关系国计民生以及人们切身利益的新闻，报道必须迅速、尽可能准确。软新闻则指富有人情味、纯知识、纯趣味的新闻，多数属延缓性新闻。

第二节　网络视频新闻的起源与发展

网络视频新闻和电视新闻在内容和形式上有很多相似之处，最大的共同点在于即时形声传播性，即画面和声音同时传播的特征。网络视频新闻的优势主要表现在传播形象化、传播及时化、传播内容广泛化和传播形式多样化。考察网络视频新闻的发展史，需要首先了解国内外电视新闻的发展历程。

一、国外新闻的起源与发展

（一）技术视野下的电视新闻

1. 试验阶段（20世纪20—30年代）

1926年，英国工程师约翰·洛吉·贝尔德（J. L. Baird）当众展示了发明成果后，便全力以赴地投入电视的研制与改进。1929年，英国广播公司（BBC，British Broadcasting Corporation）与贝尔德签订协议，采用他的发明进行电视节目的试验性播出。1936年，BBC创建全球第一座电视台，定时播送电视节目。

2. 草创阶段（20世纪30—40年代）

1937年，BBC转播了英王乔治六世（George Ⅵ）的加冕典礼，大约有5万名英国电视观众进行了收看。美国第一次正式开播电视节目是在1939年4月30日，当时美国全国广播公司（NBC，National Broadcasting Company）对纽约世界博览会的开幕式进行了实况转播。

（二）社会视野下的电视新闻

1. 重新起飞（1945—1962年）

1945年"二战"结束后，盖洛普咨询公司（Gallup）的一次民意测试表明，有61%的美国人都是从广播上获知新闻。在电视走向繁荣之前，人们一般都是将报纸、通讯社、新闻杂志、无线电广播等视为可靠的新闻报道源，而将电视新闻只看作是派生的、依附性的产物。后来，由于便携式电子摄像机的发明，大大简化了电视新闻的制作过程，才使电视新闻的时效性得以提高。

1962 年，美国第一颗通信卫星"电星一号"发射成功，进入运行轨道，使得卫星直播成为可能。1963 年，在美国依靠电视获取新闻的人，第一次超过依靠报纸获取新闻的人。这个历史性的转变标志着电视新闻时代的来临。这一年，美国三大广播公司都把晚间新闻的播出时间，从过去的 15 分钟延长到 30 分钟。

美国传播学者丹尼尔·戴扬（Danil Dayan）和伊莱休·卡茨（Elihu Katz），曾将电视上播报的"历史的现场直播"，即所谓"媒介事件"分成三种类型——"竞赛（contest）""征服（conquest）"和"加冕（coronation）"。典型的"竞赛"包括体育比赛、政治竞选、"水门事件"听证会等；"征服"包括登月、航天飞行等活动；"加冕"则指各种仪式化的典礼，如葬礼、婚礼、奥斯卡金像奖颁奖等。约翰·肯尼迪（John Fitzgerald Kennedy）是美国第 35 任总统，也是第一位充分认识到电视的传播潜力，并充分发挥电视功能的政治家，他的总统形象与电视密不可分。1960 年肯尼迪在竞选总统时，与竞选对手尼克松（Richard Milhous Nixon）进行的几场电视辩论，成为美国史和新闻史上的经典。事后民意调查表明，肯尼迪赢得了许多尚未做出决断的选民。肯尼迪当上总统后，经常举行电视记者招待会，同时鼓励内阁成员尽可能利用电视。而 1963 年发生的肯尼迪遇刺身亡时，美国三大广播公司连续四天报道这一事件，给世人留下难忘印象。在此之前，电视只报道预先安排的新闻，对总统遇刺这种突如其来的重大事件进行报道还是第一次，在报道的迅速、准确、详尽方面更是空前未有。肯尼迪的遇刺及葬礼报道，可谓是有史以来第一次盛大的电视"加冕"。

2. 走向繁荣（20世纪60—80年代）

（1）电视新闻的势力迅速扩充

到20世纪80年代，美国三大广播公司电视新闻部的工作人员，达到1600人，年度预算为2亿到3亿美元。每天晚上都有五六千万名观众，在收看三大广播公司之一的电视新闻，了解世界各地发生的事情。

（2）节目主持人的地位蒸蒸日上

在美国电视新闻界，节目主持人既是播报新闻的播音员，又是能采会写的大记者。一个称职的节目主持人，应该同时具有播音员、记者、学者、演员等多方面的禀赋。美国电视第一位新闻主持人是哥伦比亚广播公司（CBS, Columbia Broadcasting System）的道格拉斯·爱德华兹（Douglas Edwards），他从1948年至1962年主持CBS的晚间新闻节目，前后长达14年。

沃尔特·克朗凯特（Walter Cronkite）是美国最负盛名的电视新闻节目记者，他的名字几乎成为电视新闻的代名词。在1952年，产生了一个新的术语：新闻节目主持人（anchorman），anchorman的本义是田径接力赛的最后一棒，在这里指电视演播室配备的一位得力记者，以便汇总、播报、点评各地传来的消息。克朗凯特曾先后参与了1952年艾森豪威尔（Dwight David Eisenhower）当选美国第34任总统、1963年肯尼迪总统遇刺、1969年"阿波罗"号载人航天飞机载人登月的报道。1972年，克朗凯特与CBS总经理威廉·佩利（Wiliam Samuel Paley）一道随尼克松总统访华，成为第一批踏上新中国土地的美国记者。1968年，CBS的著名制片人唐·休伊特（Don Hewitt）创办了里程碑式的电视新闻杂志节目《60分钟（60 Minutes）》，由克朗凯特担任节目主持人。在近半个世纪的时间里，《60分钟》曾创纪录地连续23季高居尼尔森（Nielsen）电视节目排行榜前十名，迄今盈利大约20亿美元。

1976年，美国广播公司（ABC）的芭芭拉·沃尔特斯（Barbara Walters）成为美国新闻界第一个年薪百万美元的主持人。作为美国电视新闻历史上第一位女性联合主持人、尼克松首次访华团中唯一的女主播，芭芭拉·沃尔特斯在职期间采访过自尼克松以来每一位美国总统和第一夫人，并五次获得艾美奖，当选过"历史上最伟大的流行文化偶像""20世纪最有影响力的妇女"。2014年5月16日，84岁高龄、有着"美国电视新闻第一夫人"之称的芭芭拉·沃尔特斯在ABC的谈话节目《观点》中，正式宣布了她的退休决定。她不仅是全世界第一位出任电视新闻主播的女性，也是从事电视新闻主播时间最长的女性，甚至有人说她的职业生涯就是一部美国电视新闻的编年史。随着网络和新媒体的发展，在电视黄金时代一去不返的年代，她的成就将无法被复制。

到20世纪80年代，最吃香的主持人年薪能达到250万美元，如CBS的丹·拉瑟（Dan Rather）。2001年底，美国全国广播公司（NBC）的凯蒂·库里克（Katie Couric）同公司续签四年半合同时，年薪已达1500万到1600万美元。库里克主持的早间新闻节目，长期以来一直保持收视率第一的地位，每年为NBC带来2.5亿美元的收入，另外还为NBC的附属台挣下至少5000万美元。主持人之所以成为美国电视的一大特色，关键在于美国广播电视事业的商业性质，以及盈利第一、赚钱至上的模式与方略。

3. 突飞猛进（20世纪80年代以来）

（1）CNN全天候新闻媒体的崛起

1981年的时任美国总统罗纳德·里根（Ronald Wilson Reagan）在一次公开场合突遭枪击，当时电视上最早报道这个突发事件的，是一家名为CNN的媒体。CNN是美国有线电视新闻网（Cable News Network）的简称，是全球第一家全天候播报新闻的电视台，1980年开办于亚特兰大。创始人特德·特纳（Ted Turner）敏锐地捕捉到了人们对信息的需求越来越迫切，越来越痴迷、依赖于影像世界的心理，开办新闻台CNN。在20世纪80年代以来的一系列重大事件中，CNN不断以及时、充分而直观的新闻报道，逐步确立了其权威品牌。

（2）影视媒体的大规模并购行为

1996年，美国国会通过一部新的《电信法》，它的主要特点是首先放宽了对广播电台、电视业所有制的限制，其次打破了媒介种类的限制和隔绝，从而引发一浪高过一浪的大兼并、大聚合。1985—1995 年，美国三大广播公司先后被兼并和收购。这样强大的媒体组合，归根结底还是为了追求利润最大化，因为它可以使任何一个媒介产品，通过多渠道、多网络、多媒体而将其中包含的文化价值和商业价值发挥到极致。

二、中国视频新闻的起源与发展

（一）《新闻联播》栏目的起源与发展

1978 年 1 月 1 日，《新闻联播》正式开播，这档在中国乃至世界拥有特殊地位的栏目第一次亮相荧屏。《新闻联播》的权威地位是一步步建立起来的。《新闻联播》诞生于十一届三中全会召开的 1978 年，历史的机遇和巧合，使得它忠实记录了中国改革开放的伟大历史进程，并成为中国电视新闻改革、创新的真实写照，成为中国收视群体最庞大的电视新闻栏目。

1981 年 4 月的全国电视新闻工作座谈会作出两项重大决定：第一，各省、自治区、直辖市电视台都是央视的集体记者，有责任有义务向《新闻联播》供稿；第二，各省、自治区、直辖市电视台必须转播《新闻联播》。《新闻联播》由此构建了世界观众群体最大的新闻传播网，这种地方无条件支援中央的模式一直沿袭至今。1982 年 9 月 1 日，中共十二大召开，决定将重大新闻的发布时间从过去的 20 点的中央人民广播电台提前到中央电视台 19 点的《新闻联播》发布，从而确立了这一栏目作为独立新闻发布机构的权威地位，也是中国电视新闻发展的一个重要里程碑。

1985 年，杨伟光从中央人民广播电台副台长调任中央电视台副台长，直到 1999 年卸任，他前后在央视工作了 15 年。杨伟光任中央电视台台长期间，推动新闻改革，站在舆论监督的前沿，对《新闻联播》栏目做出了开创性的贡献。1986 年 1 月 29 日，美国"挑战者号"航天飞机升空发生爆炸，《新闻联播》将其列为头条，并播放了足足 6 分钟。将国际新闻置放在国内新闻之前播出，这是一向以规律形象示人的《新闻联播》最为"出位"的一次，这便是杨伟光亲自拍板决定的。

1993年5月1日，中央电视台的大型评论性栏目《东方时空》开播，它与20分钟的《早间新闻》一起，构成了一个小时的新闻板块，中国人开始养成早晨起来看电视新闻的习惯。1994年4月1日，《焦点访谈》开播，它与《新闻联播》一起构成了黄金时间新闻板块，既有新闻汇总，又有热点聚焦，深受观众欢迎。以《焦点访谈》为代表的舆论监督类节目的创办，使社会存在的一些焦点问题在电视屏幕上曝光，增强了观众对电视节目的信任度。据统计，1998年《焦点访谈》中舆论监督的内容在全年节目中所占比例是47%，当年每天有3亿中国人收看《焦点访谈》。1995年4月，中央电视台又在中午12点推出了《新闻30分》，使午间时段得到有效开发。1996年中央电视台推出的《新闻调查》和《实话实说》也非常有影响，创造了非常高的收视率。

1996年1月1日起，《新闻联播》由录播改为直播。1997年是中国电视史上的"中国电视直播年"。以重大新闻的电视直播为标志，中国电视的新闻传播进入了一个新时代。1997年7月1日的香港回归是全国人民关心、世界瞩目的重大政治事件。从6月30日6点起，至7月3日6点结束，央视1套、央视4套节目进行了连续72小时的超长式现场直播，这是中央电视台当时连续播出时间最长、报道规模最大、收视率最高、覆盖面最广的一次直播。要发挥电视节目的特性，使电视节目传播发挥和体现出最大的绝对优势，就应当充分认识和善于运用电视节目现场直播等传播方式。

（二）中央电视台新闻频道的开播

2003年5月1日，在一场"非典"肆虐的灾难中，中央电视台新闻频道开播，创办国家级24小时播出的电视新闻频道。新闻频道的成立有着深刻的历史背景，随着中国在世界舞台的亮相越来越频繁，中国需要一个在国际舆论中发出自己声音的载体与平台，展现一个真实、客观、充满活力的大国形象，以摘除国际传媒的有色眼镜。"非典"之后，对于人民群众知情权的尊重与保障、信息公开逐渐提上历史日程。突如其来的严重"非典"疫情，直接推动了我国新闻发言人制度的快速发展和完善。2003 年 6 月 3 日，上海市政府率先建立新闻发言人制度，随后，国务院各部门和各省市纷纷建立新闻发言人制度，进行定期或不定期的新闻发布。

2008 年 3 月，中央电视台新闻频道再次改版，这是自 2003 年新闻频道成立以来的第五次改版，也是改动程度最大的一次，为了改变原来采编权分散在频道各个部门之间的状况，还专门成立了新闻采编部。如果说过去的新闻是一个以"天"为新闻单位的时代，在新闻频道时代，新闻变成了以小时、以分钟为单位。5 月 12 日 14 时 28 分，四川省汶川县发生 8.0 级特大地震。面对突如其来的灾情，新闻频道最先作出反应，15:00 新闻频道《整点新闻》便报道了地震消息并及时更新来自震区的最新消息。据统计，5 月 12 日至 21 日，共有 10.3 亿电视观众收看了中央电视台抗震救灾报道。此次直播报道获得了国内民众和国外政府、新闻同行的高度认可。

2008 年底，中央电视台等 50 家电视机构成立了新闻直播联盟，这意味着由中央电视台牵头组织的国内最大电视新闻资源收集和播发平台正式投入运行。这个平台旨在利用现代电视技术打造一个反应最快速、覆盖最广泛的全国电视新闻直播体系，强调新闻的原创率、首发率和落地率，实现全国电视新闻直播常态化。

（三）网络视频新闻的发展历程

1. 视频新闻网站的产生

视频分享网站 YouTube 成立于 2005 年 2 月 15 日。曾担任美国《外交政策》主编的莫伊塞斯·纳依姆（Moisés Naim）指出：YouTube 正在把每一个普通人变成新闻记者，YouTube 的轰动效应，其实早已超过当年首创 24 小时播报滚动新闻的美国有线电视新闻网制造的 CNN 效应[1]。

---

① 郭小平：《效应与传统电视的应对策略》，《现代视听》，2008 年第 1 期。

20世纪90年代，中国网络视频新闻崭露头角，传统媒体开始利用网络这个新兴的传播平台，发布资讯、传递信息。广东电视台的官方网站"广东电视网"，注册于1997年，始建于1999年，是国内较早建立官方网站的电视台之一。1997年人民网、新华网先后上线，《人民日报》在网上实时报道了第九届全国人大第一次会议和政协第九届全国委员会第一次会议。这一时期也迎来了商业门户网站的诞生，这些网站取得了国家颁发的新闻登载许可，但由于网络技术和网速的限制，这些商业新闻门户网站建立后登载的新闻大多为文字图片新闻。

我国最早的短视频新闻于2005年出现在优酷、土豆等专业的视频网站。2008年优酷取得国家广电总局颁发的信息网络传播视听节目许可证，新浪、搜狐、网易、腾讯四大门户网站都创建了自己的视频频道。各大视频网站创建新闻分享平台，一方面创作一些原创的视频新闻，另一方面让网友自行上传视频分享，一时间如此开放自由的平台迅速发展为传统媒体的劲敌。2008年5月12日，在汶川大地震发生几分钟之后，便有网友把当地的地震情况通过视频分享到优酷等视频平台，网友的参与让新闻传播的时效性大大提高，视频迅速引发全国人民的关注和积极救援行动。2013年前后，以快手、秒拍、抖音为代表的短视频客户端陆续上线，很多用户把身边发生的新鲜事分享到视频客户端。

2. 自媒体的发展

自媒体一词源自英文"We Media"。美国新闻学会的媒体中心于2003年7月出版了由谢因·波曼（Shein Bowman）与克里斯·威理斯（Chirs Willis）两人联合提出的"We Media"研究报告。报告中对"We Media"下的定义是：We Media是普通市民通过数字科技与全球知识体系相连，提供并分享他们真实看法、自身新闻的途径。报告认为"We Media"改变了传统的新闻传播模式，新闻传播者与受众角色改变形成的点对点（Peer to Peer）传播模式即"互播（Intercast）"成为时尚。

2006年，Twitter的横空出世把世人引入一个叫作"微博"的世界。大红大紫的Twitter迅速成为国内互联网界效仿的对象，2007年，中国第一家微博网站"饭否"上线。2010年，各门户网站纷纷推出微博产品，之后微博出现井喷之势。据新浪财报显示，2012年第一季度新浪微博注册用户已经突破3亿大关，用户每日发博量超过1亿条，日活跃用户比例为9%。

根据网易官方微博的总结，归纳起来，微博的出现具有如下几点意义：首先，微博宣告了草根话语时代的到来；其次，微博削弱了"知沟"对社会造成的知识阶层和非知识阶层的分化之势。最后，与传统媒体的权威性相比，微博秉承了一种年轻的自由精神，更加突显创新和个性。微博已成为重要的新闻源，比如汶川地震发生时，就是通过微博率先在世界范围内传出信息。微博在一定程度上改变了媒体独自发挥议程设置功能的格局。

随着"微博"在中国网民中的广泛应用，这一交流平台已经成为国内热门事件尤其是突发事件的信息聚集点，普通网民随时可能变成"公民报道者"。2011年"7·23温州动车追尾事故"中，网名为"袁××"的微博网友是D301次列车上的乘客，事故发生四分钟后她发出了第一条微博，比国内其他媒体的报道早了两个多小时。当晚，身在事故现场的一些微博用户不断更新关于现场的种种图片、文字信息，短时间内，甬温线特别重大铁路交通事故迅速以图文并茂的全透明方式在全国民众面前得以展现。

从"微博打拐"到"郭美美"事件，微博成了反映现实、弘扬社会真善美、共同抵制假丑恶的集结地。中国传媒大学网络舆情研究所2011年7月发布的研究结果显示，微博已经超越网络论坛成为中国第二大舆情源头，仅次于传统新闻媒体的报道。

3. 网络视频新闻的发展

网络视频新闻的最初形态其实是电视新闻的网络版，即网友把各地电视新闻节目下载进行简单分段、转码处理之后，上传到互联网上。这个时期，网络视频新闻的创作主体还是训练有素的广播电视媒体从业人员，而如今网络视频新闻的作者大多是非专业的网友。与传统媒体特别是广电媒体相比，网络视频新闻的采集、制作、发布门槛大大降低，这使得数以亿计的网友可以依托 Web2.0 技术采集制作新闻，使自媒体时代成为可能，大量未经专业培训的普通民众通过摄像机、手机甚至监控探头等设备拍摄的网络视频新闻大量出现，并呈一发不可收之势。《中国网络视听发展研究报告（2024）》显示，我国网络视听用户规模达 10.74 亿人。

　　我国网络视频新闻内容主要有以下五类：公共领域的突发事件，网友亲身经历的重大新闻现场，关注身边百姓生存环境，生活中的趣闻逸事，事先策划的各种网友试验、体验视频等①。

　　随着手机的普及程度和智能化程度越来越高，人们倾向使用手机满足移动化、碎片化阅读的需求，这也推动了网络视频新闻朝着移动端发展。短视频因为短小和视听化的表达迎合了当下社会大众的需求，短视频新闻成为移动客户端的重头戏。2015 年初，短视频应用在手机应用商店下载量激增，各大短视频客户端的用户数呈爆发式上涨。短视频的火爆让部分媒体人看到短视频新闻强大的传播力，很多传统媒体纷纷在各大短视频平台开通官方账号，移动端短视频新闻成为新闻报道的新趋势。2019 年，中央广播电视总台新闻新媒体中心推出《主播说联播》短视频栏目，成为主流媒体在短视频新闻实践方面的典型案例。该栏目是一种以评论为主旨、短视频为载体的新闻评论形态，体现了新闻编辑在话语体系、新闻视角、内容选择、传播平台、价值角度等方面发生的把关嬗变，这也呈现出主流媒体的"人格化效应"②。

　　网络视频新闻的迅速发展和普及，尤其是自媒体的大量出现，涌现出了一些问题，影响了网络视频新闻的生产。技术准入门槛过低，导致 UGC 新闻短视频内容往往质量不高；在个人利益和经济利益等的驱动下，部分短视频新闻存在娱乐化、低俗化问题；由于新闻专业主义素养的缺失，以及传播过程中把关人的缺位，网络视频新闻的真实性难以核实，短视频新

---

① 蔡李章：《网络视频新闻的生产及其规范》，《新闻战线》，2010 年第 7 期。
② 韩隽、巨高飞：《融媒体场域下新闻编辑把关嬗变与新路径初探——以央视新闻新媒体〈主播说联播〉为例》，《中国编辑》，2020 年第 4 期。

闻的病毒式传播，也容易诱发舆论危机等负面问题①。因此，自媒体新闻打破了传统话语传播时代的格局，对主流媒体的传播话语权形成了一定的影响和冲击，同时对社会认知的健康培养也产生了消极后果。所以说，自媒体网络视频新闻既有构建社会正义的积极力量，也有一些不利于其发挥影响的负面因素。

第三节　网络视频新闻的生产与制作

2014年8月，中央全面深化改革领导小组第四次会议审议通过了《关于推动传统媒体和新兴媒体融合发展的指导意见》，指明部署传统媒体和新媒体融合发展之路。通过融合发展，使我们的主流媒体科学运用先进传播技术，增强信息生产和服务能力，更好地传播党和政府的声音，更好地满足人民群众的信息需求。可以说这是顺应时代发展的需要，为网络视频新闻的发展指出了方向。2019年《新闻联播》正式入驻抖音、快手等短视频平台。短视频所形成的技术环境、平台生态，拓展了新闻业的新闻报道实践活动。

总体说来，网络视频新闻的制作流程主要包括选题策划、采访策划、拍摄制作、文案撰写、后期编辑等步骤。

一、网络视频新闻的选题策划

网络视频新闻选题与传统新闻选题一样，应该追求新闻价值的最大化。因此，选题策划的第一步是判断新闻价值的高低，从而判断新闻的影响力和传播价值。新闻价值指的是一件事实所具有的足以构成新闻的特殊因素。包含这些特殊因素越多的事实，就越具有新闻价值。一般来说，新闻价值取决于人对异常事物、对相关利益和对个人偏好的关注。新闻价值

---

① 潘宇、刘胜枝：《新闻短视频发展现状、问题及趋势》，《中国编辑》，2018年第7期。

的五要素包括：重要性、显著性、时新性、接近性、趣味性。其中，显著性指的是新闻事实中存在引人注目、超乎寻常的因素，如平常人身上发生的平常事不具备新闻价值；平常人身上发生的不平常事，即凡人奇事具有新闻价值；不平常人身上发生的平常事具有新闻价值；而不平常人身上发生的不平常事具有超级新闻价值。时新性指的是时间的新近性与内容的新鲜性，接近性指的是地理、职业、性别、年龄、兴趣等方面的接近，而趣味性则主要作为西方新闻界的价值判断标准。

判断一件事实是否具有新闻价值，可以参照以下十个方面：

（1）事实发生的概率越小，就越有新闻价值；

（2）事实或状态的不确定性越大，减少不确定性的事实或新闻，便越具有新闻价值；

（3）事实的发生与受众的利益越相关，越具有新闻价值；

（4）事实的影响力越大，影响面越广，影响越迅速，这三个条件同时存在，便越具有新闻价值；

（5）事实与接受者的心理距离越近，越具有新闻价值；

（6）越是在著名人物身上发生的事实，或是在著名地点发生的事实，越具有新闻价值；

（7）凡是含有冲突的事实，冲突越大，越具有新闻价值，如：竞技、论战、商业竞争、外交斡旋、战争等；

（8）越能表现人的情感的事实，越具有新闻价值；

（9）越具有心理替代性的故事性事实，越具有新闻价值；

（10）事实在比较中带有的反差越大，越具有新闻价值。

由于短视频平台具备社交媒体的属性，价值、趣味、感动成为分享新闻的三要素，影响着短视频的内容建设，显著性和重要性仍然处于短视频新闻的第一位，而受众的媒介体验则在时间感知和内容感受上发生着深刻变化①。

---

① 蓝刚：《新闻短视频的传播价值及对传统媒体的影响》，《编辑之友》，2021 年第 2 期。

二、网络视频新闻的采访策划

(一) 网络视频新闻采访的定义与特点

1. 网络视频新闻采访的定义

网络视频新闻采访是网络记者认识客观事物，采集发掘事实与信息的调查研究活动。具体来说就是将事实转化为流动的画面和声音，诉诸观众的视觉和听觉。

从技术特性看，视频新闻采用声画一体的电子采集手段。在视频新闻拍摄过程中，声音和画面被同时记录下来，这种方式可以最大限度地维持节目的时空统一性，提高节目的纪实性和可信度。从报道的信息形态来看，画面和声音是主要的造型手段，可运用的画面元素有：光线、线条、色彩、影调、主体、陪体、背景、景别、构图、运动；可运用的声音元素有：现场人物声、现场音响。视频制作者可以使用这些画面和声音造型手段，捕捉新闻的精彩瞬间，塑造人物、表达观点。

2. 网络视频新闻的采访策划

(1) 主题确立。采访主题是新闻节目的灵魂和核心思想，采访主题是建立在整合种种资源的基础上，不同的角度需要使用不同的采访方案。新闻选题应该追求新闻价值的最大化，同时，主题的宽泛性更有助于后期开展多维度的采访活动。

(2) 体裁与风格的选取。在确立了报道主题后，需要考虑新闻体裁的限制。新闻体裁决定了报道的深度和角度，为开展后续的节目制作流程指明了方向。常见的新闻节目体裁有：消息类、评论类、通讯类、新闻专题、新闻纪录片、系列报道、新闻访谈、新闻直播等。对于深度报道来说，又可以分为解释性报道、预测性报道、调查性报道三种类型。解释性报道侧重于揭示和说明新闻事实的原因和结果，着眼于"新闻背后的新闻"，向观众解释事件的来龙去脉、事件的含义与社会影响，也包括对事件发展趋势的展望。预测性报道以理性、前瞻的眼光，向受众提示、分析"明日生活"，不仅强化了新闻的时效性，而且对社会舆论和社会心态能起到导向作用。调查性报道是指报道者通过自己比较长期而完整的亲自积累、观察与最近的调查研究，对某一或某类社会事实或社会现象所进行的深入、系统、详细的报道。

（3）单元结构设计。新闻节目的单元结构设计应该坚实而稳固，整期节目由多个结构单元组合而成，每个结构单元代表一个主题。新闻节目的单元结构设计需要在采访设计阶段提前开始准备，对可能的结构进行无限制的列举和归纳，并最终确定最合适的结构。

（4）任务描述与分工。在完成了主题确立、体裁与风格选取、单元结构设计等流程后，新闻编导需根据工作进度，将联系采访对象、预约采访时间和地点、拟定采访提纲、准备采访设备等工作分配到团队相关人员手中，在规定时间内合理完成报道任务。

3. 采访前的准备

记者在进行采访前的准备包括两方面内容：一方面，记者在平时需要进行持之以恒的长期积累，广泛涉猎各个学科的知识，有意识地提高文字写作水平、积累社会生活知识。这样才能对各种社会活动、不同对象有充分的认识，才能在采访活动中游刃有余。另一方面，记者发现新闻线索后，在进入正式访问之前，也要开展针对性的资料准备工作，以便采访活动顺利进行。

记者在完成资料搜集整理后，需要根据采访主体和采访对象的特点，拟定采访提纲。采访提纲应尽可能详细具体、实事求是、简明扼要，从多侧面、多角度地提问、考证和挖掘。

（二）网络视频新闻采访的方法与技巧

按采访者的行为进行划分，网络视频新闻采访的方法可以分为五种，分别为：现场采访、谈话采访、观察采访、隐性采访和体验式采访。

1. 现场采访

现场采访是记者或主播在事发现场对当事人或相关人员进行的采访活动，有着声画同步的特征，现场采访对记者的要求较高。

现场采访需要报道的内容包括现场报道事件的进展情况，记者需要在现场解说事件有关背景。现场采访往往有着采访、报道、直播三位一体的报道特点。由于记者传递信息与受众接受信息几乎是同时进行的，所以记者往往需要进行充分的准备，做好相关知识的储备。在报道现场，记者需要具备一定的现场掌控能力，在表达中做到口齿清晰，善于营造采访氛围，镜头意识强。记者在现场采访的专业能力还体现在对采访对象的选择、报道角度的构思，以及即兴评论上。

2. 观察采访

观察采访是记者在新闻现场通过眼睛观察来获取新闻素材的采访方式。采访得来的是第二手资料，而观察得来的是第一手材料，能增强新闻的权威性、可信度。在观察采访中，记者必须学会用孩童般的眼睛观察世界，聪明长者的眼光洞察世界，区分有意义和无意义。同时，需要选好对象、角度、时机，采用观察与思考相结合、宏观观察与微观观察相结合的方法，捕捉有价值的新闻素材。

3. 谈话采访

谈话采访指的是记者和采访对象直接以面对面交流为主要方式而进行的采访。谈话采访包括问答式谈话采访和座谈式采访两种类型。

在问答式谈话采访开始之前，记者或主持人要做好充分的准备，尤其是提问的准备，在事前收集并研究资料。在采访中，记者或主持人要讲究提问技巧，营造良好的访谈氛围，可以交替使用开放式问题和封闭式问题的方式。开放式问题指的是问题宽泛，回答的范围比较广，余地比较大，如"你幸福吗？"开放式问题一般用在采访开头、中间和结尾部分，可以使采访对象畅所欲言，能够活跃谈话气氛。封闭式问题一般提问具体，回答范围窄，指向性强，比较尖锐，一般用在采访的中间部分，能够得到更有指向性的信息，比较有利于访谈的深入。

座谈式采访指的是采访者通过开座谈会的方式，就某一话题向多个采访对象进行面对面的交流。座谈式采访需要提前选好采访对象，一般来说，参加座谈的人数在4—6人较为合适。同时，记者或主持人主持座谈时，需要善于引导，控制座谈时间。

4. 隐性采访

隐性采访指的是记者不公开自己的身份，在采访对象不知情的情况下，运用拍摄、录音的记录手段获得新闻素材的采访方式。隐性采访一般用于得到难以获得的新闻素材，用于披露损害公共利益的行为，曝光违法犯罪的事件。

隐性采访这种采访方式需要谨慎使用，因为容易造成新闻侵权、助长记者的特权意识和公众的窥视欲。在使用隐性采访的过程中，注意的事项包括以下四点：首先，采用隐性采访应该具备强烈的法治意识，不能滥用；其次，隐性采访在报道中要具备人文关怀的精神，不同的问题可用不同的方式解决，尤其对未成年人等弱势群体要有意识地加以保护；再次，由于隐性采访具有一定的风险，记者要学会在采访中保护好自己以及设备；最后，隐性采访要与公安、工商、海关等相关执法部门配合。

5. 体验式采访

体验式采访，也被称为参与式采访，指的是记者参与到采访对象的生活和工作中去，通过体验与感受来获取新闻素材的采访方式。

体验式采访可以充分发挥电视媒介的过程感。在使用体验式采访的过程中，要注意以下两点：第一，要选好对象，体验采访的对象需要是受到关注、对社会发展有重要作用，但并不真正了解的行业或职业从业者，如：出租车司机、环卫工等；第二，在体验采访的过程中要控制自己的情感，不让自己的情感干涉事件的发展、不影响事态的客观进程，做到"进得去，出得来"。

三、网络视频新闻的拍摄

网络视频新闻的拍摄追求真实性与纪实性，因此在拍摄过程中多使用固定镜头。同时，摄像师还需要综合运用"挑""等""抢"的拍摄手段，第一时间捕捉现场叙事性画面和描述性画面。具体来说，网络视频新闻的拍摄技巧与方法主要有以下三点。

（一）尊重客观事实，确保新闻真实

真实是视频新闻立身之本，也是其力量所在。网络视频新闻的真实表现在事件发生的时间、地点、参与的人物要真实，而且表现在事件的过程与结果要真实。在视频新闻的拍摄中，尊重客观事实是第一要务。目前，国内短视频网络平台以 UGC（用户生成内容）模式为主流，短视频创作门槛低、产出高、内容个性化的特点明显。在"以流量论英雄"的竞争氛围下，一些短视频创作者制造"新闻"博关注，涉及民生、教育、性别、就业、婚恋等社会热点话题，运用街拍、访谈、情景再现、监控视角等纪实新闻拍摄手法刻意营造真实感，试图以极强的情绪感染力让网民集体破防。这些摆拍新闻出现的原因，本质上是为了吸粉引流，寻求网红出位后接广告带货，流量变现。2024 年 2 月 16 日，为吸粉引流，网民"猫××"与同事薛某共同策划、编造"拾到小学生秦朗丢失的作业本"系列视频剧本迅速登上各平台热搜，并持续发酵，造成恶劣影响。2024 年 4 月 13 日，根据中央网信办《关于加强"自媒体"管理的通知》及平台规则，对视频账号"猫××"进行封号处置。

2023 年，中央网信办部署开展了为期两个月的"清朗·从严整治'自媒体'乱象"专项行动，向"自媒体"精准"亮剑"，让新闻回归真实，坚决遏制"自媒体"违规营利行为，坚持把社会效益放在首位，实现社会效益和经济效益相统一，营造风清气正的网络环境。

（二）多拍固定镜头，追求信息含量

固定镜头是指摄像机机位固定、光轴（方向）固定、焦距固定时的拍摄方式。在视频新闻拍摄中，大多使用三脚架或肩扛的方式拍摄固定镜头。使用固定镜头的好处有：第一，固定镜头有利于观众看清画面内容；

第二，固定镜头能够最大限度记录和保留完整新闻场景和新闻事件。在拍摄过程中，要注重拍摄不同景别、不同方向、不同高度的画面，丰富镜头内容。

（三）重点记录现场，熟练运用抓拍

在新闻拍摄中，记者必须在事发之前或当时迅速赶往现场，进入现场后，先要进行仔细观察，然后迅速明确采访内容，确立报道重点，尽快找到采访对象。在事发现场拍摄中，要注重运用抓拍。抓拍主要体现在"挑""等""抢"三种拍摄手法的配合使用。"挑"是指记者在现场拍摄时，面对复杂的现场，能迅速挑选出表现事物特点与本质的材料。"等"是指记者要有耐心，等待最佳拍摄时机的到来。"抢"是指记者在现场不失时机地抢拍到事件进程中的精彩瞬间。

此外，现场画面可以分为现场叙事性画面和现场描述性画面。现场叙事性画面主要是指叙述事件发生过程的现场画面，要求摄像在现场多用长镜头叙述内容、表达主题，同时记录细节升华情感、感染观众。现场描述性画面主要是指在现场拍摄的用来交代环境与氛围的画面。现场描述性画面往往用远景或全景景别通过摇摄来达到交代环境的目的。

四、网络视频新闻的文稿撰写

一篇完整的新闻稿，一般包括标题、导语、主体及结语四部分。网络视频新闻的文稿撰写包括结构方式、标题、导语、主体、结语等五个方面。

（一）结构方式

节目文稿的结构方式一般要服从主旨表现的需要，反映客观事物的发展规律和内在联系。网络视频新闻的文稿一般类型有：倒金字塔式结构、金字塔式结构、并列式结构等。

1. 倒金字塔式结构

倒金字塔式结构是新闻报道，特别是硬新闻最常见的结构，可以分为四大部分：导语、说明、扩充、结尾。倒金字塔式结构是指按照事实重要程度来安排先后顺序的结构样式，这种结构的特点是把最重要、最精彩的事实放在前面，次重要的事实放在后面，以此类推，按照先重后轻、先主后次的顺序来安排。倒金字塔式结构适用于时效性强的事件新闻。

2. 金字塔式结构

金字塔式结构是将事实结果、最重要的材料留到最后才显示出来的结构，通常按照事件发生的时间顺序、事件发展的进程来安排，也叫纵式结构。使用金字塔式结构的视频新闻层次清楚、节奏紧凑，符合人们思考问题的习惯，易于为受众所理解。金字塔式结构类似于短篇小说的结构：用细节开头，把故事的高潮放在末尾。这种结构适用于故事性强、以情节取胜的新闻，能够有效引导受众的情感，让受众在视频的最后产生情感的升华。

3. 并列式结构

并列式结构是将同等重要的事实平行排列，又称双塔式结构。并列式结构是指按照空间变换、事物性质的不同方面来安排文本结构的方式，也叫横式结构。并列式结构适合报道事实各部分的重要性相等或相似的新闻，所安排的内容没有先后主次之分，但都是围绕节目主题来选择相关题材。

（二）标题

新闻的标题，是在新闻正文内容前面，对新闻内容加以概括或评价的简短文字，其作用是划分、组织、揭示、评价新闻内容，吸引读者阅读。网络视频新闻的标题制作的基本要求是：题文一致，突出精华，准确鲜明，言简意明，易读易懂，生动活泼。具体而言，新闻标题的要求有以下几点。

1. 题文一致

题文一致指的是网络视频新闻的标题与画面、声音的内容紧密相关，即题画相符和题声相符。网络视频新闻是多种符号的有机融合，具体表现为看、读、听，视听双通道输入同一内容，即可加深观众的记忆。如果标题与画面、声音相互干扰，就会因为结构无序而造成整体符号传播功能的衰减，降低可信度，弱化传播效果。

2. 言简意明

标题越长，阅读就越不方便，给人的印象就越模糊；反之，标题越简练，阅读越方便，给人的印象就越深刻。"意明"指的是新闻的标题要观点鲜明，事实准确。新闻标题一般只有主题，很少出现引题、副题，即以单式标题为主。在新闻标题中，简称是很有必要、很经济的语言形式，也是常用的构词形式，但前提首先是要表达明确。为了使标题明确、简洁，除慎用简称外，还要防止产生歧义，误导观众。

3. 易读易懂

网络视频新闻标题的生命力在于通俗性和贴近性。普通老百姓是网络视频新闻的主要受众者，因此，网络视频新闻标题的生产要注重新闻性和可读性并举。通俗性指的是网络视频新闻标题要用普通老百姓日常生活中最形象生动的语言，拉近与受众之间的距离。

4. 生动活泼

制作网络视频新闻的标题时，除了要准确简练外，还应力求形象生动，具备一定的文采，这样才能给人留下深刻难忘的印象。而要达到"形象生动"的要求，记者或编辑必须具备良好的文字表达能力，运用比喻、对偶、对比、借代、重叠、感叹、回文、双关、谐音等修辞手法，将标题制作得活灵活现。只有多想、多练、多推敲，才能创作出生动活泼、传神写意的新闻标题。

（三）导语

导语是指新闻的开头，一般独立成段。导语的写作有三大使命：一是介绍最重要、最精彩的事实；二是揭示新闻的主题；三是引起读者的阅读兴趣。常见的导语写作方法有：对比法、设问法、细节放大法、概述法、现场同期声法、关键数字法、评论法、悬念法等。

（四）主体

导语之后便是主体，主体是网络视频新闻的主干和正文部分。主体必须紧扣导语而写，是导语的展开与深化部分。主体进一步充实导语中的事实使之具体化，同时补充导语没有交代的内容，使事实更加丰满。视频新闻不同的结构方式，导致了不同的主体写作方法，一般可以分为倒金字塔式结构和金字塔式结构两种。

（五）结语

结语是网络视频新闻文稿的最后一段话或最后一句话。网络视频新闻有好的导语与主体，也应有给观众留下深刻印象的结尾，如此可强化新闻传播效果。结语的写作没有定法，可以根据具体内容与主题需要，采用呼应导语、展望趋势、评论事件、提出希望或概括总结的方式进行收尾。

五、网络视频新闻的后期编辑

网络视频新闻在采集完成视频、音频资料，撰写完成新闻文稿，完成配音后，就进入了后期编辑的环节。网络视频新闻的后期编辑就是对已经获得的画面材料和声音材料进行整合，进行再加工、再创作的过程，也是视频新闻生产的最后一道工序。在后期编辑过程中，要正确处理声画关系，综合运用屏幕文字、动画与图表语言、聚合多方新闻素材，创新视频新闻的表达形式。

【本章小结】

本章对网络视频新闻的概念、特点、类型和发展历程做了大致回顾，并从新闻应用的角度，对网络视频新闻的制作流程做了介绍。

【本章学习与思考】

1. 在网络视听时代，如何识别假新闻？

2. 如何正确认识热点新闻报道过程中出现的反转现象？

3. 哪些新闻适合采用隐性采访的技巧？请举出一例，并说明其采访技巧使用得好或不好的原因。

4. 拟定一个现场采访主题，选择一个值得关注的人物或事件，采取开放式问题和封闭式问题相结合的方式，撰写采访提纲。

5. 观看《新闻调查》节目《一只猫的非常死亡》，思考：

（1）采访对象有几位？他们之间的关系是什么？用思维导图绘制出来。

（2）柴静提了哪些让人印象深刻的问题？是开放式问题还是封闭式问题？她在采访前做了哪些准备？

（3）从主题确立、风格选取、单元结构几方面对本期节目进行分析。

第三章

微电影

自 1895 年 12 月 28 日卢米埃尔兄弟（Auguste Lumière，Louis Lumière）在巴黎卡普辛路 14 号咖啡馆的地下室公映《火车进站》起，集音乐、舞蹈、戏剧等多个艺术门类为一体的"第七艺术"——电影已然陪伴人类跨越了百余个春夏秋冬，驱散了落日余晖里的百无聊赖。历经百年风雨洗礼，无数电影人前赴后继，电影的制作、放映技术不断革新，电影的内容、类型包罗万象，电影理论也穰穰满家。日新月异的互联网技术创造了新的媒介环境，快节奏、多元化、时间碎片化的现代社会催生了微视听的文娱消费形式，微电影便应运而生。

第一节　微电影的起源与发展

微电影中何为"微"？微电影如何诞生？微电影的定义是什么？微电影的起源与发展有无特殊技术背景、文化背景、社会背景？较之传统电影、电视，微电影在时长、制作、播映等方面有何不同？微电影的创作者是谁？本节将为读者解答诸如此类关于微电影的疑问。

一、微电影的诞生

网络微博和网络视频平台的兴起，开启了互联网"微时代"，更是直接催生了"微电影"。2006 年 6 月，美国人埃文·威廉姆斯（Evan Williams）推出了及时更新的推特（Twitter）微型博客平台，迅速席卷全球互联网，一年后王兴推出了国内首个微博平台"饭否"，百度、腾讯、新浪等互联网企业纷纷效仿推出各自的微博服务平台，直至 2010 年微博在中国互联网市场逐渐成熟，越来越多的政府机关、企业、个人用户开始利用微博发布文字信息及视频短片。与此同时，国内的视频网站也正频频蓄力，诸如优酷、土豆、搜狐、爱奇艺等视频网站纷纷加入微电影制作行列。优酷联手中国电影集团推出"11 度青春系列电影"，其中微电影《老男孩》及其同名主题曲红遍整个互联网，引发了广泛的关注与讨论。在这之后，腾讯视频与爱奇艺也不甘落后，分别推出"9分钟"微电影计划和"城市映像"微电影计划，微电影作为互联网"微时代"的新产物，以其燎原之势，迅速燃遍整个互联网，成为广受现代人追捧的文化娱乐消费方式。

2010年4月7日中国互联网信息中心（CNNIC）发布《2009年中国网民网络视频应用研究报告》指出，截至2009年底，中国网络视频用户规模达2.4亿，其中近4000万用户只会在网上看视频，成为网络视频独占用户。快速发展的互联网技术加之广阔的消费市场，为微电影的制作与传播提供了得天独厚的条件。香港导演伍仕贤于2001年导演的《车四十四》被视作微电影的雏形，但真正被称作微电影开山之作的当属2010年12月27日上映的《一触即发》，因而2010年也被称作"微电影元年"。

二、微电影的定义

微电影作为继电影、电视后诞生的又一新兴影视产物。针对其概念问题，包括其身份属性、艺术特征、制作流程等内容，由于其衍生于电影而又近似电影，学术界对其定义存在较多争议。

导演陆川认为，微电影就是由以前的短片演变而来，只不过微博诞生之后，短片也赶时髦换了个"微电影"的新名称[1]。导演顾长卫则表示，若如同票房分红，导演能根据点击量来分片酬，"微电影就可以叫作'威电影'了。"[2] 导演王小帅曾说，什么微电影，就是广告，没有电影两个字，谁会关心它的存在，它就是一个大箩筐，什么都能装[3]。

香港资深影评人列孚指出，暂时看来微电影和电影根本没关系。或者说微电影只能算是视频，有很多技术条件根本达不到电影的标准和专业要求。我们所谈的电影是一种工业，无论是灯光、摄影、布景还是造型等，

---

① 熊丽：《5w论微电影（上）》，《成功营销》，2012年第7期。
② 《顾长卫：盼微电影成"威电影"根据点击量分片酬》，《新京报》，2012年3月25日，http://news.cntv.cn/20120325/105836.shtml.
③ 闵云霄：《微电影产业链已清晰，8集影片换亿元广告费》，《中国企业报》，2012年10月30日。

电影本身有个系统，不是简单拿着 DVD 就能拍出来的。电影已经有上百年的发展历史，而微电影只是这几年才出现的产物，微电影至今尚未成工业①。学者倪祥保认为，从相对严格的学术意义上来说，将目前所有被称为"微电影"的那些视频内容归入电影的范畴，其实是很有问题的，至少是值得商榷的②。学者郑晓君指出，微电影又称微影，即微型电影，一般用于各种具有视频功能的移动设备新媒体平台上播放，通过网络平台进行传播，具有完整故事情节，片长一般在 30—300 秒之间，以产生话题为目的而植入广告③。

综合上述资料，目前对于微电影的定义较为宽泛，还未形成学界公认的有权威性的定义。综合多种因素，笔者认为，总体上可将微电影的定义理解为是在电影及电视的基础上所衍生的适合在互联网新媒体平台传播的微型影片。该类型影片同样具备讲述故事、刻画人物、表达情感等基本功能，时长一般在 30 分钟以内为宜。相较于传统影片，微电影的"微"主要体现在以下三方面：首先，微电影之放映时长"微"，相较于影院影片 90 分钟起的标准时长，微电影的放映时长一般在 30 分钟以内，更有的短至几十秒；其次，微电影之制作成本"微"，与当下电影市场动辄几千万元甚至几亿元投资，时间长达数年的大制作相比，微电影制作投入的金钱与时间成本相对较少，甚至只要花费几千元、几周时间就能制作质量上乘的佳作，比如河北科技大学李家和同学的毕业设计作品《地儿》仅花费 5000 元，便荣获第 75 届戛纳国际电影节电影基石单元二等奖；最后，微电影之播放平台"微"，与传统电影必须在影院银幕上放映不同，微电影主要在各大互联网视频平台播放，人们可以借助平板电脑、智能手机等移动互联网终端实现随时、随地、随心观看。

---

① 何晶、黄飞：《微电影和电影没关系》，《羊城晚报》，2012 年 2 月 26 日。
② 倪祥保：《"微电影"命名之弊及商榷》，《电影艺术》，2012 年第 5 期。
③ 郑晓君：《微电影——微时代广告模式初探》，《北京电影学院学报》，2011 年第 6 期。

三、微电影的创作群体

诚如丹尼尔·贝尔（Daniel Bell）所言：目前占据统领地位的是声音、视觉观念和影像，尤其是影像，它组织了美学，统率了观众①。摄影技术的快速发展促使图像战胜文字，标志着"视觉文化"的降临，尤其在后现代社会更甚，微电影凭借其成本低廉、时长短小、制作容易、传播便捷等优势，不仅颠覆了影院电影"鸿篇巨制"的传统观念，而且适应了现代人碎片化、快餐式的生活方式，因而在互联网上广受追捧。随着单反相机、运动相机不断普及，加之各大厂商不断对手机产品迭代高清摄影摄像技术，激发了普通人对于影像创作的高涨热情，微电影创作群体不断壮大。以宏观角度分析微电影的创作主体，不同的创作者之间存在较大的群体差异，因而笔者从专业背景、创作风格、美学理念等方面，将微电影的创作群体主要分为以下三类。

（一）影视行业资深从业者

这类创作群体大多在行业内深耕多年，包括导演、编剧、摄像、剪辑、制片、演员等多个职位。在影视行业摸爬滚打多年使得他们积累了丰富的从业经验和创作资源，因而在微电影创作过程中具备天然的优势，往往在剧本策划、现场拍摄、后期包装等方面更具专业性。诸如陈凯歌的《淑贞》、贾樟柯的《后背》、宁浩的《巴依尔的春节》等都是业界知名导演涉足微电影领域创作的精品。在坚守个人长片影像创作风格的基础上，知名导演集结丰富的影视资源力求突破创新，为观众呈现绝佳的视听盛宴。

（二）科班出身的影视新人或在校学生

这类创作群体一般都有专业影视院校的教育背景，接受过系统的影视

---

① ［美］丹尼尔·贝尔：《资本主义的文化矛盾》，生活·读书·新知三联书店，1989，第154页。

理论教学及影像创作实训。他们往往具备浓厚的创作热情、活跃的创作思维、扎实的知识储备，但是在资历经验、设备经费、行业动向等方面存在明显劣势，因而创作的作品往往存在题材局限、制作粗糙、宣发受限等问题，在微电影市场上很难与专业团队的大制作抗衡。近些年各类微电影节及影像扶持计划给"学院派"影视新人提供了大展身手的机会，激励了众多微电影追梦人，涌现了一批上乘佳作。青年微电影创作者是中国电影不可或缺的鲜活血液，例如，河北科技大学毕业生李家和导演作品《地儿》荣获第 75 届戛纳国际电影节电影基石单元二等奖，纽约大学电影学专业留学生陈剑莹执导作品《海边升起一座悬崖》荣获第 75 届戛纳国际电影节短片金棕榈奖，北京电影学院硕士研究生文牧野执导的毕业短片《安魂曲》荣获第 6 届澳门国际电影节微电影大学生组澳天龙微电影导演大奖等。

（三）业余影像爱好创作者

这类创作群体来源于社会各个阶层和不同专业领域，他们中大部分人并未接受过系统的影视教育，影视制作经验也相对匮乏，但对电影创作充满热情。尤其在短视频盛行的当下，越来越多的"草根"非专业人士加入了微电影创作的行列，他们通过拍摄实践积累经验、磨炼技术。缺失影视专业的教育背景，使得他们的创作少了学院派的理论束缚，在创作构思上更天马行空，表达呈现上更灵活生动，因而开辟了专属自身的创作道路，以鲜明的创作风格独树一帜。例如，毕业于浙江理工大学服装设计与营销专业的顾晓刚凭借纪录短片《自然农人老贾》崭露头角，根据多年实践经验创作的《春江水暖》更是入选法国《电影手册》年度十佳影片；大连民族大学艺术设计专业毕业的周子阳同样是因拍摄短片经历进入电影行业，其执导作品《老兽》荣获第 54 届台湾电影金马奖最佳原著剧本奖。

第二节　微电影的类型与特点

相较于电影艺术熠熠生辉的百年荣光，微电影虽然近些年才出现，但市场上的微电影数量可谓呈井喷式增长趋势，对于微电影的类型及特点的研究引得学术界百家争鸣、各抒己见。

一、微电影的类型划分

艺术自诞生起就伴随着类型问题的研究，亚里士多德（Aristotle）在《诗学》的开篇便系统阐述了诗的艺术分类及原则。正如罗伯特·考克尔（Robert Kolker）所言："电影一旦发展出一种叙事结构，从仅仅展示事物转向讲述故事，就开始形成类型。"[①] 电影类型的形成在电影诞生的早期便初见端倪，类型规范不是脸谱式的影像表达，而是不同影像艺术表达的差异化与共同性的界定。好莱坞大制片厂的现代电影工业推动了电影类型的发展，标准化的电影生产制作规范，为不同类型的电影镶嵌了公式化的情节、定型化的人物、图解式的视觉符号。微电影延续了电影的诸多类型元素，形成了自身各类型的美学观念与影像风格的鲜明区隔，笔者立足于类型研究的理论依据，宏观上将微电影主要划分为广告微电影、公益微电影、艺术微电影、先锋微电影四种类型。

（一）广告微电影

诚如让·鲍德里亚（Jean Baudrillard）所想，大众媒介文化的消费具有隐蔽的强制性。[②] 在深受消费主义思潮影响的数字经济时代，艺术与商业的融合是大势所趋，在维持影像艺术性与商业利益的平衡中，诞生了以

---

① [美]罗伯特·考克尔：《电影的形式与文化》，郭青春译，北京大学出版社，2004，第122页。
② 王咏梅：《媚俗与仿真：消费社会的文化征候——对鲍德里亚消费社会理论的系谱学研究之一》，《文艺评论》，2014年第7期。

营销功能为主的广告微电影，其往往以电影为表现形式，在数字媒体平台上广泛传播，借助一个或多个故事向观众传达产品信息或品牌形象，在商品与目标受众之间构建桥梁，让产品的核心理念与品牌形象深入人心，从而最大程度地提升商品的知名度，激发观众的消费欲望，实现商业效益最大化。由百事集团出品的《把乐带回家》于2011年底上映，温情的故事里巧妙植入了纯果乐、乐事薯片、百事可乐等产品，成为勾连起剧情发展的线索，在当红明星的演绎下起到了商品营销与推动情节的双重效果。

（二）公益微电影

公益微电影主要关注当下现实生活中存在的社会问题，包括环境保护、文化传承、尊老爱幼、抢险救灾、关爱残障人士等公益性主题，创作者要肩负社会责任，立足社会、服务大众，植入强烈的人文主义理念、社会主义核心价值观等内容，在全社会范围内弘扬正能量，助力和谐社会的构建。日本导演竹内亮采用纪录片的拍摄方式制作的《后疫情时代》，以其外籍友人的独特视角，跨越中国各大城市，不偏不倚地记录下后疫情时代中国百姓的生活状况及城市面貌，将"一边把病毒控制好，一边推动经济发展状态"的中国真实地展示在世界面前。通过2020年南京马拉松的运动爱好者、义乌电商直播村的电商从业者、武汉联想工厂中的领导与员工、乐观坚守的外贸从业者等个体叙事映射了整个中国社会群体形象，展现了后疫情时代百折不挠的中国人民艰苦卓绝、积极向上的民族形象。导演通过采访相关企业从而聚焦到"民生问题"上，更多关注后疫情时代中国普通百姓的衣食住行，深入剖析他们的生活、生产状况，充满了对民众的无尽关怀。

（三）艺术微电影

艺术微电影延续了传统艺术电影的特性，创作者根据自身阅历编写剧本或改编他人文学作品，融合自己的见解、创意、态度等主观内容，运用影像艺术的美学理念和表现手法进行微电影创作，传递创作者的主观意识与情感，以激发观众的情感共鸣。艺术类微电影没有明显的商业性或公益性，其主要目的在于表达创作者个人的艺术追求，体现创作者个人的艺术造诣，蕴藏一定艺术理论及艺术意蕴，对欣赏者的审美水平有一定要求。文牧野执导的《安魂曲》是典型的艺术微电影，讲述了全家惨遭车祸的孟小军为救重症幼女而将爱妻遗体卖到农村与人冥婚以换取手术费的悲惨故事。导演跳出了探讨冥婚风俗或医疗体制的桎梏，而是以"冥婚"这种奇观形式为外壳，深入探讨人类灵魂归属的问题。

（四）先锋微电影

先锋派艺术是指那些勇于创新而激进的艺术现象及作品。先锋微电影是一种极具个人色彩的影像表达，以极富创造力、想象力的视听表达代替影片叙事，其实验性质的影像美学以及拍摄风格在当下显得特立独行。标新立异的影像尝试推动影像技术的革新，变幻莫测的先锋微电影以其极具震撼力的视觉呈现在主流微电影中脱颖而出。由丹尼斯·维伦纽瓦（Denis Villeneuve），执导的微电影《下一层》充斥着荒诞主义色彩：一群衣冠楚楚的精英围坐在餐桌前，尽情享用诡谲的饕餮大餐，每隔一段时间，地板就会塌陷一次，人们会急速坠落到下一层，但精英们仍不动声色地大快朵颐，随着他们进食速度的加快，楼层也会加快下坠。看似荒诞的剧情，实则暗含导演对人性的批判，海市蜃楼终会塌陷，人类也终将坠入欲望的深渊。《下一层》没有直抒胸臆的主题表达，而是通过人物特写、明暗对比、声画对立等表现手法，将观众从现实拉入剧中人性的深渊，以警告世人要克制欲望，莫要被欲望所吞噬。

二、微电影的主要特点

在纷繁冗杂的国内影视市场，微电影自2010年底诞生起，虽只短暂发展了十余年，却涌现了一批精品，微电影创作团队也日益壮大。微电影行业的蓬勃发展主要得益于微电影制作门槛低、创作空间大、娱乐互动性强等特点。

（一）制作门槛低

微电影制作门槛相对较低：在资金投入方面，不似传统电影动辄上亿元的投资，几万元甚至几千元就能制作出优秀的微电影；在拍摄器材方面，无须动用专业级别的摄像机，普通的微单相机便能满足基本的拍摄需求，甚至智能手机也能拍出不俗的画面效果；在人员构成方面，微电影制作团队人数相对较少，很多学生微电影剧组一般只有 5—10 人，团队成员一般身兼数职，共同分担烦琐的工作；在影片时长方面，微电影没有传统电影 90 分钟起的标准时长要求，一般维持在 30 分钟以内，更有短至几十秒；在制作周期方面，微电影的拍摄不会耗费较长时间，一般在几天、几周或数月内便可完成制作；在影片发行方面，传统电影需要通过广电总局较长的审核周期才能拿到上映许可，还需与影院协商具体上映时间，而微电影主要通过网络发行，只要内容符合平台审核要求，很快便能在网络上传播。正是由于微电影低门槛的特点，给予了广大影视新人、草根民众广阔的创作天地。

（二）创作空间大

微电影的创作空间相对宽松，不似传统电影受到严格的审查制度的制约。因此，创作者只要在符合正确价值观导向的基础上，就可以将自己天马行空、特立独行的创作理念融入作品中，通过极具个性的镜头语言去诉说自己的思想与见解，跳出条条框框的限制，以破除常规、标新立异的创意想法去尝试影像叙事与情感宣泄，实现自己的艺术价值追求。

（三）娱乐互动性强

微电影的低门槛特点，使得电影艺术不再是阳春白雪，广大的草根群体也能运用镜头去记录自己的生活，甚至进行有思想性的影像创作，从原本被动接受的观众转变为主动表达的创作者。微电影的传播渠道主要是互联网各大新媒体平台，包括哔哩哔哩、新片场、抖音、爱奇艺等，通过这些渠道，极大地扩展了微电影的受众范围与数量。同时，各大平台都具备评论、弹幕等功能，给予观众各抒己见的便利，增强了传受双方的娱乐互动性。

第三节　微电影的剧本和分镜创作

剧本是微电影艺术创作的文学基础，是导演统筹、摄像拍摄、演员表演的依据。剧本明显区别于小说、散文、诗歌等文学样式，具有独特的结构与格式，撰写一部优秀的剧本需要经过系统的学习与训练。剧本创作需要创作者认真观察生活，提炼生活中具有艺术加工价值的人物和事件。撰写剧本时，题材选择、主题设置、人物塑造、情节设计、结构安排等都需要精心编排，才能创作出优秀的微电影作品。

一、剧本主题设置

文学剧本作为微电影创作的蓝本，其中题材的确立、主题的设置是剧本撰写之初就值得深思的问题，正所谓"千里之行，始于足下"，具有挖掘价值的题材、立意深远的主题是微电影作品成功的关键。诚如高尔基（Gorky）所言："主题是从作者的经验中产生、由生活暗示给他的一种思想。它聚集在他的印象里还未完全形成，当他要求用形象来体现时，它会在作者心中唤起一种欲望——赋予它一个表现形式。"① 主题源于创作者对生活的真切感悟，唯有设身处地地深入普罗大众的日常，观察体味百态人生的真谛，并将其融入剧本创作，并就此展开人物塑造、情节描绘、矛盾安排等一系列剧作设计，才能够创作出引发广大群众情感共鸣的优秀作品。那么在撰写微电影剧本时，如何能够更好地确立题材和设置主题呢？

---

① ［苏］高尔基：《高尔基选集文学论文选》，人民文学出版社，1958，第296页。

（一）选题要以小见大

微电影受时长限制，若要在简短的片长内实现人物刻画饱满、情节叙述完整、情感表达流畅等多重艺术效果，应尽可能避免因人物冗杂、故事空洞、线索杂乱等问题而陷入影片主题表达不明确、不深刻的险境。因而剧本选材就必须以小见大，通过个案洞悉整体，选取琐碎日常中的小事件深度提炼主题，深入挖掘所选题材的价值内涵，进而赋予作品深厚含义。宁浩导演的《巴依尔的春节》以阖家团圆的农历新年作为背景，虽是由宝马公司出品的广告类微电影，但导演选择由孩童的视角去讲述一个离异家庭破镜重圆的故事。在离婚率居高不下的当代社会，宁浩刻画了主人公李辉在春节当天从一早闷闷不乐到晚上的欢呼雀跃的变化，影射了父母关系的转变在孩子成长中起到至关重要的作用。在简短的 20 分钟内不仅清晰传达了宝马汽车的性能及品质，更是表达了构建和谐家庭与关爱儿童的深刻主题，同时渲染了小城镇百姓庆祝农历新年时热闹非凡的节日氛围，不失为一部诚意满满的春节献礼片。

（二）立意要博大精深

立意之于文学而言犹如命脉般的存在，之于微电影剧本亦如此，它代表着整部影片的思想高度与深度，是创作者倾注在影片内包括剧本构思、拍摄意图、剪辑逻辑等所有的思想内涵。唯有博大精深的立意，才能支撑起整部影片的视听叙事。"大江东去，浪淘尽"，在时代洪流的裹挟下，艺术创作唯有紧跟时代步伐，将深刻的思想哲理、细腻的人物刻画、真切的情感流露融入微电影的叙事，才能使观众透过现象思考人性本质，从而领悟人生真谛。文牧野的《安魂曲》作为一部现实主义题材短片，将主人公置于进退两难的险境，一面是离世的爱妻，另一面是垂危的爱女，现实的窘迫与潦倒是深扎于孟小军心中的尖刺，亡妻的尊严和爱女的性命于他而言无法两全，影片极为平实的叙述将观众真切带入情景，跟随人物艰难做出选择。文牧野聚焦小人物的悲欢离合，展现了边缘人物面对窘境时的悲哀与无可奈何，同时也警醒世人在白驹过隙的短暂人生中要珍视眼前之人。

（三）角度要标新立异

当前影视市场竞争激烈，观众对大量同质化严重、制作粗糙的微电影产生了审美疲劳。影片的叙事角度奠定作品的格调与个性，因此若想在鱼龙混杂的微电影市场中脱颖而出，创作者必须从标新立异的视角切入叙事，善于发现平凡事物的独特之美，用全新的角度诠释永恒不变的哲学道理。第89届奥斯卡金像奖最佳真人短片《校合唱团的秘密》讲述了在屡次获奖的校合唱团里，老师要求水平不佳的学生保持"默唱"以换取合唱团整体的和谐，转校生索菲联合其他"默唱"学生展开了无声的抗议，揭露了荣誉背后的丑陋秘密。该短片的主题实质上探讨的是面对不良行为时是茫然服从还是挺身反抗的人生抉择，将个人与集体、利益与良善两对矛盾置于现实情境中。这于成年人而言是两难的抉择，但影片选择从儿童的视角进行叙述，赤子之心本就是良善的化身，在儿童的世界里没有利益纠葛与权衡利弊，只有纯粹的对与错、是与非，因此最终在孩子们真挚圣洁的天籁般歌声里，观众宛若经历了朝圣般的精神洗礼。

二、剧本人物塑造

人物是影视剧本写作的重要核心，创作者通过刻画生动形象的人物来推动故事情节的发展，并且承载着整部作品所要传达给观众的主题思想及深刻寓意。尽管微电影的虚实篇幅相较于传统电影大幅缩水，但是对于主要人物的塑造仍是微电影创作的重中之重。因此，设置鲜明的人物特性、编织清晰的人物关系对于剧本情节叙事能够起到推波助澜之效。微电影的人物塑造主要分为主要人物、次要人物、其他人物三种，主要人物作为叙事的绝对核心，一切情节内容都围绕其展开；次要人物对主要人物起到衬托作用，辅助情节发展；其他人物则主要是为串联剧情、衬托主要及次要人物而设置的。

（一）人物特性刻画

纵观百年影史，能够跨越时代洪流让观众记忆犹新的作品，往往都是那些名垂青史的艺术典型。正如歌德（Goethe）所坚持那般："典型化的途径是在特殊中显出一般。"① 唯有运用典型化的方法，创造出具有栩栩如生的鲜明个性并体现出带有普遍意义的典型形象，才能揭示人生的本质与真谛。因此，在微电影剧本创作时，对于人物特性的刻画显得尤为关键。

1. 人物定位

人物定位清晰是创作者塑造人物时的首要任务，在不违背人性复杂多变的客观规律的基础上，给予笔下人物精准的定位以立足人物塑造，不是将人物脸谱化、符号化，而是突出其主要特性，以支撑人物角色的身份、性格、行动等符合微电影剧情的发展，从而向观众呈现鲜活生动的人物形象，产生情感共鸣。此外，每个主要人物都应该有缺点，如脆弱的、邪恶的、有阴暗面的，至关重要的缺点可能会像一个隐形的心魔，如影随形。如果接下来想要主人公行动果决的话，那么这些来自过去的阴霾就必须被驱散。

《调音师》在塑造主人公阿德里安时，并非将其刻画成单一性格，而是深入挖掘人物性格的双面性：一方面，他的骨子里是胆怯懦弱之徒，钢琴比赛的失利使他一蹶不振；另一方面，当他伪装成盲人时，他像是性格分裂一般发生了转变，彻底沦陷在给钢琴调音时偷窥客人隐私的极度心理愉悦之中，甚至因客人丝毫未察觉异样而沾沾自喜。在贪婪的人性欲望里，阿德里安也最终跌入万丈深渊。如此巧妙的人物定位，将人物性格复杂化、矛盾化、立体化，使得剧情的冲突与高潮得以充分展现。

2. 人物背景

人物背景是人物塑造的依据，主要包括时代背景、家庭背景、教育背景等，符合剧情发展需要的背景交代是剧作的重要根基。影视剧本明显有别于小说、散文等文学形式，它是影视化呈现的文学蓝本，所以在剧本创

---

① 彭立勋等：《西方美学与中国文论》，湖北教育出版社，1986，第117页。

作时对于人物背景的介绍不是通过长篇大论的描述性文字，而是借助人物的神情、语言、动作及环境等视觉符号娓娓道来。陈凯歌执导的《百花深处》延续了其一以贯之的人文精神主题风格，主人公冯先生一出场就穿件红色旧运动服、戴顶小黄帽、操口老北京腔，加之疯疯癫癫的言行举止更是与周围环境显得格格不入。在冯先生惊叹北京城的日新月异之余，暗示了他对老北京的记忆仍停留在过去，与这一繁华时代背道而驰。在百花深处胡同的废墟之上，冯先生执意要搬家公司进行无实物搬家表演的举动虽显得可笑至极，但也体现了他对于旧文化的执念与坚守。

3. 人物言行

语言是人物情感的外化表现，能够袒露人物的内心世界，是塑造人物形象的重要手段，在很大程度上能折射出人物的文化、习惯、思想、性格、心理、经历等内在形象。语言作为重要的文化符号具备多种含义，说话时的语气、音调、方式、节奏、词汇等能够非常直观地传递人物的阶层、处境、心境等信息。文人墨客之言必定辞藻斐然，乡野农夫之语则简单粗暴，因此在编写人物台词时，必然要与人物的职业阶层、生活处境、性格特征等高度吻合，才能推动影片情节发展。

黑格尔（Hegel）认为，动作是由人物内在理念所驱动，能够清楚表现人物性格、思想和目的。因此，创作者对于特定动作的设计能够真实展现人物的内心，反映出人物在特定情景中的选择，在推动情节发展之余，更能引导观众探索人物的内在，挖掘其细微的心理变化。

（二）人物关系编织

就如人类现实生活中的缜密人际关系网络一样，影视剧中的虚拟人物同样在虚拟影像世界中有其专属的人际关系网，也就是剧中人物生活工作时的人际相处的依据。微电影由于受篇幅所限，其所包含的人物角色数量相对较少，人物关系网络也相应简单明了，以主人公为中心向外发散，人物关系可以分为主次关系、对等关系、对立关系三种，无论哪种人物关系都是为剧情所服务，因此，剧作时人物关系的设计需要仔细斟酌。

1. 主次关系

人物主次关系是以主角为核心，其他次要人物围绕主角起到助力或阻碍的作用，串联起多条情节线索以推动剧情发展。这类人物关系的微电影重点在于突出主人公的人物形象，其性格、境遇、成长、变化在微电影叙事中占据主要篇幅，对于其他次要人物的刻画则要相对简单，他们的一切行为皆是为主人公的行动所服务。《调音师》中阿德里安是绝对的人物核心，片名便指向他的职业，无论是女友、老板或是形形色色的顾客都是阿德里安的生活中的一部分，每一个次要人物的出场都与阿德里安有着密切联系。短片高潮段落，枪杀丈夫的女人的出现实则是导演为阿德里安设下的危险陷阱，考验人物在绝境中如何从容应对。

2. 对等关系

人物对等关系是由两个在角色地位、重要程度、所占篇幅等方面对等的人物共同演绎，他们在影片中有共同的情感诉求，肩负共同的使命，两人一般由矛盾冲突而破镜重圆、重归于好，在整部微电影中两人情感关系的转变是聚焦的重点，是情节曲折发展的主要线索。文牧野执导的《金兰桂芹》讲述了两个老太太因电视机欠费停机而引发的一系列事件，导演截取了金兰与桂芹这对闺蜜百无聊赖的生活日常中的某一天，两人都是影片展现的重点，不偏不倚，主要是为了突出两人多年的深厚友谊，通过以喜衬悲、哀而不伤的方式表现空巢老人的孤独与无助。

3. 对立关系

人物对立关系是指两个及以上的角色在言行、立场等方面处于对立状态，两方势不两立直至爆发冲突。对立关系不仅可以是发生于两个个体、两个群体或个体与群体之间的外部冲突，还可能是置于单一人物身上的人性两个侧面的内部冲突。人物的对立冲突能够制造戏剧矛盾，尤其是人物自我的对立更是孕育故事高潮，引起观众的窥视欲。伍仕贤执导的《车四十四》描述了一位女公交司机在偏僻途中遭遇歹徒强奸而车上乘客漠视歹徒施暴的故事，片中的女司机与冷漠的乘客、歹徒天然构成了对立关系，象征正恶势不两立。

三、剧本情节设计

情节是推动人物性格展开的一系列行动和情景的结构安排①，是影片叙事的精髓，关乎影片主题呈现、人物塑造、情感表达，因此创作者必须高度重视剧本情节的设计。

（一）情节叙事类型

微电影尽管受篇幅所限，不似传统电影拥有极其复杂的叙事情节，但微电影的情节结构仍保持相对清晰明确，主要有单线叙事、平行叙事、套层叙事、网状叙事四种类型。

1. 单线叙事

微电影单线叙事是由一条主要线索串联起整个故事情节，采用线性方式进行情节叙述。影片往往利用固定的人物视角切入叙事，叙事顺序相对单一，叙事逻辑比较清晰。但单线叙事可能会导致影片情节干瘪空洞、没有新意，观众往往会因猜中剧情走向而失去观影兴趣。因此，可以适当调整叙述顺序、设置悬念以引起观众的遐想，从而增加影片叙事的趣味性。

2. 平行叙事

微电影平行叙事是由两条平行线索采用并列分叙的形式进行情节叙述，这两条线索往往具备一定关联性，最终汇聚成一个整体来完成影片主题的表达。平行叙事往往用作表现两个具有相似性的对象，他们之间存在某种特定的关联，在不同时空或相同时空内形成两个对象的比较，在剧情推进中埋下伏笔、设下悬念，从而激发观众的观影欲望。

3. 套层叙事

微电影套层叙事是交织不同时空内的情节线索，诸如梦境、现实、回忆等多重时空不停穿插转换，叙事线索被层层套住，给人一种错综复杂、扑朔迷离的感觉，一般适用于悬疑侦探题材的微电影。创作者运用套层叙

---

① 国玉霞、白喆、郝强：《微电影创作技巧》，清华大学出版社，2014，第38页。

事时，一定要明确叙事逻辑，精准切入叙事，每一时空对应情节内容及不同时空的联系都要清晰，避免叙事落入模糊混乱、云里雾里的尴尬境地。

4. 网状叙事

微电影网状叙事是由两条以上的情节线索，遵循特定的逻辑关系而交织、扩散犹如蜘蛛布网一般的情节叙事。尽管网状叙事线索相对分散，但"形散神不散"，网状叙事的各条情节线索都服务于同一主题内涵，情节之间都有缜密的联系。

（二）情节设计技巧

1. 关联主题

微电影的情节设计必须高度关联影片主题，情节与情节之间的衔接要遵循缜密的逻辑，做到每一环都有章可循、环环相扣。微电影的主题表达是首要目的，由于受篇幅所限，微电影没有多余空间来展开与主题无关的情节内容，因此，每一幕情节内容都必须紧扣影片主题，所有的次要人物皆为主要人物服务。情节之间的关联度也至关重要，某一情节中的结果往往在之前或之后就能找到相关诱因，每个情节线索都能引出后续的相关内容，使得整个故事充满逻辑性，情节叙事更具说服力。

2. 埋下伏笔，留下悬念

所谓伏笔亦称伏线，是作者在叙事中埋下的一条暗线，预示着尚未出现的重要情节，为高潮情节的出现做铺垫。伏笔往往设置在微电影的开端或发展阶段，为了后续特定情节能够自然而然地和盘托出，就需要在之前铺垫多重共同指向该特定情节的线索和细节，观众能够顺藤摸瓜地去猜想情节的走向。

戏剧中的悬念是指："引起观众对戏剧情节和人物命运关注的技巧。"[①] 在微电影剧本中悬念通常会设置在高潮来临之前的情节较为平淡之处，为的是吸引观众逐渐平淡的观影兴趣，并提升观众的情绪，迎接高潮的来

---

① 陆军：《编剧理论与技法》，中国戏剧出版社，2005，第 210 页。

临。在影片的结尾也通常会设置悬念，直至观影结束也悬而未决的谜底，给予观众无限遐想的空间，同时也为续集的制作发行铺平道路，留有观影遗憾的观众会为一探究竟而自愿为续集买单。

四、剧本结构安排

正如剧作家汪流所言："结构就是创作素材的布局和剪裁，也就是对情节的安排。"[1] 微电影剧本结构的巧妙安排能够为剧本增光添色，例如好莱坞经典的三段式结构是其电影工业屡试不爽的奇招，通过发生、发展、高潮三段式的结构打破了传统的线性叙事；而中国传统的"起承转合"的叙事结构也是微电影剧本创作中常用的剧作结构。由于微电影篇幅较短，笔者将微电影剧本结构大致划分开端、发展、高潮、结局四部分。

（一）开端

微电影的开端亦称序幕，主要交代了事件发生的时空、背景、人物以及矛盾冲突的原因，其所占篇幅不大，一般占到整部微电影的五分之一左右。微电影的开端必须足够精彩，起到吸引观众注意力的目的。观影的前三分钟至关重要，决定着观众是否能够沉浸到作品的叙事中，能够追随镜头一同去探索剧情的发展走向。因此，在开端中必须留足悬念，让观众体会到意犹未尽之感。

（二）发展

微电影的发展阶段主要展示剧中人物矛盾的对抗以及剧情走向趋势，在这个阶段尽可能地做足矛盾加重、激化直至推向高潮的铺垫，其篇幅一般占整部微电影的三分之一左右。这一部分的叙事要尽可能地丰富饱满，将与主要人物、矛盾冲突相关的情节内容悉数展现，高潮与结局中出现的任何一项人物转变，都要在发展段落中有迹可循，所以该部分的铺垫一定

---

[1]　汪流：《电影编剧学》，广播学院出版社，2000，第132页。

要做到详尽深刻却不拖泥带水。

（三）高潮

微电影的高潮阶段是矛盾最为激烈的时候，已经达到无法调和的地步。此时关系剧中人物的命运发展以及事件发生转折，从而指向最终的结局，其篇幅一般占整部微电影的三分之一左右。高潮段落是整部微电影戏剧性、冲击力最强的段落，无论内容还是情绪都是整部戏的顶点，发生、发展段落所做的一切铺垫皆是为了高潮一刻的冲突爆发。正如克洛德·列维-施特劳斯（Claude Levi-Strauss）所言，两极化思维贯穿在人类艺术活动的始终，特别在戏剧形式中：在有些神话或神话片段里，这跟另一种结构呈现对称，然而颠倒了的结构却构成了戏剧活力[①]。在高潮阶段一定要表现出人物及事物的前后极度差异化，这种差异化并不是突然产生的，而是在先前就已铺垫很多，日积月累才导致了极度的差异。高强度、快节奏、涨情绪的高潮段落能够瞬间激起观众大脑内的多巴胺，情绪兴奋到极致，从而实现情感的宣泄。

（四）结局

微电影的结局是矛盾得到解决，人物的命运发生转变后终结故事，从而实现影片主旨内涵的表达。其篇幅与开端相当，占到整部微电影的五分之一左右。车尔尼雪夫斯基曾在《论崇高与滑稽》中指出："在生活中结局往往是完全偶然的，悲剧的遭遇也往往是完全偶然的，但并不因此就失掉了它的悲剧意味。"微电影的结局设计一定要巧妙，不仅要做到升华主题，潜移默化中对观众进行思想教育，而且还要与开端形成首尾呼应。优秀的微电影结局往往不是长篇大论的说教，而是点到为止，为观众留下足够的遐想空间，给人以意犹未尽的感觉。

---

① 杨健：《电影剧本的创作理论与方法》，作家出版社，2012，第202—203页。

五、剧本写作样式

影视剧本作为新的文学形式，相较于小说、散文、诗歌等传统文学形式，在格式、结构、内容等方面存在一定的差异，尤其是对于影视画面的文字描述需要一定的视听语言知识支撑，因此创作微电影剧本及分镜脚本时需要有针对性地了解一定的剧本写作注意事项，并且掌握相应的写作格式。

（一）剧本写作注意事项

1. 故事梗概与人物小传

在写作剧本正文之前，首要用简短的话语（一两百字左右）概括剧本故事的主要内容，要突出所写剧本的主题与创意，以吸引目标受众关注。此外，要针对剧本中出现的主要人物撰写相应的人物简介，包括人物的职业、身份、年龄、性别、外貌、性格特征等，尽量用最精炼的语言表达最全面的人物信息。

2. 场景描述

在写作剧本正文时，一般是以场景为单位来编撰内容，因为导演、摄影师、演员、制片、美工等人员都是以场景为单位来部署自己职责范围内的工作。因此，对于场景的划分与描述是剧本创作中非常重要的工作。通常是在首行按编号、场景名称、内外景、日夜景的顺序来书写场景标题，例如"1. 公园长廊　外　日"。紧接着另起一行，空两格开始写场景的细节描述，主要包括场景布置、人员安排、场面调度等细节，以方便后续的分镜脚本写作、导演统筹、摄影师构图、美工布置场景。

3. 动作安排

在塑造人物时尽可能摒弃小说式的长篇大论的描述性语言词汇，同时将人物心理描绘尽量转化成动作设计，以便于演员在镜头前的表演，也利于观众把握剧情走向。因为微电影更重视可视化的呈现，通过镜头语言的画面呈现传递多重信息，人物的大量心理独白被演员的神态、动作表演所取代，所以人物角色在镜头前的一颦一笑都显得至关重要，这要求剧作者根据剧情需要进行精心布局。

4. 服从现实拍摄条件

由于微电影的投资成本较低，加之拍摄设备、条件较差，因此剧作者在设计剧情时必须充分考虑到现实的拍摄条件。剧情设计应尽可能降低拍摄成本和拍摄难度，尽量走实用主义路线，尤其在场景布置、服化道、演员表演等方面尽可能服从剧作的现实条件，直接抛弃不现实的创意。

5. 遵守法律法规，弘扬正能量

剧作者必须肩负社会责任，创作内容必须合法合规，要响应国家的号召，创作积极向上的内容，尤其是不能出现色情、迷信、违法、暴力、失信等内容。要符合社会主义核心价值观，倡导良好的社会风气，弘扬正能量。

（二）剧本及分镜脚本范例

1. 文学剧本范例

《戒子之书》微电影剧本节选

作者：包鸿明（成都大学广播电视专业硕士研究生）

1　学校事务公示橱窗　外　日

公示栏里贴了中国医科大学2008级博士生录取名单，邱江波的名字赫然在列。橱窗前人满为患，叽叽喳喳地争论不休。

2　实验室　内　日

邱江波在工作台上埋头实验，偶有同学进来恭贺他考取博士，他礼貌回应后继续工作。全神贯注的他并未察觉口袋手机的振动，直至完成实验后，他才掏出手机回拨了未接来电，将手机夹在耳朵和肩膀间，双手仍忙着整理仪器，接通后，电话那头隐约传出女人的哭声。

邱江波（停止手上的动作，迟疑片刻）：好，我现在就买票回来。（挂了电话，飞速跑出实验室）

3 火车上   内   夜

嘈杂的车厢内人头攒动，邱江波转动左手的腕表，看向漆黑一片的窗外，若有所思。

2.分镜头脚本范例

镜号	景别	拍摄角度	拍摄技巧	时长	画面内容	台词	音效	备注
1	中景	俯拍	推	3S	张师傅躺坐在病床上，他妻子坐在窗边，端着粥喂他	妻子：王大夫说恢复得不错，再过半个月就可以出院了	同期声	
2	特写	仰拍	固定	10S	张师傅张嘴喝粥		同期声	

第四节   微电影的拍摄

微电影剧本创作完成后便可以开始拍摄工作。这是微电影创作过程中相对参与人员较多、花费成本较高、耗费时间较多的一个环节，是微电影制作至关重要的阶段，需要导演统筹协调摄像、演员、美工、灯光等多部门齐心协力共同完成素材的拍摄工作。其中任何一部门的疏忽都会影响整部作品的成像质量，因此，整个团队的通力合作显得尤为重要。

一、微电影拍摄的前期准备

正所谓开弓没有回头箭，微电影一旦开始拍摄，若要中止或重拍，会造成巨大的人力、物力损失。因此，做好拍摄的前期准备是非常必要的，诸如挑选剧本、组建团队、选择场景、租用器材等都需要进行一番慎重考量。

（一）剧本的筛选与加工

文学剧本是微电影创作的根基，是关系整部作品成败最为关键的因素。因此，在微电影筹备之初必须高度重视对剧本的筛选及加工。在剧本筛选上，首先，要考虑剧本的题材和主题，在符合主流价值观的前提下，选择具有社会意义的题材，不仅能够引发广泛关注，而且还能丰富影片内涵。同时，主题鲜明是优秀文学剧本必须具备的特质，是微电影建构叙事的成功之基。其次，要考虑剧本的艺术性，这是微电影艺术创作的根本所在，剧本在人物形象、人物台词、场景画面等方面的设计必须考虑到由文字语言转化成镜头语言的艺术性。最后，要考虑剧本的可行性，微电影受到投资成本、拍摄条件等限制，要充分考虑剧本拍摄的可行性，尽量摒弃高成本、高难度的创意想法。

筛选完成的文字剧本要实现最终的拍摄，必然还存在不足之处。因此，要根据现实情境，在人物安排、场景设计、主题提炼、矛盾冲突等方面进行调整加工。由于微电影时长有限，因而要删去不必要的情节内容，突出重要情节线索，以升华主题。

（二）拍摄团队的组建

微电影剧组规模相对较小，很多学生团队甚至只有三五人，每人身兼数职。无论团队人数多少，必须有导演、统筹制片、摄像、场记、演员等基本角色，才能确保现场的拍摄能顺利进行。

1. 导演

导演是整个拍摄团队的领导核心，其余成员要服从导演的现场安排。导演必须具备较高的专业素养与领导能力，其对剧本的把握能力及专业素养决定了影片质量的高低。因此，导演必须深入研读文学剧本并与摄像一起绘制分镜头脚本，在选景、选角上拥有最终决定权，但也需与团队成员悉心商讨。

2. 统筹制片

统筹制片是现场协调整个团队工作的重要角色，掌管拍摄经费和提供后勤保障，主要工作包括租借场地和器材、购买服装和道具、订购剧组盒饭、寻找群演等。同时，统筹制片还要兼顾拍摄现场发生的突发情况，及时协助现场拍摄，以确保拍摄顺利进行。

3. 摄像

摄像类似于书法创作中的毛笔，优秀的摄像能够助力导演创作优秀的影视作品。因此，摄像必须熟练操作拍摄设备，掌握娴熟的拍摄技巧，以保证拍摄出清晰的画面效果。同时，摄像还需在画面构图、光影布局、色彩呈现、景别选取上具备个人独到的见解，善于运用画面效果辅助影视叙事。

4. 场记

场记在现场拍摄时必不可少。场记不仅要协助导演监视拍摄画面，及时发现问题，为导演和摄像就某一镜头是否重拍提供建议，而且还要记录每个镜头的编号、时长、对应画面及拍摄效果，以便于后期制作时整理和挑选素材。

5. 演员

演员是镜头聚焦的主体，是影片呈现的重点，导演要根据剧本内容从外形条件、演员演技、劳务费用等方面挑选最合适的演员。在拍摄现场，演员必须熟悉剧本，不仅要熟练背诵台词，服从拍摄团队的安排，而且还要深刻理解所饰角色，自然、精准地演绎和诠释剧中人物。

（三）场景的选取与布置

场景的选取与布置是相当重要的环节，影响导演的艺术构思、摄像的画面构图、演员的角色演绎。因此，微电影拍摄前必须认真选择与布置拍摄场景。选取场景时，一定要考虑演员的活动范围与路线、摄像机的机位设置、灯光的布局与电源接入等因素，以避免拍摄时产生麻烦而耽误拍摄进程。天气变化也会影响拍摄，如果选择外景拍摄，一定要提前了解天气预报信息，选择合适的天气外出拍摄，以防止出现因天气变化耽误拍摄而造成不必要的损失；如果选择内景拍摄，则需提前制定因天气变化而造成室内光线变化的预备方案，利用人工打光以达到既定画面效果。在不影响剧情发展的前提下，优先考虑人烟稀少的郊区场景，可以有效避免闹市区的喧闹人流、车流带来的干扰，提升拍摄效率。

场景的布置既要符合剧本设定，起到烘托人物、推动剧情的作用，还要遵从艺术美学，在镜头内呈现绝佳的美感。场景布置时要充分考虑性价比，适当制作或租借一些小道具，以降低场景布置的成本。

（四）拍摄器材的准备

微单、三脚架、录音设备、稳定器、灯具、监视器等器材是微电影拍摄必备的，如若缺少某些器材，可以向相关的器材租赁公司有偿租借。在签署租赁合同前，需仔细检查设备的功能、外观等，同时需了解相关器材租赁的市场行情，以避免产生不必要的纠纷。使用租赁器材需格外小心，确保使用、运输时的安全，避免对器材造成不可逆转的损害。

二、微电影拍摄的现场工作

正所谓万事俱备只欠东风，前期筹备完成后就要进行微电影至关重要的现场拍摄工作，主要包括镜头拍摄、灯光布置、声音录制等。

（一）镜头拍摄

1. 外景拍摄

所谓外景拍摄，是主要以自然环境或生活环境作为微电影场景的拍摄方式，真实自然的外景使得演员比较容易入戏。拍摄前，团队需要对所选外景进行多次踩点考察，熟悉周围的环境，排除一切阻碍拍摄的不良因素，提前做好预案；拍摄时，团队不仅要谨慎提防外界干扰，确保拍摄工作保质、保量地顺利推进，而且还要尽可能控制现场工作的范围、音量等，不影响周围群众的正常生活；拍摄完成后，团队除了要仔细收拾器材和道具，避免遗漏造成不必要的损失，同时还需认真打扫拍摄现场，尽力还原现场原本面貌。外景拍摄时往往会受到天气变化的影响，因此制定外景拍摄计划前必须提前了解天气变化，避免因突发恶劣天气而中断拍摄进程；同时室外光线变化也会导致前后画面效果不衔接，所以需要提前优化镜头拍摄顺序，优先拍摄全景镜头，同角度镜头集中拍摄，如若拍摄逆光画面时，可以采用反光板折射光线来给被摄物体打光。

2. 内景拍摄

所谓内景拍摄，一般是指在室内或由摄影棚内搭建的场景中进行拍摄的方式。内景拍摄可控性较强，不会受到时间、天气等因素的影响，而且内景拍摄利于灯光、摄影机、滑轨的设置，能够大幅度提升拍摄效率。内景拍摄时布景非常重要，首先，由于内景空间相对狭小，因此一般不宜设置过多庞大的物体，否则不仅会阻碍摄影机的移动，还会影响演员的活动；其次，内景布置要尊崇色彩美学、构图规律，人物背景色彩不宜过艳，同一画面空间内尽量保持同一色系，可以采用借景、隔景等方式增加画面的纵深感；最后，内景拍摄要考虑相邻外景的衔接，人物的穿着、妆容、行为等要保持前后场景在季节、时间上的一致性，注意不要产生大跨度的时空转变。

3. 空镜头拍摄

空镜头被冠以"景物镜头"之名，主要以自然景物和场景描写为主的镜头，起到交代时空、介绍环境、表达情感、转换场景等作用，能产生借景抒情、烘托气氛、引发联想等艺术效果，是微电影中不可或缺的表现手法。空镜头不仅有采用远景、全景拍摄的风景镜头，而且还有以近景、特写为主的细节描写。拍摄空镜头时，摄影师要在符合情节发展的前提下，捕捉即兴画面，积累丰富的空镜头素材能够为后期剪辑留下较大的发挥空间。

（二）灯光布置

1. 布光的基本步骤

（1）布置主光

主光是场景内最主要的光源，主光直射被拍摄物体，能够勾勒其轮廓、形状，表现对象的结构和质感。主光一般会布置在靠近摄影机左右方30°角的位置，同时与地面构成一个40°的夹角，略微高于被摄主体，能使物体的影子落在地上，从而不影响画面效果。

（2）布置辅助光

辅助光线起到补充主光、平衡亮度、减少阴影的作用，一般辅助光线会布置在与主光相对的位置，将辅助光打在白墙或天花板上，折射后产生的柔和光线能够达到理想效果。

（3）布置轮廓光

轮廓光往往是从被拍摄物体后方投射过来的光线，能够凸显被拍摄对象的轮廓线条，强调被拍摄主体的立体感、空间感，使得景物层次分明。

（4）布置背景光

背景光是提升物体背景亮度的光线，起到突出被摄主体、营造氛围的作用，背景光线相对较暗，不能破坏整体光线的平衡。

（5）布置眼神光

眼神光能够使人物眼睛产生反光，使得人物眼睛炯炯有神，对人物立体形象的塑造很有效果。

2. 室内光线处理

室内光线相对较暗，因此在拍摄室内戏时，通常需要在镜头之外设置大量的弧光灯、聚光灯，以辅助自然光线，提升影片画面亮度，利于细节刻画。强烈的直射光线会导致物体产生明显阴影，也会导致画面过曝，因此要根据预设画面效果适当调节灯光亮度，也可以在灯具上添加透明磨砂玻璃或将光线打到墙壁上，这样产生的光线比较柔和。在室内光线布置时，要注意避免室内通亮、室内亮度超过室外、光线投射方向杂乱等不符合自然规律的情况。

3. 室外光线处理

室外场景拍摄主要以自然光线为主，但当人物处于逆光状态时，需要用反光板或人工打光等手段来提升人物面部的亮度，减少阴影。注意避免夏季在上午十点到下午两点的时间段在室外拍摄，此时太阳光线处于直射状态，不利于人物面部的拍摄，会丑化人物形象，同时该时间段室外较热，长期在太阳底下工作，容易造成身体不适。

（三）声音录制

1. 人声

人声主要是指影片中的人物对话、歌唱等声音，这在影片叙事中起到非常重要的作用，因此拍摄微电影时要注重人声的录制。尽管摄影机自带的声音录制功能能够基本满足人声的录制，但专业的微电影制作团队往往会运用外置的录音杆、收音设备来录制演员表演时的对话，同时会有专门的人员来实时监听录音效果，追求无干扰、吐字清晰、节奏准确的人物对话。若效果不佳，要及时要求演员补录，录制完成后要记录归档，确保后期制作声音素材与画面素材一一对应。

2. 环境音

环境音是指拍摄现场除了人声以外的声音，能够起到烘托环境气氛的作用。在拍摄时环境音不用刻意保持片场绝对安静，只需排除掉与微电影情节叙事严重不符的环境音即可，如此可以增加影片的真实感。

第五节　微电影的剪辑与后期制作

微电影的拍摄工作完成之后，还需通过复杂的后期制作，才能最终呈现在观众面前。在微电影的后期制作中，剪辑师要根据场记的现场记录，针对所收集的视频、音频素材进行严格的筛选，并将所选素材导入 Adobe Premiere Pro（简称 Pr）或 Final Cut Pro 等剪辑软件内，将不同镜头按照分镜头脚本有序衔接在一起，并添加字幕与配乐，有针对性地制作特效和调色，最后导出成片。

一、编辑画面

（一）导入素材

将现场采集的视频、音频素材全部拷贝到电脑，依次打开各个素材文件，检查是否存在格式无法打开的问题。认真分析每个素材镜头内的画面质量、演员表演的准确度、人声的清晰度，针对有问题的素材及时进行补拍、补录。根据场记现场的记录对应特定素材的标号，按照场次对素材进行分类整理，并归置于由特定场次命名的文件夹内，按照分镜顺序排列。

（二）粗剪

粗剪是指剪辑师以分镜头脚本为依据，依次将每场戏的素材导入剪辑软件内，按照预设的镜头顺序用拖拽或其他编辑方式将特定素材放置到剪辑面板的轨道上。粗剪时按照顺序衔接镜头即可，无须精确镜头之间的最佳衔接点，主要目的是预览微电影的整体效果。完成粗剪后，剪辑师需与导演、摄像一同观看作品，共同商讨场景与场景之间、镜头与镜头之间、段落与段落之间的转换、过渡方式，仔细斟酌作品的结构，决定是否需要大幅度调整顺序、删减画面，从而最终确定整部作品的剪辑风格。

（三）精剪

粗剪完成，经过团队的商讨最终确定作品的基调与成效之后，剪辑师就需要对粗剪的视频进行精剪。精剪时，剪辑必须反复浏览每个镜头，尤其注意留心镜头之间衔接的效果，准确找到最佳衔接点，将多余部分剪掉。剪辑师必须有自己严密的逻辑，对画面转场、动作剪辑点、声音剪辑点等要有自己独立的思考，根据现实情况进行巧妙处理。

二、制作定稿

完成精剪工作后，微电影作品已初具雏形，但还需进行制作定稿工作，对作品进行深加工，才能最终定型。制作定稿主要有以下步骤。

（一）配音

法国新浪潮电影之父安德烈·巴赞（André Bazin）认为，声音代表了向完全现实的媒介前进的一次飞跃。声音能够增加微电影的真实感，弥补画面二维空间的不足，能丰富影片的空间层次，因此，对于微电影人声的处理至关重要。微电影中的人物对话可以通过现场的同期声录制和后期配音两种方式实现，但同期声往往更具真实性，能够完全契合演员表演时的口型、语气、环境等，同时录制同期声能够大大减少后期制作的工作量，所以拍摄时必须重视同期声的录制工作。通常后期剪辑时会遇到同期声不清晰或有演员内心独白片段的问题，此时便需要进行后期配音，要求演员在无杂音干扰的环境内，根据画面内容同步配音。剪辑师将演员的后期配音拖入音轨后，混合提前在拍摄现场录制的环境音，能够弥补后期配音缺乏真实感、现场感的不足。

（二）配乐

微电影配乐能起到烘托气氛、塑造人物、表达情感、强化主题的作用，因此在后期剪辑时要重视配乐工作。配乐的选择要符合剧情走向、人物性格、主题主旨，因此，剪辑师必须海量收集合适的音乐素材，并将其拖入特定画面的音轨中，声画合一的浏览确定合适的音乐以及合适的配乐剪辑点。在收集配乐素材时，一定要注意音乐版权问题。由于微电影制作成本较低，无法像院线电影那样找专业音乐人制作原创歌曲，所以剪辑师多数选择在成本可控范围内运用低版权费或可无偿使用的音乐素材。

（三）添加字幕

字幕是对人物对话的文字解释，尽管没有明确要求微电影必须添加字幕，但是面对人物对话吐字不清晰、语速太快、使用方言或外语对话等现象，添加字幕能够让观众准确了解对话内容，明确人物行为动机。因此，添加字幕就显得非常必要。字幕一般置于画面底端的中间位置，大小要适中，颜色一般为黑或白。艳丽的字幕会分散观众的注意力，也会引起视觉疲劳。一行字幕的文字数量尽量控制在 15 个字符以内，若微电影作品要在外网放映，可以同时配上中英文字幕。

（四）制作片头、片花、海报

片头、片花、海报的制作于微电影而言是绝佳的宣传武器，制作精良的片头、片花在互联网平台上提前传播，能够为微电影的播映提前预热、造势，第一时间吸引观众的注意力。

片头形式多样，可以利用特效吸引眼球，也可以是设置悬念的片段，无论何种形式，主要目的是吸引观众观看。因此，要在符合作品的题材、主旨、情节、风格的基础上，尽可能地在形式上新颖出奇。

片花是微电影的内容集锦，时长一般在 30 秒到 1 分钟左右，相当于微电影文学剧本中的故事梗概。片花主要通过镜头语言讲述微电影作品的主要内容，让观众对作品有大致的了解，同时留下悬念，引导观众通过观看影片来揭晓谜底。

海报可以截取微电影中极具美学风格的一帧画面或现场摆拍的照片为素材，通过 PS 等制图软件，将微电影的片名、剧情、团队信息等内容展示在图片上。

（五）合成、导出

微电影完成剪辑后，应仔细检查工程文件内是否有未完成的工作，在剪辑软件内提前预览最终的成片效果，确定无误后，将其合成导出。在合成过程中，需要调整作品输出的音量大小、输出格式、码流大小等，不同的视频压缩比或码流对作品文件的大小、清晰度影响都不同，不同的文件格式导致的文件大小及清晰度也不同，应根据作品的用途、播放平台进行选择。在完成视频导出后，尽量保存微电影的工程文件，以方便后续修改、调整。

【本章小结】

微电影作为电影艺术的衍生，"微"是其赖以生存及不断壮大的主要因素，微电影"微时长""微成本""微放映"的三"微"特点适应当下以互联网为主的媒介环境，也符合现代人快节奏的生活方式、碎片化的观影习惯。

微电影为爱好电影创作的草根群众、影视新人提供了大展身手的机会，但微电影的创作也逐渐趋于专业化，因此需要创作者们掌握专业的剧本创作技巧、拍摄与剪辑技术，才能更好地运用影像表达自己的思想。

【本章学习与思考】

1. 你如何定义"微电影"？

2. 你如何把握微电影剧本的故事核心？

3. 如果你要拍摄微电影，该怎样组建团队？

第四章

网络纪录片

世界各地极具差异的地理位置、气候环境形成了各具特色的社会文化、独特的生命状态和人文气质。纪录片创作者围绕世界各地的人、景、情，创作了大量作品，形成了各自独特的艺术风格。一般来说，纪录片有着见证现实生活、推动社会进步、促进文化传播和创新艺术表达的功能。近年来，在市场化和商业化的夹击下，纪录片的发展遇到了巨大的挑战，网络纪录片从题材内容和表现形式上都发生了一系列变化。

第一节 纪录片的界定与类型

一、纪录片的概念

1895 年 12 月 28 日，法国人卢米埃尔兄弟在巴黎正式公映了他们摄制的影片《工厂大门》《火车进站》等十二部影片。这些影片均是日常生活的"片段式客观实录"，是纪录片最初的雏形。

世界历史上的第一部纪录片被认为是美国人罗伯特·弗拉哈迪(Robert Flaherty)拍摄的《北方的纳努克》，这部再现因纽特人原始生活场景的影片 1922 年 6 月 11 日在纽约上映，并大获成功，弗拉哈迪也奠定了自己作为纪录片开创者的身份。

历史上第一个提出纪录片概念的是英国人约翰·格里尔逊(John Grierson)。1926 年，他在看了弗拉哈迪拍摄的作品后发表文章，首次提出了纪录片(Documentary)的概念，并在纽约《太阳报》对"纪录片"做出这样的解释："纪录片是对现实的创造性处理"，"纪录片是指故事片以外的所有影片"。之后，格里尔逊又对纪录片的创作特点作了进一步的阐释。他认为，故事片"极大地忽略了银幕敞向真实世界的可能，只拍摄人工背景前表演的故事"，而纪录片的拍摄则是"活生生的场景和活生生的故事"，这比通过表演创作出来的电影更富有魅力。

在 1979 年美国《电影术语词典》中，纪录片被定义为一种排斥虚构的影片，它具有一种吸引人的、有说服力的主题或者观点，从现实生活中汲取素材，并用剪辑和音响来增进作品的感染力。1991 年法国《电影辞典》认为，纪录电影是具有文献资料性质的、以文献资料为基础制作的影片。《中外广播电视百科全书》指出，纪录片是通过非虚构的艺术手法，直接从现实生活中获取图像和音响素材，真实地表现客观事物以及作者对事物的认识与评价的纪实性电视片。

如果说虚构性、主观性是故事片的特点，真实性、客观性就是纪录片的特点。故事片通过把镜头对准虚构的世界，依靠表现或表演性的手段表达强烈的主观色彩，而纪录片创作对准的是真实的世界，并通过摄像机的"物质现实的复原性"来记录世界，具有明显的客观再现性。

总体而言，纪录片是以客观纪实的手法，对历史和现实生活进行真实的、客观的反映，并给人一定审美享受的影视艺术作品。

二、纪录片的类型

从题材内容上划分，纪录片可以分为新闻类纪录片、理论文献类纪录片、自然科技类纪录片、历史文化类纪录片和人文社会类纪录片等。从表达方式来划分，纪录片可以分为表现主义纪录片和纪实主义纪录片。根据传播媒体进行分类，纪录片又可以分为电视纪录片、院线纪录片和网络纪录片。

（一）按照题材内容划分

1. 新闻类纪录片追求准确真实

新闻类纪录片，又称时事报道片，其特点是反映新近发生的新闻事件；以真人真事为表现对象，不允许虚构；不能用演员扮演，不能任意更换新闻事件的地点和生活进程。需在新闻事件发生的当时和现场拍摄，并迅速完成制作和放映。

2. 理论文献类纪录片刻画时代发展

理论文献类纪录片是利用以往拍摄的新闻片、纪录片、影片素材以及相关的真实文件档案、照片、实物等作为素材进行创作，或加上采访当事人、与当时的人物和事件有联系的人，来客观叙述某一时期发生的事件与相关人物的纪录片。理论文献类纪录片包括电视纪录片、纪录影片和纪录片栏目，通常使用较为宏大的视角进行叙事，以"画面＋解说"为主的形式对文献进行挖掘，辅以社会权威人士、知名学者的采访。随着近年来网络纪录片的发展，理论文献类纪录片的题材选择也逐渐从政治领域扩展到了文化领域，普遍采用纪实手法进行创作；叙事视角也逐渐采用小切口表现大主题，以小人物见证大变化，通过真实自然的视听语言讲述生动鲜活的平凡故事。

3. 自然科技类纪录片关注人与自然

世界各地有着丰富的自然资源和人文底蕴，自然类纪录片通过讲述自然资源的地质成因、景观特点、生物多样性等方面特点，探讨人类为全球世界遗产保护、传承与利用，推动构建人类命运共同体所作出的积极努力。

科学的星光照亮人类旅途，创新引擎启动无限未来。科技类纪录片关注人类科学研究和创新实践的最新成果，揭秘不为人知的科研历程和珍贵画面，记录人类探索未知的勇气和决心。

4. 历史文化类纪录片传承精神力量

欲知大道，必先知史。历史文化类纪录片围绕历史人物、历史事件，解开种种迷雾疑团，还原历史本来面目。历史文化类纪录片揭示了人类生活的历史长卷，通过讲述无数动人心魄却默默无声的真实人物的真实故事，追踪现代生活的文化基因，传承延续世代的精神力量。

5. 人文社会类纪录片聚焦人类文明

人类文明延续至今，形成了丰富的地域文化和非物质文化遗产，如饮食文化、服饰文化、建筑文化、方言文化、音乐文化等，这些风俗民情、传统文化充满人文内涵，为纪录片的创作提供了大量资源。人文社会类纪录片用影像和声音的方式传承人们世世代代口口相传的生命记忆和民族精神。近年来，人文社会类纪录片通过"艺术＋技术"的表现手法，结合拍摄器材、后期技术的运用，实现传统文化的创新性表达。

2020 年后，为满足大众多样化的消费需求，纪录片题材呈现出多元化的发展趋势，表现手法也更加精细化、高端化。纪录片通过聚焦本土自然风情和人文历史，传承先贤的智慧和精神，向世界讲好当今中国的发展故事。

（二）按照表达方式划分

按照表达方式进行划分，纪录片可以分为表现主义纪录片和纪实主义纪录片。

表现主义纪录片始于苏联纪录片大师吉加·维尔托夫（Dziga Vertov），此后格里尔逊在"二战"中将其用到了极致。这就是在前期拍摄中，强调摄影机超人的纪录才能。维尔托夫称摄影机为"电影眼睛"，"在时间、空间内工作和移动，以不同于人眼的方式进行观察和记录影像。由于人体的位置和对任何现象进行一瞬间的观察所能看到的程度是有限的，而这种限制并不存在于性能更为广泛的电影眼睛……我是电影眼睛，我是机械眼睛，作为机器，我把只有我才能看到的世界展现在你的眼前。"[1]

在实际拍摄中，表现主义纪录片强调不主观介入、不作假，用隐藏的摄影机记录真实的生活片段，捕捉生活的瞬间。在后期制作中，强调剪辑、解说以及特技的创造功能。例如维尔托夫在第 24 号《电影真理报》中，为了纪念列宁逝世一周年，在影片的高潮处，用特技让列宁出现在画面的上方，面向着正在哀悼他的人民。这一智慧的处理，征服了不忘列宁的所有观众。

纪实主义纪录片包括两种基本的形态：陈述性纪录片和结论性纪录片。

1. 陈述性纪录片

陈述性纪录片按照作品主题呈现的方式可分为三种不同的类型，分别为思辨型、隐藏型和旁观型。思辨型纪录片的创作者通常不会在片中得出

---

[1] 林旭东：《影视纪录片创作》，中国广播电视出版社，2002，第 25 页。

明确的结论，或提供直接的答案。隐藏型纪录片的创作者有结论，但不提供或不能提供。旁观型纪录片的创作者一般不作结论。

2. 结论性纪录片

结论性纪录片指的是不但提供事实，同时也提供某种结论的纪录片。结论性纪录片的特点是：明确的倾向性、自诩的正确性和宽阔的两端接合部，在我国的电视系统里，结论性纪录片也被称为"专题片"。

（1）明确的倾向性

一般来说，结论性纪录片应该表现出相对明确的倾向性，即有一个清晰的观点。这一观点显然是被作者清晰意识到，并以一种积极心态去进行表现的。德国纪录片导演莱尼·里芬斯塔尔（Leni Riefenstahl）拍摄的奥运会官方纪录片《奥林匹亚》就是结论性纪录片的代表。

（2）自诩的正确性

在纪录片中，使用旁白一般认为等于使用"上帝"的声音，观众会不由自主地倾听并相信。结论性纪录片会较多使用旁白、引经据典等方式来塑造自己的权威性。在格里尔逊的结论性纪录片泛滥成灾之后，人们开始对旁白反感。当下，许多西方纪实性的纪录片中，"旁白"的使用也基本上是受到排斥的。

（3）宽阔的两端接合部

对于数量巨大的结论性纪录片来说，其两端分别连接陈述性纪录片和宣传性纪录片。结论性纪录片一般将事实与结论捆绑，在结论表现出更多肯定和强制性的时候，纪录片便靠向了宣传；当结论表现出更多犹豫和不确定的时候，纪录片便靠向了陈述。

（三）按照传播媒体划分

1. 电视纪录片

电视纪录片指的是纪录型的电视专题报道类节目，是运用电子采录设备和手段，对政治、经济、文化等新闻题材，作比较系统完整的纪实报道。它运用新闻镜头，客观真实地记录社会生活，客观地反映生活中的真人、真事、真情、真景，着重展现生活原生形态的完整过程，排斥虚构和扮演的新闻性电视节目形态。

2. 院线纪录片

在多元文化发展和多媒介传播的潮流下，近年来在院线放映的纪录片题材彰显纪实性与真实性，契合社会发展与文化的变迁。用影像记录时代热点、重大历史事件，记录生命体验、个人记忆等，展现了纪录片多元化的发展空间。在政策支持、资金扶持、宣发模式多样化的帮助下，越来越多的纪录片进入院线放映，受众范围逐渐扩大，展现出强大的市场潜力和发展空间。目前，院线纪录片市场虽然仍处于初级阶段，但已初具规模，良好的票房梯度将助其逐渐建立完善的市场体系。需要注意的是，进院线纪录片仍处在学习与摸索之中①。

3. 网络纪录片

网络纪录片是指以网络平台为主要发行媒介的纪录片。网络纪录片与传统纪录片一样，都是以真实生活为创作素材，对其进行有创造性的艺术加工。由于受众和播放媒介的变化，互联网媒介与纪录片的结合使网络纪录片富有互联网的独特属性，比如超媒介化、互动性、非线性等特点。

三、纪录片的文化使命

20世纪以来，中国历史起伏跌宕，波澜壮阔，纪录片记录、见证了中国社会的变革、建设与发展，留下不可或缺的珍贵记录。特别是21世纪以来，中国加入WTO，融入国际贸易体系，腾飞为世界第二大经济体；倡导"一带一路"，以文明大国的身份与世界对话。2000年以来，DV技术的普及和互联网的兴起为纪录片带来空前的制作与传播空间，留下了繁富多元的真实影像。总体而言，纪录片要展现当代中国精神、中国价值、中国力量，需从记录、思考与对话三个方面承担起文化使命。

其一，记录现实，见证时代。21世纪以来，中国经历着广泛而深刻的

---

① 赵远：《影像的力量：走进院线的纪录片》，《艺术评论》，2022年第11期。

社会变革。一批纪录片深入社会现实，捕捉时代脉动，记录生活百态，从特定角度揭示当代中国的独特风貌。如《舌尖上的中国》《创新中国》《与全世界做生意》《超级工程》《高考》《平衡》《中国人的活法》《乡村里的中国》《归途列车》《中关村》《西藏一年》《幼儿园》《零零后》《镜子》《我在故宫修文物》《生活万岁》《四个春天》《生门》《人间世》《我的诗篇》《大同》等作品。

其二，反思历史，保存记忆。历史是一个民族的精神发源地，共同记忆塑造了文化共同体。中国历史悠久、曲折而多灾多难，传统与现代、西方与东方交织的当代社会一直处于剧烈变动中，为纪录片提供了丰富的资源。《故宫》《圆明园》《大国崛起》《孔子》《历史的拐点》《梁思成与林徽因》《甲午》《先生》《河西走廊》《五大道》《敦煌》《冲天》《西南联大》《百年巨匠》等作品以各自的方式揭开历史曾被遮蔽的一页。而近年颇为风行的民族志纪录片如刘湘晨导演的《大河沿》《阿希克》等系列作品、《大合唱》《寻找手艺》《了不起的匠人》等，记录了原生态的民间民俗文化，留下了珍贵的民族记忆。

其三，对话文明，沟通思想。纪录片以其纪实特性成为跨文化、跨时空的媒介形态，肩负对话文明、沟通思想的文化使命。针对美国学者亨廷顿所提出的文明的冲突，中国倡导文明的对话，而纪录片正是文明对话的最佳媒介载体。国家之间的冲突固然有经济利益、领土之争，也有不少来自文明之间的误解甚至对立，如果加强文明对话，就会促进消除误解，沟通思想，减少冲突，甚至实现文明融合。丝绸之路最大的遗产不是丝绸或香料，而是多元文明的融合。纪录片真实记录了不同文明状态下的人类生活，让相距遥远的人们相知相亲，相互理解。

未来，纪录片将进一步触及当代中国社会的复杂性和丰富性，透过表面的物质现实，深入生活内部与人物心理，塑造出具有时代精神与艺术个性的人物形象，引发有深度、有厚度的社会思考，以理性精神和现代意识重新审视历史，反思历史，将传统文化的精华传承下去。

四、纪录片的风格流派与创作模式

纪录片的风格流派较多，其中较为有代表性的是：弗拉哈迪的"参与式观察"纪录电影、维尔托夫的"电影眼睛"派、格里尔逊的"英国纪录片运动"、美国"直接电影"流派、法国"真实电影"流派、后现代主义纪录片，以及以尤里斯·伊文思（Joris Ivens）为代表的混合流派纪录片等。

（一）"参与式观察"：弗拉哈迪的纪录电影

1922年，弗拉哈迪制作出了他的第一部电影《北方的纳努克》，也因此被称为"纪录电影之父"。对于弗拉哈迪而言，拍摄不是一项外在于生活的行为，弗拉哈迪的方式是让自己跟对方一样地生活，在日常的交往中进入拍摄对象的生活，而不是保持观察者的姿态从外部打量对方的生活。在法国人类学家兼纪录电影工作者让·鲁什（Jean Rouch）看来，"弗拉哈迪，尤其是通过《北方的纳努克》，将人类学最根本的田野调查方法应用到了电影上——即参与式观察和反馈。"

弗拉哈迪的纪录电影采用了非虚构表演的方式。非虚构表演，或者说非虚构行为的产生需要三个前提条件：真实的时间、真实的空间和真实的需求。在弗拉哈迪看来，只有在这三个条件同时具备的情况下，行为的本身才不是虚构的。

（二）"电影眼睛"：维尔托夫与"真理电影"

1923年，维尔托夫在《电影眼睛人：一场革命》中提出，电影人主要的和基本的目的是通过电影对世界进行感性探索。"我们的出发点是把电影摄影机当成比肉眼更完美的电影眼睛来使用，以探索充满空间的那些混沌的视觉现象。"在影片《持摄像机的人》中，维尔托夫放弃了文字和字幕，通过一些记录碎片的合理聚集，试图展现摄影机眼睛所看到的"生活本来面目"。这一部影片没有明晰的主题，没有完整的叙事，但展示了大量的拍摄、蒙太奇技巧以及先锋主义的反传统观念，在西方受到高度的评价。

1. "电影眼睛"理论

"电影眼睛"理论包括摄像机主体理论、非表演体系、蒙太奇构成体系三个部分。

（1）摄像机主体理论。维尔托夫把电影摄像机比作人的眼睛，甚至优于人的眼睛。他主张电影工作者手持摄像机"出其不意地捕捉生活"，反对人为的扮演，甚至一般表演的影片（故事片），推崇新闻片。

（2）非表演体系。维尔托夫认为，"电影眼睛"的方法是建立在影片对生活事实系统记录的基础上的，以可见的事实、以影片纪实的不断交流为基础，这与电影式的、戏剧式的表现是对立的。

（3）蒙太奇构成体系。维尔托夫提出蒙太奇剪辑的三个阶段分别是：首先，通过主题的规定收集材料；其次，通过主题进行观察和概括；最后，平衡纪录片的阶段和节奏，构成影片。

2. "电影眼睛派"的诞生背景

"电影眼睛"的产生与时代背景密不可分，总体说来，受到了当时对机器的崇拜以及先锋派艺术的影响。

（1）机器崇拜的时代。维尔托夫对于电影眼睛的赞美以及赋予电影眼睛主体化的拟人性质，与欧洲当时开始的对于科学和机械的盲目崇拜是分不开的。崇尚科学、热爱机器在当时可以说是一种刚刚开始掀起的潮流，在当时无疑是一种先进的意识形态，这种意识形态被那些狂热的艺术家神圣化，使之高居于人的尊严之上，成为人们顶礼膜拜的对象。

（2）先锋派艺术的影响。按照德国学者彼得·比格尔（Peter Burger）的说法，先锋派的主要特征是对资产阶级艺术体制和艺术自律的反抗。所谓"艺术体制"是指艺术作为一件事物开始具有普世的意义，开始被广为接受而成为一种公认的存在，也就是称为体制。维尔托夫的与众不同在于他的探索是在先锋派理论的指导下进行的，具有浓厚的理论和实验色彩。

（三）"我以电影为讲坛"：格里尔逊与"英国纪录片运动"

1928 年，格里尔逊进入英国政府新设置的帝国市场委员会，负责领导该委员会的电影部，其任务是用电影手段来宣传政府的食品供应政策。1929 年，格里尔逊开始从事电影工作，拍摄了以捕鱼为题材的纪录片《漂网渔船》。《漂网渔船》故事主要分为四个部分：渔船出海、打捞、收网、返程售卖，记录了英国渔民的真实生活。

格里尔逊的创造性体现在对现实内容的选择和关注上，他是最早将英国工人搬上银幕的纪录片导演，并以一种亲密的方式表现他们。通过画面和字幕交代，我们能够大致了解工人们捕捞鲱鱼的整个过程，体会劳动的艰辛和美感。

（四）"墙上的苍蝇"：美国"直接电影"流派

作为一个电影流派，"直接电影（Direct Cinema）"在 20 世纪六七十年代的美国几乎刷新了纪录电影的美学规范。"直接电影"之所以能够产生，便携式摄像机的出现是基本的技术前提。"直接电影"一般选择社会政治背景、新闻性较强的题材。在拍摄过程中，大多采用不干预、不控制、不采访的工作方式。之所以被称为"墙上的苍蝇"，是因为直接电影的导演在拍摄过程中如同一只苍蝇叮在墙上，默不作声，仿佛他并不存在，但与此同时，他却在冷静地观察这个世界。

《初选》是罗伯特·德鲁（Robert Drew）导演的一部纪录片电影。1960 年冬，美国议员小休伯特·汉弗莱（Hubert Humphrey）与约翰·肯尼迪（John F. Kennedy）争夺美国总统竞选初选民主党内提名。本片记录了汉弗莱与肯尼迪在威斯康星州竞选的实况，包括他们在路上、亲民游说、街头拉票、微笑签字、投票准备等竞选活动，重点覆盖了汉弗莱在威斯康星北部对农民的游说和肯尼迪在麦迪逊的城市演说，以及肯尼迪妻子的简短讲话。

"直接电影"的长期实践者艾伯特·梅索斯（Albert Maysles）在他的个人网站上写道：

1. 远离观点；

2. 爱你的被拍摄对象；

3. 记录事件、场景、过程，避免采访、解说、主持；

4. 与天才一起工作；

5. 非扮演，不控制；

6. 在现实和真理之间存在关联，对二者都保持忠诚。

纪录片导演弗雷德里克·怀斯曼（Frederick Wiseman）曾说，我是依据怎样的目的来安排每一个段落的，即希望它上升到一个抽象的层次，在这个抽象的层次上，电影就成了一个对社会问题的隐喻。

"直接电影"进入中国，正值中国处于转型时期，这使得纪录片摆脱了专题片的束缚。同时，"直接电影"的理念、方法与中国传统美学思想中"真实"的契合，大大增加了纪录片的学术品格，成为一种与诗歌、小说类似的艺术创作行为。

（五）"触发—感应"：法国"真实电影"流派

纪录片《夏日纪事》是真实电影（Cinéma vérité）的创始人法国导演让·鲁什的成名作。该片讲述的是社会学家埃德加·莫兰（Edgar Morin）和让·鲁什对巴黎年轻人的日常生活进行调查，了解他们对幸福的理解。连续几个月的跟踪调查，也记录了主人公们的变化。受到真实电影流派的影响，睢安奇执导的纪录电影《北京的风很大》于2000年2月在德国上映，该片记录了导演睢安奇对北京街头路人进行的随机采访。

"真实电影"和"直接电影"都是源于20世纪50年代末开始的纪录电影创作潮流，有着共同的技术背景，即都采用便携式摄影机和同期录音方式，但在美学层面上二者却有很大区别。"真实电影"强调即兴创作，在熟悉的环境中采取刺激的方式获得真实，如《夏日纪事》采用提问的方式与陌生人探讨生活中的一些迫切的问题。而"直接电影"则拒绝采访，在事件即将发生之际伺机等候真实的自然浮现，较少展示揭露真实的过程，但在制造现实生活的幻觉上更具特色。

（六）建构真实的过程：后现代主义色彩的纪录片

后现代主义纪录片的叙事手法，首先表现为对多种"假定事实"的描述——前提就是真实的不确定性。根据后现代主义的叙事方式，现实是多重视角的，是不可确定的。《细细的蓝线》是由美国导演埃罗尔·莫里斯（Errol Morris）执导的纪录片，该片采用一种重现事实的半纪录片手法来追踪一件杀警案，结果成功地发掘出事件真相。

（七）穿越各种流派的"飞翔者"：以伊文思为例

除了以上几种流派之外，有的纪录片导演在创作的不同时期采用不同的创作理念和创作方法，形成了多元化的风格。在荷兰纪录片导演伊文思看来，纪录片不能虚构，但要想象。他认为，有人认为纪录片不是艺术，因为它没有想象，这个看法不对。从拍摄开始到最后剪辑完成，自始至终不能脱离想象。

1. 先锋电影时期的实验作品：《桥》和《雨》

《桥》（1928）和《雨》（1929）作为伊文思的两部代表作品，形成了别具一格的"印象主义"诗性纪录片。《桥》是一部以表现钢铁桁架为主要特点的习作。这部影片拍摄了一座能够启闭的钢结构铁路桥，当一列火车行驶至桥边的时候，桥边的信号使它停下，机械的装置开始运转，铁路桥面升起，让河道中的船只通过，然后又缓缓降下，再让火车通过。这部只有 15 分钟的电影共有 155 个镜头，平均 6 秒钟就有一个镜头切换，在流畅的镜头切换中，不同景别、不同角度、不同内容来回穿插，形成一种音乐般的节奏感。伊文思这一时期的纪录片作品体现了先锋电影的特征，表现出了对影片形式而非内容的追求，因而具有较强的实验性。

2. 摄影机参与到政治斗争中来

在《桥》和《雨》之后，伊文思放弃了单纯追求形式美的创作取向，重新回到现实，关注社会变化和发展，关注工人运动，关注抗击法西斯的战争，关注第三世界国家的民族独立。在他 60 多年的拍摄生涯中，留下了大量优秀的现实主义作品。1934年，伊文思开始奔走于世界各地的反法西斯战场，致力于拍摄以革命事业为主题的纪录片，成为"飞翔的荷兰人"。伊文思1938年在中国拍摄的《四万万人民》不仅是他电影生涯的代表作，也是他与中国维持50年的友谊的开端。从抗战开始，在不同的年代，他用自己的镜头记录下了不同的中国。《四万万人民》让人们看到1938年中国人生活的片段——呼吁抗战、对日作战、日军炮火下死伤的平民以及上层人士的运筹帷幄等，令人深思。

3. 在"真实电影"与"直接电影"之间：《愚公移山》系列影片

20世纪70年代，伊文思与玛瑟琳·罗丽丹（Marceline Loridan）历时5年完成了12集系列纪录片《愚公移山》（1972—1975年），讲述了当时中国社会的方方面面，包括《大庆油田》（84分钟），《上海第三医药商店》（75分钟），《上海电机厂》（131分钟），《一位妇女，一个家庭》（110分钟），《渔村》（104分钟）等。

4. 后现代主义色彩的纪录片

1984—1988年，年近90岁的伊文思与罗丽丹多次来到中国，拍摄他酝酿已久的纪录片《风的故事》。影片拍摄的几乎是被认为无法拍摄的事物，融合了伊文思早期抒情性的电影语言、"真实电影"的手法，以及超现实主义的表达方法。影片的表现手法细腻，内容虽然抽象而又晦涩，但是富有想象力和启发性。

第二节　中国纪录片的起源与发展

我国的电视纪录片诞生于20世纪50年代末，迄今已有半个多世纪的历史。总体说来，中国纪录片的发展前后经历了起步阶段（20世纪50年代至70年代）、初步发展阶段（20世纪80年代至90年代初）、繁荣发展阶段（20世纪90年代初至21世纪初）和多元化阶段（21世纪以来）等四个阶段。

一、起步阶段

1958 年 5 月 1 日，中国第一个电视台——北京电视台成立。成立当天便播出了一部纪录电影《到农村去》，相继又播出了我国第一部电视纪录片《英雄的信阳人民》。1966 年，电视纪录片《收租院》在全国造成强烈反响。这一时期，中国电视纪录片以新闻式纪录片为主，创作模式为"画面＋解说"，生产的纪录片几乎无一例外地被纳入"思想教育节目"之中，肩负着宣传与教化的作用：或"通过介绍革命历史和先进人物事迹进行思想教育"，或"通过介绍锦绣河山和建设新貌进行爱国主义教育"。

二、初步发展阶段

1978 年 9 月 30 日，中央电视台播出的《祖国各地》开启了我国专门为纪录片开设栏目的时代。1983 年，中国和日本合拍了描写长江和长江两岸人民生活的电视纪录片《话说长江》。这一时期的中国电视纪录片主要秉持的是客观纪实的传统风格。

三、繁荣发展阶段

20 世纪 90 年代之前的中国纪录片大多停留在格里尔逊式的"画面＋解说"，直到《望长城》（1991）的出现，打破了惯用的纪录片创作手法，跟踪纪实手法开始在中国纪录片中大量应用。《望长城》在电视纪录片的创作领域里做出了全方位的、整体性的突破和创新，朱羽君教授将它称为"屏幕上的革命"。

这一阶段中国纪录片的创作特征有记录过程、再现原生态和声画并重三方面。

在纪录过程方面，表现为：生活本身都体现为一种过程，电视纪录片一般以时间为顺序去记录正在行进中的、未知生活结局的过程。在跟踪拍摄的过程中，就会跟出人物、跟出情节、跟出故事，完成客观地再现真实生活的任务。

在再现原生态方面，表现为：电视纪录片开始重视记录生活的原生形态，对真实的生活不做太多的雕琢和粉饰，尽量保持生活的原汁原味，记录带毛边的生活。

在声画并重方面，表现为：我们生存的世界通过光波的流动传播图像，通过声波的流动传递声音，这才有了我们这个"有声有色"的世界。因此以记录生活为己任的电视纪录片当然不能忽略生活之声的记录。纪录片中的声音体现为同期声的采集，可以增加纪录片的现场感和真实感。同期声通常分为现场环境声和人物采访声，现场环境声在屏幕上再现生活，人物采访声捕捉当事人的现身说法。故而有人说："电视纪录片视同期声为艺术生命①。"

在《望长城》的冲击和引导之下，中国的电视纪录片创作全方位地踏上了"客观与再现"的创作理念之路：《沙与海》，康健宁、高国栋编导，宁夏电视台制作，获1991年度"亚广联"纪录片大奖；《藏北人家》，王海兵编导，四川电视台制作，获1991年度四川电视节"金熊猫"大奖；《最后的山神》，孙增田编导，中央电视台制作，获1993年度亚广联大奖；《深山船家》，王海兵编导，四川电视台制作，获1993年度四川国际电视节"金熊猫"大奖②。

20世纪90年代初期到中期，规模空前的电视纪录片栏目化运动席卷全国，形成纪录片收视高峰。作为当时最具代表性的两个纪录片栏目，中央电视台的《东方时空/生活空间》和上海电视台的《纪录片编辑室》生产了大量的大众化纪录片节目，讲述百姓的身边事，满足普罗大众的精神文化需求。纪录片栏目化使纪录片有了固定的播出平台，对于培养大众固定的收看习惯起到了一定的作用。

1993年10月，中国电视艺术家协会电视纪录片学会在北京成立。此时期的中国电视纪录片创作注重两大类型：一种是体现国家意识形态、代

---

① 张骏德：《试论电视纪录片纪实风格的新发展》，《新闻大学》，1996年第11期。
② 高鑫：《中国电视纪录片创作理念的演递及其论争》，《现代传播》，2002年第4期。

表国家话语的文献纪录片，另一种是体现人文关怀、追求独立精神的人文纪录片。

随着吴文光的《流浪北京》、康健宁的《阴阳》、蒋樾的《彼岸》、段锦川的《八廓南街16号》等"新纪录片"的出现，越来越多的人开始意识到，纪录片不同于专题片，不是画面和解说的简单组合，而是在使用纪实手法记录现场的同时，摆脱了某些束缚，在独立思考的基础上体现出对人类生存状态的深切关注。20世纪90年代后期，人类学、社会学的方法逐渐被引入到纪录片创作中，成为人们观察社会、记录现实的一种维度。这类纪录片通过展现被人类忽视的在落后偏远地区的人群，使人重新审视人类文明的发展给环境、社会和自身带来的影响。1999年，纪录片产业的市场化改变了中国独立纪录片精英化的格局，DV的兴起使得普通人可以随时随地使用影像记录生活，纪录片从此进入到大众化时代。

四、多元化阶段

2000年，张以庆导演的纪录片《英与白》（1999）在四川电视节上获得了最佳创意奖和最佳音效奖，从而揭开了中国纪录片"主观与表现"创作理念的序幕。

在这种创作理论的指导下，这一阶段中国纪录片创作者的主体意识、主观思想大幅提升。通过屏幕展现的客观事物来阐释创作者主观的思想感情、观念意识，这样，中国电视纪录片的创作理念从纪录片的客观、再现原则走向了主观、表现原则。这一时期纪录片的创作特征表现在使用符号语言、寄寓含意和理性印证三个方面。

在符号语言使用方面，纪录片中较多地运用暗示、象征、对比、强化、隐喻等符号语言、修辞手段，寄寓个人的情思，抒发创作者的主观情感。

在寄寓含意使用方面，创作者赋予客观存在的事物以深刻的含意，具有了较强的可读性，进而激发观众的联想和想象思维，引发观众再创作的能力。

在理性印证使用方面，创作者所选择和记录的事物，都化作了创作者的主观思想和个人判断被印证、被阐述的过程。

进入 21 世纪以来，纪录片进入多元化发展时期，纪录片在内容题材、表现手法和传播路径上出现了百花齐放的特点。

首先，在内容题材方面，除了传统的文献纪录片、人文历史纪录片以外，还出现了科技、文化、自然、探索、军事等方面的纪录片。

其次，在纪录片的表现手法方面，纪录片创作者在原有长镜头、跟踪拍摄、同期声等手法的基础上，不断探索视听语言，形成了纪录片多样化的表述方式。中国纪录片创作观念的发展呼应着纪录片本体观念的转变。回顾中国纪录片的发展历程，我们可以发现，中国纪录片的创作观念在很大程度上受到西方电影理论的影响，如维尔托夫的"电影眼睛"、格里尔逊的"教化模式"、让·鲁什的"真实电影"、怀斯曼的"直接电影"等。同样，进入 21 世纪，受后现代思潮以及美国好莱坞电影、探索频道、国家地理频道商业纪录片的刺激，中国纪录片创作观念发生了改变，集中体现在叙事手法的借鉴、声画语言的创新和数字技术的运用三个方面[1]。2003 年左右，情景再现、数字动画、戏剧化呈现等表现手法被大量运用于国外的纪录片创作中，为中国纪录片的创作提供了新的路径。从 2005 年第八届四川电视节开始，陆续有《故宫》（2005）、《圆明园》（2006）、《大国崛起》（2006）、《大明宫》（2009）等纪录片荣获大奖，标志着数字技术在纪录片中的成熟运用。

最后，在纪录片的传播路径方面，从官方到民间，都有了更多纪录片交流和交换的平台。2004 年，中国（广州）国际纪录片节作为国内第一个引进方案预售国际模式的节展，开启了方案预售活动。2016 年起，方案预售单元正式升级为"中国故事"国际提案大会。2022 年，"中国故事"国际提案大会共收到来自 35 个国家和地区的 218 个方案，创作者通过不同的角度展现了影像的魅力，讲述深入人心的故事。

---

① 欧阳宏生、唐希牧：《21 世纪以来我国电视纪录片观念的嬗变》，《民族艺术研究》，2014 年第 8 期。

2011年1月1日，央视纪录频道（CCTV－9）开播，通过市场化方法，致力于"中国故事 国际表达"的核心诉求，向世界展示了一个更加立体和多面的中国。在2013年第十二届四川电视节上，央视纪录频道邀请世界著名的纪录片制作和传播机构，通过首届中国国际纪录片提案大会、与BBC环球联合成立"纪录片创意研发中心"、央视纪录频道主题推介会、国际纪录片之夜、纪录片国际合作论坛等一系列活动，进一步推动了中国纪录片的国际合作和中国纪录片产业的发展。

2013年1月22日，由中国网络电视台主办的"中国纪录片网"正式开播上线。作为国家级新媒体综合性产业运营平台，网站汇集了网络电视、手机电视、IP电视、移动传媒等各种移动终端，在促进纪录片政策发布、题材集纳、推介展示、传播推广、融资交易等方面起到了积极的推动作用。

2013年7月，中国纪录片制作联盟和播出联盟的正式成立可以说是中国纪录片市场化进程中的又一次蜕变。两个联盟的成立实现了全国纪录片行业资源的有效整合，使全国的纪录片制作播出队伍合作更加紧密。

中国纪录片在半个多世纪的发展过程中已经逐渐成熟和完善起来，从题材内容、纪实风格、创作理念、纪实手段上都呈现出和传统纪录片不同的特征。在题材内容上，出现了百花齐放的局面，涌现出自然、历史、人文、社会等不同类型的纪录片作品。在纪实风格上，纪录片从刚开始的纯"工具"式的简单记录，遵循跟踪拍摄、长镜头、同期声等方式的运用，到一味地承担舆论引导和宣教功能，再到如今的多元化、平民化、个性化、人文化发展。21世纪以来，中国纪录片开始以更加丰富的技术手段，在展现客观现实的同时，加以创作者的主观表现。在创作理念上，受到商业化和娱乐化的影响，"纪录＋"的趋势明显。纪录片创作不断吸收电影、真人秀、综艺节目的手法，在故事情节、角色扮演、情景再现、剪辑节奏、后期配音等方面，更加注重观众的观赏体验，在纪录片的艺术性上有了进一步的提升①。面对网生一代的阅读观看习惯和碎片化的发展趋势，纪录片尝试采用短视频化的"微纪录片"的表现形式，一方面满足新生代受众的阅读习惯，另一方面通过个体化的叙事结构实现与观众的共鸣。在技术手段上，随着科技的发展，4K、8K、VR 等技术不断赋能纪录片的创作，给真实呈现提供了新的可能和维度。

第三节　网络纪录片的美学风格与发展趋势

一、网络纪录片的美学风格

网络纪录片弥合了碎片传播下的多维纪录空间，让记录影像丰富繁荣并具有更多的可能性。其内容触及更多细分主题，使当下的记录影像有了更明晰的质感，观众有了更多自由选择的空间，那些原来尝试过的纪录观念及观察社会的方式有了名正言顺被视听书写的前提，原来被称为非主流的纪录方式有了成为主流表述的可能。总体来说，网络纪录片的美学风格主要有先锋性与现实性兼具、微小化与品类化表达、多样性与互动性共融、细分化与团队化拓展四个方面。

（一）先锋性与现实性兼具

当下一些商业网站设立了自己的纪录频道，纪录作品数量大幅度增加。这些纪录作品主要关注精彩个体的现实、丰富的类型与互动的表达，为纪录片的发展注入了鲜活的力量。《侣行》（2013）是优酷出品的一档网络自制户外探险纪实类纪录片，作为一档泛娱乐类纪录节目，游戏心理在此节目中被鲜明地渲染，众多话题、线下互动、网络商业推广等也都是当下网络纪录片传播的典范。纪录片《侣行》引领了一种生活态度，铸就了

---

① 陈慧谊：《见证中国纪录片成长——四川电视节"金熊猫"奖国际纪录片评选回顾》，《中国电视（纪录）》，2010 年第 8 期。

一种现实精神，是网络纪录片将生命理念植入受众心理的一次较好尝试。

新媒体网络自制纪录片跨越了时空边界与主题大小，从国家形象、社群话语，到物像美感、个体情怀，它们所呈现的微观影像改变了我们阐述世界的具体方式，创作主体所处的社会位置变得明朗。这让此类纪录片的大量创作真正提上日程，是纪录之影像空间的几何式重组包括创新、奋进与选择，也是一种全民式的精神生产。它吸纳各种表达形式，用确定的发展来填补了事实上被忽略的状况。《我们的时代，十年敢想录》（2015）用十部微短片记录十位精英的所思所感，展现变革与挑战，是颇具特色的理念式微表达；《我的诗篇》（2015）通过展示互联网寻找到的十位特殊工人，他们用诗书写生存与劳作、爱情与喜悦，用诗表达悲欢、直面死亡。这些影像让我们看到一个个令人震撼的生命故事。

贴近个体生活的网络纪录片，将现实主义、个人主义、要素主义加以运用，营造出多样统一的真实意象，而且通过视觉心理学的方法来构建纪录游戏和纪录奇观，用与病毒式传播相类似的方式吸引所到之处的潜在受众。在网络环境中将"本土景观"变为"全球视野"，让更私密的个体"阅读"与更自由的"调侃"如影随形，使此类纪录兼具现实性与先锋性，是纪录片的风格化印证以及目标构成主义的影像化写照。

（二）微小化与品类化表达

大量小情趣且饱含正能量的原创微纪录片的推出，是网络纪录片的一大特色，这些内容形成了创作者对生活的另一种理解和想象。美食类微纪录片呈现了一种"食"的全新方式，表达了以食物为主体、以人之情感为本体的理念。《日食记》（2013）展现"食"的生活态度；《空腹》（2015）是简单展示厨艺的"轻料理"节目；折腾厨房感动味蕾的《饭米了没》（2014）让生活的酸甜苦辣融入美食……以回归本源、追寻自我的方式提升了食物的内在美感，赋予了"吃"更多的当下文化意义；更重要的是让大量微纪录片有了更多表现的方式，使真正热爱纪录片创作的个人及团队开始探寻自己的新发展途径。

品类多样的纪录片内容让受众有了更多选择，除美食类作品外，对手艺、技趣等的表达也透露了自制记录影像的类型与风格，渗透出自制纪录片的专业化精进。《造物集》（2015）通过分享每个人都可以轻松掌握的实物制作过程，将温暖传递给身边的人；《尚技·人民》（2015）用微纪录的形式记录平凡人不平凡的技艺。这些作品都用影像记录了坚持与奇迹，使颇具人性浓度的内容传达出朴实的生命状态以及人之创造的无限可能。网络纪录片所呈现的不只是凤毛麟角和边缘的题材，同样可以达到甚至超越传统视听渠道所涉及的题材广度和深度，而且有更充分的条件把内容做得更具传播性和亲近感。

网络纪录片的发展与当下的阅读方式密切相关，在网络推动下表述为一种可感知的共识，赋予了我们体验真实的更多可能。互联网自由、互动、信息障碍降低的特征，令纪录片的真实力量得以在这个平台上最大限度释放出来[1]，这种微小且有越来越多品类的记录方式变为一种对生活的全面阐发。

（三）多样性与互动性共融

网络纪录片内容的多样性，同时映射出纪录片书写的行为模式，即创意表达、认知满足以及个体情感体验。观者可以更灵活地筛选，增加了诗意阅读的条件，会促成较为纯粹的个人参与，这就埋下了互动性的因子，即网络传播特征。只有契合新时代精神，顺应网络生存特点，纪录片发展才能根深叶茂，获得成功[2]。这种多样性与互动性的类型表现是分散密布的现代组织结构及个体在利用时间上的不确定而自然形成的选择性表述，具有非正式的定义和非特定指向的特征，它多存在于主体的体验。

网络栏目式的社会纪录片的探索也多样而质朴，制造意义、制造关注点是它的一大特色，叙事方式有别于传统电视纪录片栏目，具体表现为互

---

① 张同道：《中国纪录片发展研究报告（2015）》，中国社会科学出版社，2015，第145页。

② 杨华钢：《受众之王——数字时代的电视频道品牌营销战略》，中国广播电视出版社，2007，第131页。

动和去矫饰。《行动志》（2014）将人物赋予行动去实现自我价值和理想的事情记录下来，是网络时代的青年人的生存临摹；《时间刻度》（2014）让不同职业、爱好、理想的青春一代的追梦路途在时间的刻度下绽放出别样的光彩。

内容整合的多样与传播平台、合作方式的多样在客观上也形成了网络纪录节目的互动性，而可互动的现状又影响着多样化的产生。中国纪录片进入了"公众时代"，并真正开始从事业式发展向产业化发展转变①，以网络为载体的这种自制纪录片形式，会从根本上推动纪录片的发展。

（四）细分化与团队化拓展

纪录片类型的细分化与作品创制的团队化是网络纪录片创制的特征，团队及个体力量在网络纪录片创作中被激活。细分化使特定观众在某些节目中会合，这类针对特定人群的节目在深度和表现力上做得更佳，使目前网络纪录片从传统的历史文化类、社会现实类、自然地理类，逐渐向个体发展类、情感表达类、心理体验类等较私人化的领域偏移，从网络自身的特征出发，逐渐形成肌理、构建框架，达成对沟通的整体认同，形成自身更多可对话的内容。新媒体以借鉴、衍生和叠加的方式将当下再度重写和组构，促成新的记录空间，表述新的观念与认知。纪录片的新媒体平台将最终以创意文化品牌构建其核心价值，使"工业纪录片与公共纪录片逐渐分离，形成大片更大，小片更小"②的局面。网络纪录片正以自身的探究方式形成它的公共话题，以个体观看的形式建立起另一个超真实的世界，为思考、表达思想和抒发情感的方式提供了新的定位，从而创造出独特的话语符号③。网络纪录片的精致、巧妙以及对现实的个人化解释铸就了它的网络化传播特征，因此才促成了它"不拘一格，自然融合"的美学之道。

---

① 何苏六：《中国纪录片发展的机遇期》，《中国广播电视学刊》，2014 年第 2 期。
② 张同道：《中国纪录片发展研究报告（2015）》，中国社会科学出版社，2015，第 145 页。
③ ［美］尼尔·波兹曼：《娱乐至死》，章艳译，广西师范大学出版社，2004，第 11 页。

　　个人纪录作品的盛行与个人纪录美学的渐趋成熟，使网络中的个人或小团队纪录片大行其道、异彩纷呈。这些作品观点明确、主题多样、创意奇妙，来自诗意的建立与表达秩序的多层次重组，有一种内在的肌理与抽象的结构和谐运作之感，将纪录片的丰富性与表达的多样性结合在一起，成为一种大众情感的生活化符号。它们以个体印证个体、个体表达个体的方式将时间碎片整合，描绘出对生命及生存的影像化理解[①]。

二、网络纪录片的发展趋势

　　近年来，中国新媒体纪录片稳步发展，"互联网出品"成为一支重要的制片力量。在台网融合的大趋势下，优酷、搜狐、爱奇艺等各大门户网站纷纷在原有纪录片栏目的基础上，进一步加大资金投入力度，积极与电视台等其他媒体开展广泛合作。其中，主旋律作品较多出现，一些成熟的IP系列仍在持续深耕。在纪录片突出文化深度的同时，时代感和商业属性在不断加强，线上线下的联动更丰富。新媒体纪录片的突出短视频、拓宽外延、鼓励付费、开发新内容等趋势，也还将延续下去。

（一）主旋律纪录片成为重点作品

　　2019 年是中华人民共和国成立 70 周年，诸多媒体平台推出了呼应主旋律的纪录片。这一电视媒体里常见的做法也遍布新媒体平台。优酷参与制作了主旋律纪录片，包括《激荡中国》《做客中国——遇见美好生活》《最美中国》等；国家广播电视总局指导，芒果 TV、优酷、爱奇艺、腾讯视频 4 家视频网站联合出品了明确呼应主旋律的微纪录视频《见证初心和使命的"十一书"》。一向注重小切口、青年题材的二更视频平台也聚焦精准扶贫、国庆庆典等大主题，和快手共同推出了《新留守青年》等新纪实系列影像，记录了 8 个不同地区的年轻人通过互联网创业，带领村民改变命运的奋斗故事，收到了非常好的流量数据和互联网用户的积极反馈。

---

　　①　骆志伟：《网络自制纪录片的美学特征》，《青年记者》，2018 年第 2 期。

主旋律纪录片也能够成为受欢迎的精神消费产品，甚至能够带来强大的收益，这是在院线纪录片中反复印证的事实，在新媒体纪录片中也被越发重视。这也是新媒体平台贴近社会与时代的重要表现。

（二）继续开发成熟的 IP 系列

几乎每个新媒体平台都有成熟的、为受众熟悉的纪录片 IP。持续经营、深度发掘这些 IP 的价值，是诸多新媒体平台都颇为重视的做法。同时，也能保持受众的黏性，让对某一 IP 有认知、有忠诚度的受众持续关注。

美食类纪录片是中国纪录片的一个成熟品类。爱奇艺、优酷等各个媒体平台都有自己的美食节目。哔哩哔哩出品的《人生一串》在突出美食之外，增加了文化和人生感悟。腾讯视频的美食纪录片独占鳌头，《风味人间》走红之后，演播室形式的《风味实验室》，短视频形态的《风味原产地》，其中包括地区性质的《风味原产地·云南》《风味原产地·潮汕》，以及时节性质的《风味实验室新春特辑》，一直在延续风味 IP，形成一个完整的"IP 矩阵"。

除美食系列之外，腾讯视频持续数年与 BBC 联合出品自然纪录片，包括从《蓝色星球》到《王朝》，再到 2019 年的《七个世界，一个星球》等。在经过前几年的融合、碰撞之后，已有相对成型的运营规律，从选题的策划，到制作、宣发，都形成了比较成熟的体系。

二更坚持拍摄年轻人、普通人的真实经历、真实情感，出品了"新纪实"系列，其中《最后一班地铁》《我们去结婚》《此食此客》等分别在优酷、腾讯、爱奇艺等平台推出。凤凰视频的《春天读诗》作为一个文化 IP 已经坚持到第 6 季，《舍得智慧讲堂》和《博物志》同样作为凤凰视频文化矩阵里的节目在延续着，同时又在调整和创新。优酷视频的《了不起的匠人》已经做到第 4 季，并力求在节目形式、叙事语态、匠人选择等方面往年轻化方向发展。

（三）积极出品短视频作品

移动媒体时代，短视频异军突起，发展迅速。纪录片的传播样态以及用户的接收方式都发生了变化，所以媒体平台在布局自身节目的时候，也会尽量让节目的形态多样化。如腾讯谷雨把自己的短视频节目定位为有品质、有公信力和社会纪实的视频栏目。这类节目从及时文字内容和图片内容生发出来，形成影像的表达方式。节目并非一味求短，20分钟以内的时长，保证内容的完整性和充足的体量，能够让观众集中注意力于某一个时间段。因此，故事性、信息量，以及背后呈现出的问题和思索仍然是腾讯谷雨看重的，这也是诸家纪录片频道不同于一些短视频手机 App 比较显著的特点。爱奇艺的做法则更侧重在传播中以短节目带动长的传播，在短视频中带出看点，做能够引起互动讨论性的话题，通过话题的传播引领更长的、重点的内容。

（四）选题更加倾向时代感

数家媒体平台都在纪录片选题倾向上突出时代的特色，无论自制的节目还是购置的片子都会强调这一点：让讲述的故事和人，都和当下有着一些千丝万缕的关系。腾讯谷雨一向注重现实感强的内容，从曾经略显灰色的故事调整为给出一个能够解决的方向、一个光明的目标，其2019年的选题更加关注中华人民共和国成立70周年背景下普通人的进步和成绩，以及全面建成小康社会过程中的小故事。

其实，此类作品想寻找的都是能够让受众平等看待身边的人物和故事的途径，努力寻找观众和片子里面人物的共同点，人们所处的时代就是最大的共同点。优酷视频推出的《他乡的童年》（2019）关注了儿童教育这个社会性话题，并具有鲜明的时代特点，力求在全球视野下，通过直观且感性的方式来呈现、探究与比对多种教育理念，让观众在拓展思维、认识差异的同时，进一步推动公共讨论，放大影片的社会价值。

（五）突出文化深度

近年来，各平台纪录片节目出现"泛文化"化的特征，文化追求成为各平台比较明显的目标。爱奇艺和哔哩哔哩等平台在《乐队的夏天》《中国新说唱》等节目播出时，推出凸显潮流文化的纪录片，形成与潮流文化的对标。这些节目既与其他节目联动，也突出了纪录片的文化特质。

尤为突出的是优酷出品的人文内容。在2018年豆瓣评分达到8.0分的32部纪录片中，优酷自制、合制的有8部，版权引进的有7部，在新媒体平台中领先。电影纪录片《尺八》、固定栏目《圆桌派》、系列片《一百年很长吗》都是文化类作品的代表。凤凰网的几档节目都邀请文化名人、作家等，从不同的角度解读某个主题，进而阐释对生活和文化的理解。同为优酷推出的《他乡的童年》也在与《圆桌派》等多个节目板块的联合互动中，凸显了"文化＋纪实"的联动效应。哔哩哔哩也推出了历史文化纪录片《历史那些事》和文化纪录片《但是，还有书籍》，因其轻松而富有文化气质的内容，在面世之初就受到广泛好评。

（六）线上线下的联动和多平台联动

在营销和推广模式上，新媒体和传统媒体之间、线上收看和线下活动都更加丰富，视频和电视平台的联动依旧密切。因为集团优势，凤凰网一直以来和凤凰卫视有密切的联动，《博物志》等栏目在电视平台也有播出，同时保持新媒体的特征，和电视节目拉开距离。在爱奇艺中，纪录片核心宣推集合在一些重要的纪录片和电视类的市场活动中，比如上海电视节、广州国际纪录片节等，也包括海外的 Hot Docs 等电影节，进行专门的爱奇艺品牌下的市场活动，举办主题性的看片会，将线上和线下结合。

在电视时代，纪录片主要依赖于广告与发行；院线纪录片则有票房收入；进入互联网时代，纪录片有了付费点击分成；电商时代的纪录片收入模式变得更加多元，出现了"纪录片＋电商""纪录片＋衍生品"等模式。优酷曾与阿里巴巴集团旗下的盒马进行了联动：在节目播出时，在盒马App上推出同款的产品，实现了内容与商业的联动。在《100 年很长吗》

和《做客中国——遇见美好生活》中都进行了资金众筹和在线商品售卖。在腾讯谷雨的营销活动中，比较多见的是线下的推广和展映，比如联合瓢虫映像、歌德学院等，推广《纽约公共图书馆》等纪录电影。有些纪录片推广也会配合有相关展览活动。

第四节　网络纪录片的制作

在大众传播逐渐向小众化、专业化迈进的过程中，纪录片作为传媒产业的重要组成部分，其市场观念也在悄然发生转变。过去统购统销的计划模式被市场经济打破，引入竞争机制、调整产业结构、培育"制、播、销"一条龙产业链条成为当下中国纪录片市场转型的显著特征。

在纪录片产业化进程中，以往那种慢工出细活的小作坊制作模式已经无法支撑起纪录片的快速发展，以消费型纪录片为主的工业化流水线生产模式正逐渐被大多数人认可。同时，近年来新媒体平台的迅猛发展同样不容小觑。因新媒体个性化和互动性的传播特点，加之视频网站的飞速发展和新媒体用户呈几何级的增长，纪录片已经将网络作为重要的传播渠道。总体说来，网络纪录片的制作主要包含策划、拍摄与剪辑等三个阶段。

一、网络纪录片的策划

在纪录片的选题策划阶段首先需要确立纪录片的主题，一个好的纪录片主题需要具备真实性、故事化和人文关怀三大特征[1]。

（一）真实性

真实性主要指的是纪录片的风格要符合纪实主义原则。纪实主义是纪录片发展历史上的一条主线，经久不衰。纪实主义原则主要包括如下

---

① 张昌旭：《纪录片价值重构——兼论中国纪录片创作》，硕士学位论文，武汉大学. 2005，第27—31页。

内容。

1. 与拍摄对象的交往

纪实主义原则要求拍摄者要深入被拍摄对象的生活中，尽量拉近双方的距离，以一种交往的姿态来降低被拍摄者对于摄像机的陌生感，以求本质上的真实。

2. 事件的具体性

纪实主义原则要求纪录片需要记录具体的场景，包括具体时间、具体环境、具体氛围、具体人物和具体事件。

3. 长镜头

长镜头是实现具体性所包含的即时性、过程性、现场性的最佳形式，它在记录一个完整的生活流程的同时，形成了一个丰富而开放的信息场。

4. 同期声

纪实主义在声音上虽不排斥解说词，但更钟情于同期声。同期声增加了视听信息、拓展了画外空间，同时也是塑造形象、营造氛围的有效手段。从《望长城》开始，中国的纪录片创作者逐渐重视同期声的录制。

（二）故事化

纪录片中的故事性必须以客观性为前提，它与故事片的故事性不同。后者只要遵循合理符合事物变化发展的规律或符合人类普遍的思想感情，就可以任意虚构，而纪录片中的故事则必须是现实生活中发生的。因此，故事片中的故事可以"创作"，而纪录片中的故事则只能"发现"。创作者须凭自己的经验和敏感去把握眼前的生活，从中挖掘故事、发现故事并抓住故事。

纪录片的故事性起始于选题的筹备期。一个富有故事潜力的选题，就具备了作品的故事雏形。纪录片的故事性由矛盾、兴奋点和故事的意义等部分组成。首先是矛盾，浅层的如人物矛盾、事件冲突等，深层的如心理矛盾、命运冲突、人与自然与社会的矛盾等。其次是兴奋点，兴奋点即引发观众在观看时产生情绪变化的段落，故事是靠兴奋点来支撑，它可以是情感的、悬念的、幽默的，也可以是深思的、富有启发性的。最后是故事的意义，故事不能只是故事，必须能形成主题。因为故事本身并不是目的，故事背后的意义才是纪录片最终追求的。具体说来，纪录片的故事性要素有人物、悬念、细节、冲突等。

在一些纪录片中，由于无法拍摄或较难拍摄到与主题相关的画面，可以适当地运用情景再现的手法。情景再现的手法指的是，在对已经发生的事实情况把握较好的基础上，通过采用演员（最好是非职业演员）角色扮演的形式，运用细部蒙太奇、反映法、模拟法、数字特技等影像表达手段，力图对过去发生的事件进行现在时态的演绎和展现。

在纪录片拍摄中使用情景再现的手法需要注意以下事项：

第一，在同一部作品中，扮演、重现部分的比例不能超过纪实的部分；

第二，历史题材的纪录片一定要充分发挥文物、文献、遗址、实物的阐述、佐证作用，扮演、重现只能在借助形象手段来做模拟、借代式的说明方面起作用；

第三，扮演、重现所采用的手法，应当本着"宜虚不宜实"的原则；

第四，对于扮演、重现的部分必须用字幕、解说词公开说明本段是"再现""情景再现""故事片资料"等。

（三）人文关怀

人文关怀就是对人和自然的关爱，是用博爱的价值观念，从人自身的需要去理解、分析、解决问题。它不仅指道德价值本身，而且指人的权利和责任。人文关怀将物从人的统治中解放出来，彻底超越人类中心主义，强调人只有在学会关怀整个宇宙时才能真正地关怀人。人文关怀表现在纪录片创作中，就是探索那些与人的生命和生活息息相关的问题。人与自然的关系、人的生存状态和人的价值、人性个体的生与死、种族发展和人类文明进程，以及对人性的思考等问题，这些领域成为纪录片价值重构的主导力量。

1. 人与自然的关系题材

自然是人的起点，也是人的归宿。世界范围的纪录片工作者以自己艰苦的创作，甚至以生命为代价，向人们展现自然的伟大壮丽，以及人类行为造成的恶果，呼唤人们的理性，呼唤人们改变自己的居高临下和自私贪婪，呼唤人们对自然的亲近与虔诚。

2. 人的生存状态和人的价值题材

纪录片对人的生命价值的探索，就是把镜头伸向各个地区、各种职业的普通人，记录他们平淡而欢乐的日常生存状态。这些纪录片所记录的地域之广、人物之多、情景之真实，是其他艺术形式难以比拟的。片中记录的那些丰富的生存方式和生命追求，带给人们许多丰富的情感触及和价值思维。

3. 人性和个体的生与死题材

人性是人在一定社会条件下表现出来的人的本性。人性究竟孰好孰坏，始终没有明确的定论。多年来，各国纪录片工作者都在致力于通过所记录的人的真实生活来记录不同生命的故事，探究人的本性。孔子说，未知生，焉知死。生命的意义和动力是什么？这是人类的终极思考。只有向死而生，才能更好地领悟生命的真谛。

4. 人类文明进程题材

人类文明的发展是缓慢和艰难的，文明每前进一步，人类都要为之付出相应的代价。而人类生活方式的多样性带来的人类文明也是多种多样，工业化程度的不同导致了地域之间文明程度不平衡。不同文化的文明之间需要交流、互鉴、交融。在促进人类不同文明的相互沟通、相互了解方面，纪录片所做的贡献是不可估量的。

二、网络纪录片的拍摄

纪录片的拍摄主要包括前期调研、现场拍摄和采访等环节。21 世纪以来，纪录片更加注重画面的艺术表达，创作者们开始利用先进的摄制设备和高超的摄影剪辑技术，将自身的情感和审美表达巧妙地融入画面之中。

（一）前期调研和现场采访

1. 前期调研

前期调研是指拍摄前对拍摄对象、拍摄环境等进行"摸底"。拍摄者选定某个选题，还只是确定了大致的拍摄方向，具体到"拍谁""在哪里拍""何时拍""怎么拍"等实操问题，务必在拍摄之前就要了解清楚。前期调研必不可少，而且要尽可能做透做细，只有这样，在实际拍摄时才能做到心中有数，有的放矢。前期调研的主要内容有如下几个方面。

（1）熟悉拍摄对象，传达拍摄意图。提前熟悉所要拍摄的人物和事件是拍摄前必做的一项工作。创作者要广泛接触当事人和相关人员，从不同侧面了解事情的来龙去脉，同时向主要受访者表达拍摄采访的意愿，力争获得他们的理解和支持。

（2）确定拍摄重点，拟定拍摄方案。纪录片虽然是对生活的真实记录，但绝非纯自然主义的盲目记录。拍什么、不拍什么，哪些事要重点拍，哪些人要重点采访，这些问题在调研中就要初步确定。有了重点，拍摄就有了针对性，就可以据此拟定拍摄方案，统筹安排拍摄日程。

（3）考察拍摄条件，做好拍摄保障。不同的拍摄环境对摄影器材的要求是不同的，要提前考察拍摄地的天气、环境、光线等情况，进而列出所需的器材清单。还要了解清楚进入某场地拍摄需要什么证件，要得到哪方面的许可，是否存在安全隐患等，以便提前做好准备。

（4）掌握背景资料，构思手法立意。有些选题如历史文化纪录片、文献纪录片等需要创作者掌握大量图片和影像资料，前期的资料收集整理就是一项很庞大的工作。在掌握相关资料的基础上，就可以初步构想影片的主题、结构和表现手法。

在前期调研中，增进与当事人的相互了解，建立融洽的关系是工作的重中之重。如果得不到当事人的允许，拍摄就很难进行下去。而且，受访者往往对镜头有一种天然的戒备，如果不能赢得他们的信任，他们在镜头前的言行就会失真。为解决这一问题，常用的创作方式是创作者在正式拍摄前深入受访者的生活，通过长期相处，成为他们的熟人，直至成为彼此信赖的朋友，以此打消他们对拍摄的戒备，甚至忘记摄像机的存在。

2. 现场采访

纪录片要记录客观的事实，也要展示人物的情感，这一切都离不开对当事人的采访。

（1）采访对象的选择。事件的当事人无疑是采访的主要对象。除了采访当事人，还要尽可能多地采访事件的其他亲历者、参与者、目击者，包括采访专家学者，他们的描述能给观众提供多种不同的观察视点，形成多层次、多声部的叙述话语，为后期剪辑提供足够的选择空间。

（2）采访地点的选择。采访一般要持续一两个小时甚至更长，对环境的选择很重要。首先，采访地点要安静，以保证声音的拾取干净清晰。其次，环境要与纪录片的主题相契合。最后，纪录片采访的地点应选在让受访者感到轻松和亲切的情境中进行，最好就是事件的发生地。经验证明，与事件相关的特定环境能够促使人物更好地回忆和思考，从而挖掘出更深层的谈话内容。

（3）提问技巧。现场提问通常有直奔主题、迂回提问、启发式提问三种方式，要根据受访者特点和问题的内容选择不同的提问方式。不管选择何种提问方式，要尽量做到以下几点：

第一，问题要短、准、少。短是指问题要简单明了，切忌漫无边际，无中心、无侧重地提问。准是指提问要提在点子上，让回答者有话可说。少是指问题要尽量少而精，避免连珠炮式的提问，防止给受访者造成太大心理压力。

第二，避免闭合式提问。闭合式提问通常是判断题，所得的答案往往是"是"或"不是"，"对"或"错"。这样的答案必然是缺乏信息含量的。因而，要尽量提开放式问题，为受访者留足自由表达的空间。

第三，采取递进式提问。问题的顺序也很重要，要由表及里，从简单到复杂。通常把最尖锐的问题放在最后。这样因为有了前面的层层递进，尖锐的问题会显得自然而然，受访者回避的可能性就小。

第四，预留"透气处"。所谓透气处，是指受访者说话前、中或结束后常会有情感的表露，如一个叹息、一个微笑，或是沉默等。采访者不宜一个一个提问接得太紧，要预留足够时间，让摄像机拍到受访者的情感反应。

第五，确保受访者陈述的连续性和完整性。后期剪辑往往会去掉采访者的提问而只保留受访者的回答。因此，要提前向受访者作出说明，回答问题时一定要有头有尾，确保完整性。

第六，第一遍原则。面对镜头，受访者的第一反应往往是最好的。尤其是一些动情、尖锐的问题，不能因为感到效果不理想而多次反复进行拍摄。受访者的重复回答虽然更加流畅，但往往失掉了个性，变得套话连篇。

第七，弱化摄像机的在场。采访者要和摄像师之间心存默契，采访时不要喊"开始"，以免增加受访者的紧张感。采访前，在摄像机布光架机器时，采访者可以和受访者随意交谈，等准备工作差不多了，再把话题转向正式采访，采访者用眼神示意摄像师，拍摄开始。

(二) 网络纪录片的拍摄手段

由于纪录片中发生的事件往往具有不可重复性，拍摄者要领会创作主题和表现内容，结合现场情况，提前考虑镜头的运动变化。只有事先有预判、有预案，纪录片的拍摄才能做到指向明确，意义清晰。但同时，纪录片拍摄的常是"现在进行时"的人和事，谁也无法准确预知下一秒会发生什么。一旦有突发情况，拍摄者就要抓住时机，用最合适的镜头把最典型、最感人、最富有表现力的场面抢拍下来。有时，为了抓拍突发情况，很多镜头来不及构图，甚至抖动厉害，但鲜活的现场画面足以震撼人心。

网络纪录片的拍摄手段主要包括叙事手法、声画语言和数字技术的运用三方面的内容。

1. 叙事手法

纪录片是叙事的艺术，运动镜头最大的功能就在于叙事。叙事的完整性是第一要求。一般来说，单一的镜头很难完整展示一个事件的过程，一般需要连续使用三个以上的运动镜头才能把一个过程叙述清楚。因此在拍摄时，既要确保单个镜头的运动指向明确，还要确保前后运动镜头在景别、方向、构图上具有连贯性，以便构造完整的叙事流。有经验的导演常常从不同的角度、采取不同运动方式对同一拍摄对象反复拍摄，以便在后期剪辑中找出最合适的画面。

近年来，我国纪录片出现了一种与传统纪录片截然不同的叙事手法——纪录片故事化。即在真实的基础上，借鉴电影故事片的叙事模式，用镜头记录有情节的、连贯的事件内容，通过设置悬念、刻画细节、引入冲突、演员扮演等手段，讲述一个完整的故事，进而传达出作品的思想内涵与审美价值。纵观近几年的纪录片，故事化的叙事手法正日渐成为一种创作潮流。

2. 声画语言

俄罗斯导演谢尔盖·爱森斯坦（Sergei M. Eisenstein）曾说："画面将我们引向感情，又从感情引向思想。"只有充分把握画面语言，才能让纪录片表达出深刻的感情和思想。一个成熟的拍摄者懂得把镜头的拍摄方式和画面内容的情绪特征对应起来。纪录片创作者在拍摄时要合理运用固定镜头、运动镜头、长镜头和空镜头进行叙事和抒情。

根据镜头的"动"与"不动"，镜头可以分为固定镜头和运动镜头。固定镜头是指摄像机的机位、镜头的光轴、镜头的焦距都不发生变化。运动镜头是指摄像机的机位、镜头的光轴、镜头的焦距有其中一个发生变化，运动形式表现为推、拉、摇、移、跟。固定镜头和运动镜头有着不同的功能和表现力，在纪录片创作中，这两类镜头分别有着独特的美学意蕴和造型作用。

固定镜头是影视创作中应用最广泛的镜头形式，在纪录片创作中更是镜头语言的中坚力量。入门的纪录片创作者往往被告诫，尽量不要"推拉摇移"，镜头能不动就不动。这种提法虽然有些极端，但道出了固定镜头对纪录片创作的重要性。固定镜头之所以如此被重视，源于其美学功能与纪录片审美特质的内在契合。首先，纪录片最显著的美学特征是真实性，固定镜头因为没有镜头画面外部的运动，减少了人为加工、参与的痕迹，不会像运动镜头那样让人感到明显的主观倾向，因而给人客观真实之感。其次，固定镜头的画面效果很像人的客观"凝视"，它唤起的注意力是专注的、集中的，能引导观众对事物细节的注意，这契合了纪录片关注特定对象，注重细节记录的创作要求。最后，固定镜头的"静"常常意味着独特的意义，能诱发观众深入思考，这与纪录片对人文性、思想性的追求也是一致的。

固定镜头具有稳定性好、客观性强的特点，但缺点也很明显：固定的画框很难表现运动轨迹和活动范围较大的事物，难以展示复杂曲折的时空变化，过多的故事镜头容易造成画面的零碎和死板。运动镜头恰好可以弥补固定镜头的缺陷，变化多样的镜头运动让画面多姿多彩，赋予了创作者更大的自由。运动镜头推、拉、摇、移、跟等，不同的运动方式有着不同的画面特征。

在影视理论中，长镜头是一种和蒙太奇相对立的理论。长镜头理论代表人物安德烈·巴赞认为，长镜头的三大优点包括：一是遵循了现实时空的完整性、连贯性，让观众看到了现实空间的全貌；二是通过事物的常态和完整的动作揭示时机，保持了过程的真实；三是符合观众关注事件演变发展过程的心理状态，有更强的现实感。正确运用长镜头应该遵循以下两条原则：一是要确保足够的信息量，镜头长度应该和信息量成正比，起幅落幅之间应该不断呈现新的画面元素；二是长镜头的视点、角度、景别、构图要随着拍摄对象和拍摄空间的变化而变化，否则在较长的时间里，观众的注意力容易分散，无从把握画面重点。

空镜头又叫景物镜头，指的是画面中没有人物的镜头。在纪录片中，空镜头的作用主要有：交代环境和时代背景、压缩或转换时空、调控节奏、抒情表意等。空镜头是影视艺术塑造形象、表现思想感情的重要手段。

21世纪以来，创作者们开始有意识地加快纪录片的叙事节奏，利用声音与画面的创新组合抓住观众的注意力，同时也使纪录片内容更加丰富。在声音语言上，音效、音乐和解说词是纪录片视听语言中与画面同等重要的艺术元素，它们在纪录片中起着完成叙事、时空转场、增加真实感、渲染气氛的作用。

3. 数字技术的运用

21 世纪以来，数字技术的运用已经成为纪录片创作的一大亮点。3D制作、3D 与实拍结合制作、3D 与实拍及二维动画组合、以古代绘画为蓝本将其制作成二维动画等，在增添纪录片的情趣与可观赏性、表现写意、表达无法真实再现的大场面、避免枯燥陈述或媚俗影视剧效果等方面做出了较大的贡献[①]。

然而，随着数字技术的广泛应用，关于纪录片创作的虚构问题也受到了业内专家学者的诸多质疑与反对。有学者认为：非虚构是纪录片的底线，情景再现、人物扮演等数字技术的大量运用突破了这一底线，使得纪录片与故事片的界限变得模糊不清，进而失去了纪录片自身的本质属性与存在价值。使用扮演和情景再现时，要把握三个原则：一是要以真实为基础，以事实为准绳；二是能少勿多，能局部勿整体；三是扮演和情景再现的画面应该明确说明。非虚构固然是纪录片的底线，但不是纪录片的全部。在保证纪录片真实的原则上，适度运用数字技术不仅有助于影片意义的生产，而且能够增强纪录片的可视性与艺术感染力，取得事半功倍的效果。

三、网络纪录片的剪辑

网络纪录片的剪辑主要包括文稿创作和以整理、研读素材，找出最优桥段、最优排列组合方式为主的剪辑流程。

（一）网络纪录片的文稿创作

在纪录片的剪辑阶段，文稿创作是关键的环节。纪录片的文稿创作包括解说词、采访同期声和现场同期声，此外还有字幕和动画处理。

在纪录片创作中，因为大部分拍摄的不可逆，导致很多内容镜头会缺

[①]　陈旭光、王思泓：《从新时期以来到新世纪：中国纪录片美学主潮的流变》，《现代传播》，2012年第 5 期。

失，事物发展的交代很难在对话中体现清楚。文本类元素——解说词和字幕可以有效弥补纪录片叙事中的不足。解说词和字幕这两个元素都属于文本元素，叙事载体都是文字，只不过解说词以声音的形式由解说者播读，字幕以画面的形式将文字加载到屏幕上。它们有一个共同的特点：都能以精炼的方式承载相对较大的信息量，或辅助叙事或发人深省，完成传情达意的功效①。在纪录片的文稿创作中有以下几个主要原则。

1. 纪录片的文稿创作是解说词和同期声的完美结合

当画面无法满足纪录片思想情感的时候，或者说电视画面无法传达饱满的故事情节、人物形象的时候，解说词可以适时适量地出现，从而达到增强纪录片艺术感染力的效果。解说词是纪录片的一部分，解说词不能像其他文学作品形式那样独立存在，而要根据纪录片主题的需要，和画面、音乐、字幕、同期声、特技等手段相配合。

纪录片的文稿必须"为看而写"。一部纪录片作品，是不是更优秀，是不是更高级，更多取决于拍摄是不是更丰富，需要补充的解说词更少。

现在的纪录片越来越重视同期声的录入，纪录片导演怀斯曼曾说过，没有或很少有解说，也不轻易有剪辑技巧处理画面，而是依靠长镜头和同期录音来保持节目的纪实性②。

策略一：在前期做尽可能多的准备。在拍摄过程中，要注意保持声音的完整性。只要声音是完整的，那么故事情节就是完整的，在后期可以通过其他镜头对画面进行补充。此外，在拍摄过程中，尽量运用长镜头，这就需要摄像师反应快、硬件设备齐全。

策略二：解说词要客观，尽量简约凝练。纪录片无论在内容还是形式上都需要真实，所以在解说词行文时应尽量避免主观情绪和主观思想。具体说来，有以下几种操作方法。

第一，多用代词。纪录片画面具有较为丰富的信息量，当画面表达得

---

① 尹力平：《浅谈现实题材类纪录片叙事》，《记者摇篮》，2018 年第 10 期。
② 葛明：《电视纪录片解说词写作探析》，《现代视听》，2011 年第 10 期。

足够清楚时，我们往往不再使用语言进行描述。通常来说，"这""这里"等代词在解说词中经常被使用。

第二，多用同期声。很多纪录片中有大量的采访，其中专家学者提供专业数据、观点以及权威论断；事件亲历者提供事件事实、个体感受、群体情感；事件旁观者提供客观感受、情绪体验等。不同拍摄对象、不同采访内容的取舍使纪录片内容丰富而有层次。这样就减少了拍摄的主观性，提高了纪录片的客观性，大量减少了解说词的使用。

2. 纪录片的语言特点要和纪录片的特点相统一

解说词是"为听而写，为看而写"。解说词的文字魅力来自作者对生活深层的体验和感悟，应当是有内涵、能够传递信息的，而不仅是华丽的词句堆砌①。纪录片的解说词首先是让观众可以听懂、可以接受。一篇优秀的电视纪录片解说词，应该读起来朗朗上口，品起来很有味道，集语言的新鲜性、评说的深刻性和文字的可读性为一体。通篇解说词的语言美感和画面镜头的艺术美感要完美结合。

解说词的语言力量不在华丽而在朴实。因为纪录片是以画面为主的，文字要为画面服务。形容修饰的词句最好退避三舍，再美的修饰都抵不过行云流水的画面，抵不过真实生活的张力②。

3. 纪录片的解说词要对画面进行说明、补充甚至深化

大多数的纪录片需要解说词，有的纪录片没有配音形式的解说词，也会采取说明字幕的形式对画面内容进行解释、转换和补充。因为拍摄现场的不受控制，也恰恰是由于纪录片拍摄的真实性使得完全依靠画面的纪录片在表述上会遇到障碍，这时就需要解说词来传递必要的信息，完善整部作品的逻辑线索③。

---

① 袁翠云：《电视专题片解说词写作》，《新闻前哨》，2015 年第 8 期。
② 高宏飞：《电视纪录片解说词的创作策略》，《新闻传播》，2018 年第 6 期。
③ 孙志远：《谈电视专题片解说词的写作》，《中国传媒科技》，2012 年第 1 期。

（二）网络纪录片的剪辑流程

对于现实题材类纪录片创作而言，或许我们在前期调研中可以找到一个我们设想的完美故事，然而当拍摄开始后，一切始料未及的变化仍会将我们预想的故事拆解得体无完肤，或者将我们预想的故事变得索然无味。所以，现实题材类纪录片的故事架构往往是一个动态调整的过程，而最终的影片样貌要在前期拍摄结束之后才能具体确定。因此现实题材类纪录片结构影片往往是要在繁杂的素材里找到一种排列组合的最佳方式，以此找到叙事主线，进而建构影片、讲好故事。

找到故事其实就是建构故事，核心要旨是要解决戏剧冲突的问题。这些矛盾要素包括人与人、人与环境之间的矛盾。比如人物关系矛盾、事件冲突、心理矛盾、社会矛盾等。而纪录片创作者则需要甄别这些矛盾要素，以找到需要的故事，可以遵循以下一些方法。

1. 整理和研读素材

面对动辄几百、上千分钟时长的拍摄素材，最终浓缩到纪录片中的往往只是很少一部分，而那些将组成未来影片的内容需要我们一点点甄选出来。甄选的前提是我们要熟悉拍摄的每一个画面、每一段对白，对此没有捷径可循，只有老老实实看完所有素材。但这个"看"，貌似普通却至关重要。首先，要认真做好案头工作，完善场记。其次，对于单个镜头而言，要记录或修正具体拍摄内容；对于由一组镜头组成的事件要写出事件梗概并标出关键词。最后，在观看素材时还要记录下那些打动你的内容，因为随着后续观看次数增多，我们的观感神经会变得麻木，影响我们对素材选择的取舍。

2. 找出最优桥段和最优排列组合方式

最优桥段不一定是最好的桥段，也不一定是最精彩的桥段。结构主义认为，整体对于部分来说是具有逻辑上优先的重要性。因为任何事物都是一个复杂的统一整体，其中任何一个组成部分的性质都不可能孤立地被理解，而只能把它放在一个整体的关系网络中，即把它与其他部分联系起来才能被理解。因此，我们要寻找的最优桥段在自身精彩之外，往往更多要考虑这一桥段在整部影片中的作用，是否能恰如其分地反映影片主旨。这个寻找不是一件简单的事情，首先在我们熟知素材的前提下淘劣，去除拍摄指标不好或与主题无关的桥段，但这个去掉是在心里，是在素材列表里。因为在没有成片之前谁也无法断言这些素材注定派不上用场。其次是择优，选出从内容到拍摄都比较理想的桥段，而后把拍摄内容大致相同的桥段放在一起进行考量，最后找出最具有代表性的一个或几个事件放入片中作为浓墨重彩的主要桥段。

　　总体而言，为了能讲好故事，在后期制作阶段，我们不仅要认真推敲纪录片的结构，还要善于遣词造句，让整部纪录片从宏观到微观都经得起考验，从而将故事讲好。

【本章小结】

　　本章对网络纪录片的概念、特点、类型和发展历程做了大致回顾，并从纪录片应用的角度，对纪录片的制作流程做了介绍。

【本章学习与思考】

　　1. 按选题类型、表现手法、播出平台划分，纪录片可以分为哪些不同的类型？

　　2. 中国纪录片的发展经历了哪几个不同的阶段？在媒介融合时代，纪录片的发展趋势是什么？试举一例，并对该纪录片进行分析。

　　3. 什么是好的网络纪录片选题？一部好的网络纪录片选题需要满足什么特征？

　　4. 如何选择合适的网络纪录片主角，并说服其接受拍摄和采访？你需要事先做哪些准备？

第五章

短视频

新媒体营销已全面进入短视频和直播带货的时代，各大企业纷纷将短视频平台纳入产业布局，并产生了大量的岗位。随着行业竞争加剧，对短视频内容的要求愈加精益求精，从业人员迫切需要掌握短视频运营的各种知识和技能，专业学生对行业知识的系统学习显得越来越重要。本章内容涉及短视频的起源与发展、类型与特点，并从短视频内容创作者和运营者的角度，从账号定位、内容制作、视频输出、营销推广、吸粉引流和多渠道变现等多个方面切入，介绍短视频运营的实战方法和攻略技巧。

第一节　短视频的起源与发展

一、短视频的概念

短视频是视频内容呈现的一种形式，是指以移动智能终端为传播载体，依托于移动社交平台及社交链条，播放时长在数秒到数分钟之间的视频内容作品。相比传统长视频，短视频的信息密度更大、收视成本更低、传播速度更快，几十秒到几分钟的视频内容填补了用户的碎片化时间，满足了用户单位时间获取内容信息密度更高的诉求。目前，短视频已经成为移动传播时代媒体创新报道的重要手段和途径，成为当前信息传播的重要发展趋势[①]。

短视频有两个突出的特点。第一是时长短，短视频是相对于长视频而言的，是以秒或者分钟为计时单位的一类时长较短的视频。对于短视频的具体时长，目前尚无准确定论，大多数短视频创作者默认的短视频时长在5分钟以内。第二是传播快，网络技术和智能终端为短视频的制作与传播提供了便捷的平台，短视频社交正成为越来越多人的生活方式。

二、短视频的发展背景

短视频行业获得飞速发展，其发展变化与我国经济发展、技术进步、

---

① 汪文斌：《以短见长——国内短视频发展现状及趋势分析》，《电视研究》，2017年第5期。

社会环境变化和政策保障有着密切的关系。总的来说，短视频的发展主要受到四方面因素的影响。

（一）宏观经济发展以及惠民政策的普及

随着我国经济发展水平不断提高，人民的生活质量得到极大改善，各类智能终端设备普及率也相应提高。此外，我国大力推进互联网普及工作，随着"提速降费"政策的进一步落实，我国移动宽带和固定宽带的平均下载速率在五年内提高了六倍，而且固定网络和手机流量网络费用均大幅下降，降幅超过90％，为短视频行业发展提供了客观条件。一方面，智能设备以及互联网的普及使得越来越多的人有机会接触到短视频类应用；另一方面，"提速降费"不仅缩短了短视频的加载时间，同时也降低了用户观看短视频所需要花费的资费成本，为用户提供了快捷、低廉的短视频观看环境。

（二）技术发展为短视频运营提供土壤

1. 短视频的生产与传播变得更加快捷方便

UGC（User Generated Content），即用户生成内容，泛指以任何形式在网络上发表的、由用户创作的文字、图片、音频、视频等内容，是 Web 2.0 环境下一种新兴的网络信息资源创作与组织模式[①]。

智能手机应用的不断升级以及 4G 网络的普及，是 UGC 短视频制作兴起的技术前提。早年数字摄像机（DV）的流行并没有真正让视频 UGC 化，而是当手机完成拍摄、编辑、上传、发布这一整套流程时，UGC 的视频生产才真正得到普及。它的革命性意义在于，重新定义了视频传播的"语言规则"，短视频成为人们可以自由使用和表达的一种"社交语言"。早在 2013 年，短视频制作与分享便悄然兴起，美拍、微视、小偶等短视频

---

① 赵宇翔、范哲、朱庆华：《用户生成内容（UGC）的概念解析和研究进展》，《中国图书馆学报》，2012 年第 5 期。

制作 App 均在上线时引爆社交圈，成为新风尚。如今的主流智能手机终端都已经支持 1080P 的高清视频录制，手机端的剪辑特效 App 已经足够流行，视频制作门槛降低，生产方式"去专业化"，每个人都可以充分展示自身在搞笑、特技、吐槽等方面的想法，并借助强大的社交网络让自己走红，甚至成为一个独立"IP"[①]。

在视频生产上，部分短视频 App 在视频长度、面部识别、编辑特效等技术上不断迭代，以此来满足用户个性化、多元化、场景化的需求，呈现出"能指狂欢"的视频创作高潮。抖音 App 在拥有各类视频拍摄特效以及滤镜、美颜等功能的基础上，将人脸识别、肢体识别和 3D 渲染技术应用到全景贴纸、尬舞机、AR 贴纸、3D 染发等创意中，为用户提供了更精致的视频拍摄和视频体验，是传媒技术的创造性应用[②]。

2. 基于大数据的个性化推荐成为短视频平台运营的重要基础

不少短视频公司很早就开始搭建数据与人工智能团队，专注于技术升级和进化。与今日头条相似，快手建立了"机器学习技术"的核心算法，引入人工智能系统，实现了尼葛洛庞帝（Negroponte）的"我的日报"的人性化技术，提升了分发效率和用户体验。快手不对内容资源做任何人工运营，在"同城"页面，内容仅根据发布时间排序，只要用户活跃，便很容易被附近的人注意到并快速得到反馈；与此同时，每一次对视频作品双击点赞，都会增加作品在"发现"页面的曝光率，这极大地激发了用户的创作欲望。在"发现"页面，短视频的曝光率则完全依靠智能算法，通过多维度理解内容属性和个体特性，为每个用户提供定制化、个性化的专属快手平台。正是这样基于深度学习的算法，成就了快手对于用户的平等赋权，反哺于快手简单极致的产品打造，也正是这样简洁、个性、丰富的内容极大提升了用户体验，实现了用户的迅速增长和长久留存[③]。

① 张艳婷：《从 papi 酱走红看 UGC 短视频的现状以及发展趋势》，《新闻研究导刊》，2016 年第 5 期。

② 高宏存、马亚敏：《移动短视频生产的"众神狂欢"与秩序治理》，《深圳大学学报（人文社会科学版）》，2018 年第 11 期。

③ 杨乐怡：《重新崛起：短视频行业的 UGC 价值再现——以快手为例》，《传媒》，2017 年第 5 期。

（三）短视频迎合用户心理需求

1. 短视频为用户提供更丰富的表达机会和渠道

短视频市场的火山喷发，与新媒体的转型动力以及资本等力量的推动有关，也折射着用户本身需求的变化。微博、微信在经过数年发展后，增长在自然放缓，一些用户也产生了使用倦怠，开始寻找新的社交平台。对于部分不擅长文字表达的用户来说，微博等社交媒体或许不能完全满足自我表达的需求，而短视频、视频直播等平台，让普通人有了更多刷存在感的机会。抖音、快手等短视频应用带来的移动互联网市场的下沉，也意味着不同群体、阶层的用户，都有可能找到属于自己的表达方式与空间，尽管这也会带来很多问题[①]。

2. 短视频展现用户的个性化心理

法国学者埃德加·莫兰（Edgar Morin）在《时代精神》中这样写道："文化和个人生活从未如此地进入商业和工业的流程，世界的梦呓从未如此同时被工业地生产和商业地销售。"移动互联网时代，短视频平台因其天然的"草根性"特点，打破了传统媒体对参与主体的苛刻限制，为普通人提供了自由表达内心想法、进行自我展示的权利空间。每一位视频发布者都可以自由发出自己的声音，自主分享资讯，同时又能够在用户与创作者之间自由进行身份切换，对他人分享内容表达看法、即时互动，因而创造出了生机勃勃的"草根文化"新景观，成为当前中国特色社会主义文化充满活力的组成部分。

以抖音为例，不同于过去在线视频哗众取宠、同质化严重的戏谑搞笑，抖音平台中更多的是对现实的记录或是颇具创意性的表达。一段舞蹈、一道美食、一处风景、一个孩童都可以成为被记录的对象，一个有趣的梗或是一个好的创意更是能够得到大量点赞，获得超高认同感，这无疑为公众提供了尽情释放才华、进行情绪宣泄的绝佳渠道。例如，抖音用户

---

① 彭兰：《短视频：视频生产力的"转基因"与再培育》，《新闻界》，2019 年第 1 期。

@欧××在平台上晒出了自己写的钢笔字，得到了"抖友"92万次的点赞，1.7万条评论；一位医学专业学生晒出自己密密麻麻的医学笔记，更是得到了479.6万次的海量点赞，引发了12.2万条评论[①]。

3. 短视频激发用户的社交欲望

由于抖音用户群相对高学历化、年轻化，且一、二线城市用户群占比高等原因，抖音评论区中常常出现各种脑洞大开、自带笑点的评论。这些评论经常在令人捧腹的同时引起强烈共鸣，这便带来了视频分享后的社交二次延伸。评论是对视频内容信息再加工的过程，是对视频内容生产的主动参与。评论不仅仅是发表见解，更是话题交流的重要形式。从企鹅调研平台发布的一项数据来看，51.5％的抖音用户热衷于看评论。抖音也顺势将热门评论置顶，确保用户点进评论区后即可看到最热门的优质评论，这样的举措无疑更加激发了用户跟帖评论和在线交流的意愿。这就使得"刷评论"成为抖音重要的结构性内容，拓展了抖音平台的社交功能，同时也进一步增强了用户黏性与活跃度，将互联网的"口碑再传效应"发挥到了极致[②]。

(四) 短视频行业发展趋于规范

短视频作为一种新兴的互联网内容形式，在短短数年内获得了非常迅猛的发展。大量视频信息的涌入，也给短视频平台的审核带来了一定的压力。在短视频发展初期，短视频的管理法规发展尚不完善，因此在短视频快速发展的背后，暴露出许多问题，例如各类侵犯版权行为的发生、低俗内容的泛滥等。这些行为不仅影响了短视频行业内部的正常发展秩序，也给社会造成了不良影响。

技术赋权使用户成为积极的内容制造者和传播者，同时，生产者、传

---

① 高宏存、马亚敏：《移动短视频生产的"众神狂欢"与秩序治理》，《深圳大学学报（人文社会科学版）》，2018年第11期。

② 高宏存、马亚敏：《移动短视频生产的"众神狂欢"与秩序治理》，《深圳大学学报（人文社会科学版）》，2018年第11期。

播者与接受者三者身份互相嵌套，并高频互动。基于这样的关系特征，用户的数据或信息的生产、复制、传播等行为高频发生，其结果是海量数据的生成；同时，由于非专业人员或非权威组织是信息生产和传播主体，所以信息生产和传播随意性大，质量无法保证、垃圾信息大量生成是必然结果①。

互联网文化治理是保障互联网文化健康快速有序发展的重要基石。面对各种类型与各种形式的文化内容以及各类层出不穷的文化乱象，加强互联网文化的秩序治理，才能更好地持续推动互联网文化新业态的良性发展。

三、短视频的起源与发展

短视频的流行源于民间，从一开始，它就拥有与传统视频内容不同的文化底色与文化基因。短视频的创新与扩散，也推动着视频文化的"转基因"。短视频作为一种社交工具，它的诞生与发展大致包含萌芽期、探索期、爆发期和成熟期等四个阶段。

（一）萌芽期：以自我表达为主要诉求的民间文化阶段（2013 年之前）

2013 年以前的短视频时期通常被称为短视频的萌芽期，这一时期属于视频门户网站的发展时期。在该时期中，宽带互联网的发展培养出用户在网络上观看视频的习惯。

2005 年 4 月 23 日，一个叫贾德·卡林姆（Jawed Karim）的美国少年站在圣地亚哥动物园的大象围栏前，对着镜头录了一段自己说话的视频。这段视频虽然只有 18 秒，但成为世界上第一条短视频。2005 年 2 月 14 日，卡林姆与同是贝宝公司（PayPal）的前员工陈士骏（Steven Chen）、查德·赫利（Chad Hurley）一起创立了 YouTube。2006 年 7 月，每天有 6.7 万个视频上传到 YouTube，每天视频点击量破亿。2006 年，卡林姆和

---

① 熊茵、韩志严：《UGC 语境下知识传播的困境与出路》，《现代传播》，2014 年第 9 期。

他的团队以 16.5 亿美元的价格将该平台卖给了谷歌。

2004 年成立的乐视网是中国第一家专业视频网站。2005 年，土豆网正式成立，开始鼓励用户上传、分享视频，由此开启了视频 UGC 生产模式。同年，一部名为《一个馒头引发的血案》的视频在中国互联网爆红，下载量甚至一度击败了同年上映的电影《无极》。在这则批判和"戏仿"的视频中，作者胡戈用诙谐的方式表达对社会事件的观点。在短短 10 天内，《一个馒头引发的血案》就将百度相关页面搜索由 1660 条提升到 97.8 万条。此后，随着优酷、土豆、搜狐视频等平台的力推，一系列知名导演、演员以及大量草根拍客也加入微电影大军，无数网友也拿起 DV、手机开始拍摄、制作短视频。

2009 年，3G 技术进入商业应用时代，提高了网络速度以及传输信息的质量，移动互联网的使用场景以及用户的行为习惯都有了很大的待开发空间。2012 年，快手由原来的 GIF 动图制作、分享工具开始转型为短视频社区，但仍然没有完全转变其"工具化"的印象。此时的短视频应用还停留在帮助用户拍摄、制作短视频的工具型软件阶段。

无论是使用以前的摄像设备，还是今天的手机，网民参与视频生产的原始动力，是将短视频作为个人生活记录、自我表达的一种新手段。对于普通用户来说，短视频萌芽期的主要作用和影响表现在思想领域和工具领域中，这一阶段也为日后短视频的发展奠定了基础。

（二）探索期：短视频社交的普及阶段（2013—2015 年）

2013 年，通信技术的发展为短视频的分发提供了强大的技术支持，4G 网络的商用也为短视频的客观推广提供了便利。短视频社交与移动性元素开始凸显，短视频行业逐渐探索出一条适应移动互联网传播的社交属性强的发展方式。

在国外，2013 年，照片墙（Instagram）推出短视频功能，上线首日的短视频上传量就达到了 500 万条。2014 年 7 月，一场名为"冰桶挑战赛"的慈善活动在美国兴起。参与者将一桶冰水淋在自己头上，然后就可点名 3 个人接受挑战，被邀请者如果 24 小时内不应战，就需要向 ALS（肌萎缩侧索硬化症，又称渐冻人症）协会至少捐款 100 美元。

在国内，一批短视频 App 开始涌现并且与社交平台相结合。2013 年 8 月，炫一下（北京）科技有限公司旗下的秒拍短视频软件被内嵌至微博，从此，上传至微博的视频都将通过秒拍这一平台进行播放，依托微博的流量，秒拍吸引了大量用户。2014 年 5 月，厦门美图之家科技有限公司推出美拍 App，用户可以通过各种 MV 特效对视频进行美化包装，并通过微博、微信分享给好友。该功能抓住了人皆爱美的心理，受到了用户的喜爱，上线 9 个月，用户数量达到 1 亿人。腾讯推出了短视频产品微视，利用自身旗下的 QQ、微信等社交软件，进行短视频的分发。快手摆脱了工具型应用的形象，成功转型为短视频社区，以宣扬"草根"文化为口号，吸引众多普通人展示自己的生活或者观看他人的普通或新奇的生活。2015 年 5 月，炫一下（北京）科技有限公司推出配音模仿秀应用"小咖秀"，并邀请明星对口型配音，利用明星的粉丝效应和影响力进行宣传。

（三）爆发期：个人网红的崛起阶段（2016—2018 年）

短视频经历了 2014 年的井喷期和 2015 年的调整期，到 2016 年，短视频行业重新崛起，UGC 的价值快速提升。新的内容形态、组织方式、商业模式不断涌现，迎来短视频真正的爆发期。

在这一时期，短视频行业的平台主体以及内容创作主体都快速增长，视频拍摄软件 VUE、抖音短视频、西瓜视频等纷纷在这一时期上线。2016 年 1 月初，papi 酱在各大网站及社交平台上迅速蹿红，其自导自演自制的吐槽社会热点式短视频，一经发布，便收获大量人气，微信公众号平均阅读量 10 万＋，各视频网站点击量均破百万。截至 2016 年 4 月底，papi 酱的微博粉丝已达 1285 万，根据新榜数据，其微信公众号预估活跃粉丝量达 1600 多万。个人用户的走红，让人们见识到短视频平台对于个人成名的助力，同时平台为了吸引用户流量，投入大量资金补贴短视频创作者，激励优质内容创作，激发了用户的创作热情，网络红人的诞生标志着内容创业时代的到来。

短视频的内容创作主体也在往更加多元化的方向发展，如快手的用户大多处于三、四线城市和农村地区。快手将自身定位为"为普通人记录和分享生活的点点滴滴，喜怒哀乐"。相对于其他平台，快手专注于 UGC，用户群也更接地气。据易观 2016 年第一季度数据统计结果显示，快手用户中，非一线城市用户占比约 95%，大专及以下学历用户占比约 87.6%[①]。

2016—2018 年，这一时期的短视频发展处于非常火爆的状态，市场上短视频 App 不断涌现，短视频创作者数量大大增加，网络红人频出，资本大量涌入，短视频应用的用户量不断攀升，用户短视频观看习惯得到巩固加强。

(四) 成熟期：短视频的商业运作阶段 (2018 年至今)

经过在民间的自然生长，一些短视频自媒体逐步脱颖而出。短视频行业从 2018 年以后逐渐冷静下来，这一时期的短视频市场格局稳定、商业变现模式趋于成熟、内容细分化趋势明显。在短视频的成熟期，首先表现为短视频行业的头部效应明显。头部就是具有高价值并且有优势的领域，而头部效应是指领域中的个人或企业通过观察和判断，抢占高价值、有优势的头部。一旦在个人或企业所在领域产生头部效应，领域就会开始产生正向反馈，即便是微小的优势，也会为个人或企业带来更大的名气。名气给个人或企业带来更多机会、收益，又推动个人或企业投入更多资源，继续扩大优势，最后的结果是个人或企业在经济收益或品牌效益等方面获得非常高的增长率。

一些头部的短视频自媒体不仅收获了流量和影响力，也开始部分走向商业化。MCN（Multi-Channel Network，多频道网络）的出现，进一步推动了短视频自媒体的商业化。短视频平台的活跃，使媒体、政府机构、企业及其他组织开始将短视频作为一种新的公共性传播手段。当民间的短

---

① 《中国短视频市场专题研究报告（2016）》，易观智库，2016。

视频创作热情逐渐降温时，媒体、政府机构和企业等成为短视频传播的主力①。

短视频从最初草根自发、内容粗糙的 UGC 阶段逐步走向 PGC (Professionally Generated Content，专业生产内容) 阶段专业化、规模化发展，短视频机构纷纷制定更为清晰的发展战略，形成各自不同的发展方向和重点。短视频行业由野蛮生长阶段逐步过渡到健康合规的新发展阶段，迎来整合加速期。抖音、快手 App 成为短视频领域的两大领头应用，形成了双寡头格局，行业头部效应明显。

在短视频的成熟期，短视频平台也在一直积极探索商业变现模式，目前来讲，短视频盈利模式主要集中在广告变现、内容付费、电商导流和平台分成 4 个方面。在短视频成熟期，网络红人的管理趋向规范化、整体化，MCN 的出现保障了"网红"账号的运作。随着各种短视频内容的不断生产，短视频内容垂直化倾向愈发明显。目前，许多短视频平台都对短视频内容进行了垂直领域的划分，在每一类内容中，都存在专门深耕于该领域的优质短视频账号。

第二节　短视频的类型与特点

一、短视频的类型

按短视频的内容领域进行划分，短视频的类型可以分为泛知识类、泛娱乐类和泛生活类三大类别。

（一）泛知识类短视频

通过泛知识类短视频，用户可以了解信息、学习知识，使得教育边界在短视频领域得到了扩展。内容涉及文化、教育、育儿、艺术、职场、科

---

① 彭兰:《短视频:视频生产力的"转基因"与再培育》,《新闻界》,2019 年第 1 期。

技、财经和法律等类目的短视频，都可以归属到泛知识类短视频的范畴。

（二）泛娱乐类短视频

泛娱乐类短视频指基于互联网与移动互联网的多领域共生，依托粉丝经济打造的优质 IP，短视频内容可以是一个故事、一个角色或者其他任何大量用户喜爱的事物。泛娱乐类短视频涵盖的范围很广，音乐、舞蹈、搞笑、体育、影视、二次元等大众喜闻乐见的类别都可以算作泛娱乐类短视频。

（三）泛生活类短视频

泛生活类短视频贴近用户生活，从美食、旅游、时尚、美妆、健康、宠物、家居、情感、汽车和新闻等细分类目，全面助力用户感受美好生活。

按照短视频的内容生产方式进行划分，短视频还可以分为普通用户独立创作的内容（UGC）、专业用户制作的内容（PUGC）和专业机构生产的内容（PGC）。

二、短视频的制作与传播特点

在网络传播条件下，往往一个新应用还没有被严格定义，便已在社会流行。短视频主要在移动终端上播放，通过移动短视频平台进行传播，在内容、生产、分发和运作方面呈现出以下一些传播特点。

（一）内容更直观

人类自然的交流是综合信息接收和发送的过程，而内容的直观性使短视频更容易跨文化传播，听不懂语言，只看画面也能理解视频要表达的主要内容。短视频的内容即标题，在有限的时间内围绕中心进行内容表达，形成意义的凝缩。因此，短视频即便没有翻译配音，甚至没有配上翻译的字幕，仍能被世界不同地域不同文化人群所理解。

（二）生产更便捷

短视频时代，内容生产的主力是专业机构、专业用户和普通用户。短视频平台不仅仅为用户生产的内容提供储存空间和传播渠道，还提供了视频制作与处理工具，大大降低了用户参与视频内容生产的门槛，吸引更多的人加入短视频创作，保证了短视频内容的多元与丰富。专业机构制作内容与普通用户制作内容放在同一平台上进行传播，某种程度上为个人赋能，促进了短视频内容生产与传播的良性循环。

（三）分发更智能

在技术上，短视频凸显了人工智能和大数据的重要性。在短视频生产方面，2018 年全国两会期间，新华社的"媒体大脑"利用人工智能技术在十几秒内自动生成反映舆情热点的短视频产品，大大提高了生产效率和传播效果。如今，语音识别、语音合成、机器翻译等技术已应用于短视频制作，已有产品可实时将视频中的语音转换成文字，并翻译成多种语言的字幕。

在短视频传播方面，主要体现为场景化和碎片化两个特点。短视频平台普遍采用了智能推荐和用户选择关注账号两种方式，在移动客户端为用户推送特定内容，每个用户所看到的都是个性化、垂直化的内容，形成"千人千面"的内容呈现结果。因此，短视频在内容和形态上必须切中用户个人兴趣，才有可能形成良好的传播效果。如依托用户大数据的积累和机器算法，能快速帮用户找到他们感兴趣的短视频内容，也能帮视频上传者准确找到喜欢他们内容的用户。今日头条依托智能算法建立了向用户个性化推荐短视频内容的分发机制，短视频有效播放率达到 85％。快手用户数量短时间的快速增长也得益于引入智能算法进行精准推送。短视频的标题、画面、文案、点赞、评论、转发情况，以及用户搜索历史的习惯都会被用作算法的内容，在用户和内容之间形成智能推荐和精准匹配。

（四）运作更复杂

虽然短视频的生产和传播更加快捷，但是整体上的经营运作却变得越发复杂。表面上，内容生产者都是自发、松散的存在，但在宣传和利益等需求推动下，形成了复杂的运作方式，体现了"羊毛出在猪身上"的互联网商业模式，产生了诸如 MCN 等机制，将松散的短视频生产与分发整合起来。对于短视频的内容生产者来说，MCN 是一种代理机构或经纪机构。通过 MCN，某一方向的短视频生产者可以集结起来，形成集群效应，从而更容易获得平台或资本的支持，也就有了持续内容生产和营利模式的基础。MCN 扩张了短视频生产者的影响力，也促进了短视频生产的制度化、持续化。

三、短视频行业的乱象与治理

短视频存在内容生产制作门槛低、碎片化属性强、社交属性强的特征。诞生于青年亚文化圈的创意短视频社交软件，其公共性、表演性和社交性使其带有先天的传播属性，极易引发情感认同，具有强大的互动"基因"。一个视频一旦发布，就进入公众领域，开启了传播链条，可以被所有用户播放、点赞、转发、评论。用户产生的每一个行为都会被网络所记录，任何一个细节都有可能被无限放大。因此，每一条视频都是公共场域的信息，必须符合相关政策法规和伦理道德，否则就可能引发争议。

依靠巨大的流量红利，短视频平台迅速成为商家们角逐的新战场，但与此同时，短视频行业滋生了各种各样的问题，并严重影响了短视频行业的正常发展。

（一）短视频行业存在的社会乱象和问题

1. 雷同化问题严重

雷同化问题不仅表现为内容的同质化，还表现为平台设置的雷同。一方面，一条短视频走红后，总会有许多跟风者进行跟拍或者进行类似的创作，期望通过"蹭热度"的方式来获取流量。这种快餐式的内容生产方式只注重获取流量的速度，导致视频内容的创新性不足。另一方面，市场上短视频平台的设置也大多相似，用户无论下载哪款 App，其使用体验与观看到的内容都十分相似。总之，从短视频行业整体来看，雷同化给用户的审美疲劳不利于短视频行业的总体发展。

2. 垄断化现象突出

短视频平台需要 KOL（Key Opinion Leader，关键意见领袖）的粉丝基础来导入并且巩固流量，因此，很多平台在发展初期都通过协议合作的方式邀请 KOL 入驻，并对 KOL 生产的内容进行大力推荐。在平台推荐的加持下，KOL 的视频内容获得了更多的关注，从而获得了更多流量，形成良性循环。在平台的扶持与 MCN 机构内部的合作下，这些网络红人账号维持流量的成本低，因此在内容生产方面会产生懈怠心理，将更多的注意力转向商业盈利，从而导致优质内容减少。与此同时，普通用户难以获得曝光的机会，受到的关注点较低，展现自我、分享生活的心理需求难以得到满足，创作热情受到打击，导致用户的使用体验感较差。

3. 准入门槛低导致低俗内容屡禁不止

短视频平台内置的道具与拍摄引导方便了普通用户的短视频拍摄与制作，从而导致一些低俗内容不断被生产出来并发布到平台上，主要表现在以下两个方面。

（1）从平台的推荐机制来看，点赞数、观看数、粉丝数等数据是获取流量的重要指标，流量高的账号更有可能会被平台推荐上榜，获得商业合作的机会。许多不具备专业知识技能的内容创作者，便利用人们的好奇心理，制作并上传许多"擦边球"视频以获取更多流量。

（2）短视频的审核难度要高于文字审核，文字审核可以设置关键词屏蔽制度，但短视频的画面内容难以抓取和界定。面对海量的视频信息，人工审核的力量略显薄弱，平台在内容把关方面难以做到准而全。

4. 不良社会风气影响

由于短视频的内容素材大多来自日常生活，发布主体的身份具备平民化特征。因此，短视频所塑造出的"拟态环境"与用户日常生活的距离很小，沉浸在这样的环境中，用户容易模糊虚拟与现实的边界，并倾向于将短视频所构造的世界当作真实的日常生活。在这样的状态下，用户容易受到短视频内容潜移默化的浸染和引导，尤其是不良取向的短视频内容，很容易给用户的价值观与道德观带来一些不良影响。

5. 侵权行为时有发生

近年来，短视频行业呈现繁荣趋势，并由此涌现了一批现象级的产品，但在此情况下，也伴生了大量版权诉讼问题。例如，短视频平台向用户提供的背景音乐，涉及音乐版权问题；通过算法抓取其他平台上的版权作品，放在自己的平台上播放，造成对其他平台以及创作者的侵权；还有一些聚合类平台未经许可，将他人视频拆分成若干片段，提供给平台用户。这些做法严重侵犯了内容原创者的合法权益，既打击了原创者的创作积极性，也干扰了行业内部的经营发展秩序。

（二）短视频行业的治理

为了更好地引导短视频行业有序发展，相关部门出台监管措施、整顿行业秩序势在必行。

1. 政府出台法规进行规范

随着短视频行业逐渐形成规模，政府监督力度也在不断加大。由于短视频行业上传内容多为个人用户所生产，其个体化、碎片化的特点决定了平台难以在内容上对其进行监管。因此，政府的监管主要是从强化对平台的监管来实现的。除了出台相关规范，政府部门还通过对相关短视频平台实施行政处罚、约谈整改，甚至强制下架等措施，加强对短视频行业的监管。在大力度的监管措施下，短视频内容得到约束，行业规范得到整顿，行业可持续发展的动力增强。

2. 行业内部加强自律

除了政府部门的监管，短视频行业内部也在通过加强行业自律来保证行业的健康发展。中国网络视听节目服务协会成立于 2011 年 8 月 19 日，是我国目前互联网领域规模最大的行业协会之一。2019 年 1 月，中国网络视听节目服务协会发布了《网络短视频平台管理规范》和《网络短视频内容审核标准细则》，要求短视频平台加强监管审核，提供健康优质的内容，并提出了 100 个具体的操作审核标准。

3. 平台内部加强审核

在当前监管环境下，各短视频平台内部也在发力，加强内部审核与管理。除此之外，短视频平台也纷纷上线青少年防沉迷系统，对青少年群体的浏览时长和浏览内容等进行限制和筛选。

随着上述监管措施的落实，短视频行业目前已经在向规范化方向发展。当今社会，短视频已经成为一项用户群体庞大、具有很大影响力的休闲娱乐活动，并且在其他领域逐渐得到重视并发挥作用。

第三节 短视频的内容策划

国家广播电视总局 2023 年广播电视创新创优节目参评要求是：突出时代主题、坚持价值引领、坚持创新融合。短视频需要在理念、内容、形式、手法上积极创新，才能生动阐发中华民族独特的思想内涵、人文精神、道德观念，传播中华美学风范①。短视频的内容策划主要包括账号策划、选题策划、短视频的拍摄与制作等几个方面。

一、短视频的账号策划

（一）账号定位

内容创作者在进入短视频平台时，首先要做的事情就是给自己的账号进行定位。账号定位就是选择要做的内容、方向以及变现方式等。这是内容创作者进入短视频领域要走的第一步，也是至关重要的一步。如果一个

---

① ［美］大卫·伊斯利、［美］乔恩·克莱因伯格：《网络、群体与市场——揭示高度互联网世界的行为原理与效应机制》，李晓明、王卫红、杨韫利译，清华大学出版社，2017，第 1 页。

账号的定位不清晰、标签不明确、内容不垂直，那么即使吸引到粉丝，其粉丝群体也会很复杂，粉丝特征和喜好会变得模糊，该内容创作者将难以根据粉丝画像继续制造爆款内容并实现商业变现。因此，账号定位是为了更高效、精准地吸引粉丝，也是为内容的后续迭代提供方向性的指导。一般来说，短视频内容创作者的目的分为以下几种。

1. 品牌或政务宣传

品牌宣传特指企业在短视频平台上进行的品牌宣传，可以理解为企业或品牌借助短视频平台实施企业的营销策略，以实现企业的营销目的。

政务宣传则是因为短视频平台具备创作门槛较低，便于记录事件；传播优势突出，社交属性明显；用户群体庞大，增长势头明显等特点，吸引了许多政务媒体的入驻。

2. 创造网红的个人 IP

除了进行品牌和政务宣传，个人 IP 的塑造也是短视频账号的常见目标。通过对个人 IP 的塑造，将其打造成某领域的 KOL，不断挖掘其价值和优势，吸引粉丝。塑造个人 IP 的账号目标定位方式适用于短视频平台的大部分用户。在平台不断发展的过程中，诞生了许多深入人心且非常具有商业价值的优质个人 IP。

3. 产品变现

在不断从内容消费到物质消费转化的探索过程中，短视频内容行业展现出超强的生命力，于是以电商变现为目的导向的短视频内容创作账号应运而生。这些账号的特点表现为：内容创作都是从产品出发的，根据产品特性，结合账号特点，对粉丝进行产品价值输出，视频内容以带货为主，以达到产品变现的目的。

综上所述，对短视频账号的目的进行定位，也是对目标群体进行选择，不同的目的对应不同的粉丝群体，不同的粉丝群体也对应不同的偏好内容。创作者只有从目标粉丝群体的角度出发，才能确定账号人设、内容领域等维度的内容。

（二）人设定位

人设就是人物设定的意思，通常被用于人物形象设定的相关内容，包括设计登场角色的人物造型，身材比例、服装样式、不同眼神及表情，而且还要展示出角色的外貌特征、性格特点等。在短视频领域中，所有视频几乎都有一个统一的、标志性的特点，这样用户才能对该账号形成一个稳定的印象。在进行短视频内容规划时，内容创作者需要在确定的人设方向下进行尽可能全面的学习与有效借鉴，打造差异化。可以说，人设的打造是短视频策划中的核心部分。在短视频领域中，人设代表着一个账号的身份、性格、内容、态度和特点，特别是对于短视频账号来说，人设的核心是能够代表达人的标签。

短视频账号的人设类型有很多，如何结合团队的优势，打造一个让人印象深刻的账号？定位人设的三大前提是分析优劣势、分析个人特色和分析个人兴趣方向。

1. 分析优劣势

定位人设首先要找到自己的优势，并且了解自己的劣势，然后再做好分析总结。分析优势可以从个人才艺、表达能力或表达方式是否有与众不同的地方等多个维度进行全面的分析。在日常生活中，每个人都有自己独特的喜好和生活习惯等。在短视频平台，每一个内容创作者都需要有属于自己的独特标签，并且在内容表现中不断反复强调，强化其在粉丝心中的记忆点。在明确了账号的最有价值的内容和目标用户群体之后，就可以确定账号的人设定位和内容方向，即将要创作的短视频内容规划到某一个确定的领域范围内，在这个领域中生产专业的内容来精准吸引用户。

2. 分析个人特色

如果短视频账号的内容创作者对很多事物的看法都与别人有着不太相同的角度，那么其内容表达就一定与其他账号有差异，这也会成为该账号的个人特色。在一个垂直领域内，短视频账号会有很多个不同的细分方向，每一个细分方向都可以理解成一个赛道。如教育领域包括：学科教学、家庭教育等；美食领域包括：美食教程、试吃类、探店类等；旅游领域包括：航拍类、旅游 vlog 类、解说类等。在对短视频账号进行定位时，内容创作者要考虑自己的人设在哪个细分领域深耕下去效果会更好，才能激发自己的潜能，展现自己独特的价值。

3. 分析个人兴趣方向

短视频账号通常需要长期更新内容来维持用户流量，要让账号一直坚持下去，最重要的是需要内容创作者做自己擅长且感兴趣的事情。因此，在进行人设定位前，内容创作者需要明确自己的兴趣方向。前两点的分析决定了短视频账号定位是否独特，第三点的分析则决定了账号运营是否能够长期坚持下去。

完成以上三个分析，短视频账号在定位人物风格、内容、方向和性格等因素时，便可以由此确定一个具有独特性的、明确的人设形象，并依照这个鲜明的形象设计短视频选题文案和拍摄脚本。

二、短视频的选题策划

在短视频的制作过程中，如何制作能够吸引用户的内容是非常核心的问题。在每一期短视频进入到正式拍摄制作之前，进行前期的选题策划至关重要。

（一）什么是好的选题策划

短视频的选题策划需要有强烈的互联网思维和用户思维，紧密围绕用户的需求，关心用户。在策划选题阶段，策划人先试问一下：我自己愿不愿意看这种题材的短视频？一些好的短视频选题往往能回应受众的兴趣需求、情感需求和知识需求，引发受众的共鸣，如民生类、娱乐类、悬疑类短视频等。

一般来说，一个好的短视频选题通常需要满足这些要求：首先，选题的理解门槛要低。短视频的受众群体是任何使用智能手机等设备进入互联网的人群，因此受众的范围广、差异化较大。需要使用精炼的视听语言，表达清晰的主题，在很短的时间内交代人物、讲述故事。其次，选题要贴合大众生活。最后，选题要有一定的现实意义，尤其是民生相关的题材容易引发人们的关注，成为话题和社会热点，如安全、医疗、教育、住房、财经等话题。如线上生长起来的喜剧导演"叫兽易小星"作为一个制造喜剧的娱乐大咖，能够精准地把控城市文化发展过程中的笑点。多年前，他独具特色的脱口秀视频就曾一度风靡，随后其执导的网络剧《万万没想到》以富于变化的作品题材和独具一格的创作风格吸引了众多网民，顺势推出的同名奇幻喜剧电影也在粉丝的助推下未映先火①。

（二）短视频的选题来源

通常情况下，短视频内容创作的选题来源有直接性来源和间接性来源两种。直接性来源是一种为了解决社会实践的迫切需要而产生的选题内容；间接性来源则是从查阅的各种文献和电子资料中了解短视频内容的最新排行、相关发展的趋势和前沿，并从中挖掘选题。具体说来，短视频的选题来源主要有以下几种。

1. 分析账号历史发文数据

这是一种比较直观的查找选题源头的方式，主要查看自己短视频账号过往的视频播放数据，从中统计出相关的全部历史内容数据，如播放量、分享量、收藏量、点赞量、打开率、推送时间等，提炼出用户的一些特征和爱好，以此来确定短视频的选题。

2. 挖掘目标用户需求

历史播放数据体现的是账号之前已经制作过的视频内容的选题方向，对于没有制作过的视频内容，内容创作者则可以通过征求粉丝意见和建议的方法进行分析，粉丝则会提供选题的更多方向。短视频账号征求粉丝意见和建议的方法通常有：在后台让粉丝投票选择感兴趣的选题类型；发起征集活动，让粉丝留言；通过在线问卷平台进行粉丝调查；在粉丝群里了解粉丝喜欢的选题等。

①　刘庆振、钟书平：《城市网红文化与影视产业的融合发展研究》，《电影评介》，2017 年第 7 期。

3. 查找分析相关账号内容

在进行短视频账号的选题策划时，内容创作者可以选择分析相同类型账号的竞争对手，将其选题作为参考，利用这种方式归纳短视频选题。

（1）查找爆款账号和内容。内容创作者需要找到账号调性、目标用户尽量与自己的账号类型相符的公众账号，包括内容相关的短视频账号、软文账号、营销账号以及各种内容输出的账号。这样才能保证内容的可借鉴性和目标用户的精准性。借鉴要注意适度，避免抄袭。

（2）分析内容。在找到同行或竞争对手的账号后，内容创作者可通过对方的内容，观察并总结出其成为爆款的原因，以此作为自己账号的选题参考。分析的内容主要包括：研究该爆款内容是怎么制作出来的；该选题的哪个点打动了用户；该标题、内容是如何突出选题的；该选题具有哪些参考性；同样的选题，为什么对手的内容能成为爆款？

4. 观察生活

自然真实是短视频选题的关键，艺术来源于生活，好的选题同样来源于生活。生活中的衣食住行、喜怒哀乐可以引发受众的情感共鸣，生活中有趣、好玩的知识、技能和观点往往可以成为吸引用户的优质内容。

5. 借势热点

热点主要包括热点事件和热点人物两个方面。需要注意的是，借势热点是为选题服务的，选题一定要和热点有关联，而且热点内容还需要与自己的账号定位或属性一致，否则会得不偿失，引起用户的反感。

三、短视频的内容策划

每个成功的短视频账号在获得大量关注和喜爱之前都会经历一段摸索和试错时期，只有在收获了足够的经验之后，内容创作者才能在碰撞中产生真正专业且优质的内容。优质短视频内容往往有着"好看""有用"的特点。简单说来，就是短视频内容对用户要有吸引力，或者能满足用户的好奇、娱乐等心理需求。短视频的内容策划大致包括脚本创作和内容场景设置两个方面。

从内容真实性和创作手法上来说，短视频可以分为虚构类短视频和非虚构类短视频两大类。对于非虚构类短视频来说，需要在拍摄前完成作品阐述，而虚构类短视频则需要完成故事梗概。虚构类短视频的创作流程一般为：故事大纲——文学剧本——分镜头脚本——拍摄制作。

（一）脚本创作

脚本就是短视频的提纲和框架，如果没有脚本作为短视频拍摄和剪辑的依据，整个短视频制作和上线的工作进度就会被拖慢。所有参与视频制作的工作人员，包括摄影师、演员、服化道后勤人员和剪辑人员等涉及的各项工作，其具体工作流程都应该根据脚本制定并执行。

1. 脚本的定义与类型

脚本通常出现在影视、戏剧领域中，是表演戏剧、拍摄电影等所依据的底本或书稿的底本，其功能是作为故事的发展大纲，用以确定故事的发展方向。在短视频领域中，脚本在短视频内容创作中也起到了完全相同的作用。

脚本分为不同的类型，一般分为拍摄提纲（多用于纪录性节目）、分镜头脚本和文学脚本（多用于电视剧）三种类型。在短视频创作中，比较常见且实用的是分镜头脚本。分镜头脚本指的是在文字脚本的基础上，导演按照自己的总体构思，通过文字或绘图的形式将抽象的文字描写转译为视听形象。在分镜头脚本中，故事情节内容是以镜头为基本单位，通过不同的景别、角度、声画形式、镜头关系等，结合对比、呼应、积累、暗示、并列和冲突等技巧和手段，建构屏幕上的总体形象。分镜头剧本相当于是未来影片视觉形象的文字工作本。由于后期的拍摄和制作，基本以分镜头剧本为直接依据，所以也称为导演剧本或工作台本。

分镜头脚本一般需要包括的内容有：黑白或彩色的画稿；关于画面的文字描述，如景别、角度、画面内容、摄像机运动等；关于声音的文字描述，如演员的台词、后期旁白、音乐、音效等。

2. 脚本的作用

脚本除了会对整个短视频的内容制作产生指导作用，主要有着提高整体工作效率、明确拍摄主题和减少沟通成本三个方面的作用。

（1）提高整体工作效率。一个好的脚本是高效创作一条优质短视频的必要前提，能够从整体上提高制作短视频内容的工作效率。首先，一个完整详细的脚本能够明确拍摄角度、景别和时长等，让摄像机在拍摄过程中更有目的性和计划性，避免浪费时间拍摄很多用不到的镜头。其次，按需准备拍摄道具，就能够避免重新拍摄中途因缺少道具导致没有办法拍摄某些镜头的情况，以免影响拍摄进度。最后，后期剪辑时可以根据脚本进行明确的操作，避免从大量冗余的素材中东拼西凑。

（2）明确拍摄主题。在拍摄短视频之前，能够通过脚本明确拍摄的主题是很重要的事情。如果没有脚本作为依据，那么很有可能会出现在拍摄过程中偏离主题，或者不能完全围绕核心主题进行拍摄的情况。由于短视频内容的时长较短，因此，每一个镜头都需要契合内容和主题，否则就会影响整个短视频的质量。脚本在拍摄短视频的过程中可以起到明确拍摄主题的作用，保证拍摄的全过程都围绕核心主题进行，为核心主题服务。

（3）减少沟通成本。如果进行短视频内容创作的所有工作都是由一个人完成的，那么就不存在沟通成本的问题。但大部分情况下，一条优质短视频的创作都是由一个小团队来完成的，这个团队可能包括摄像师、演员和后期剪辑人员等多个成员。由于每个人的想法和思路不尽相同，如果没有脚本作为工作依据，则在短视频拍摄过程中很有可能会产生一些意见的分歧和争论，这就需要花费更多的时间成本去沟通和协调。如果有脚本作为工作依据，每个人都明确拍摄主题和各个细节的内容，并完全按照脚本实施，那么将会大大减少沟通成本，让整个拍摄的工作流程更加顺畅。

3. 脚本创作的思路

短视频时长较短，内容容量也不大，其脚本创作的思路也比较简单，主要包括确定拍摄主题、规划内容框架和填充内容细节三个步骤。

（1）确定拍摄主题。每个短视频都要有一个明确的主题。在确定好拍摄主题之后，内容创作者就可以确保后续的拍摄内容不会出现太大偏差，避免拖慢工作进度，同时也可以继续规划内容框架。

（2）规划内容框架。规划内容框架的主要工作就是要想好通过什么内容细节以及表现方式展现短视频的主题，包括人物、场景、事件以及转折点等，并对此作出一个详细的规划。短视频行业普遍存在开头的"黄金三秒"原则，即通过开头的三秒钟抓住观众，因此短视频需要设置开头、讲好中间、布置高潮。

（3）填充内容细节。在规划好内容框架之后，就需要内容创作者填充更多的细节内容。填充内容细节是脚本创作中最难的也是最容易出亮点的部分，需要内容创作者花费更多心思去打磨。

4. 脚本的制作

短视频脚本创作还涉及内容规划、确定每个镜头的时长和景别、拍摄技巧、台词和音乐等一些制作工作，如表5—1所示。

（1）内容规划。在制作短视频的脚本时，内容规划是指将整体内容按照拍摄顺序进行拆分罗列。简单来说，就是根据故事脉络梳理内容、划分场景，并根据分镜头将内容一一展现。

（2）确定每个镜头的时长。根据短视频整体的时间以及故事的主题、叙事、情感等因素来确定每个段落的节奏和每个镜头的时长，以准确地表达整体的故事性。同时也方便后期剪辑人员进行剪辑处理，从而更快地完成后期制作。

（3）确定每个镜头的景别。一般镜头景别分为远景、全景、中景、近景和特写五种，不同的景别可以表现不同的人物特征以及情绪等，内容创作者可以根据故事的整体脉络及矛盾冲突点选择具体的景别。

（4）确定拍摄技巧。这里的拍摄技巧是指需要在脚本中展示出来的视频拍摄方法，主要包括镜头的运用和机位的选择两个方面。镜头的运用包括推、拉、摇、移四种基础的运镜方式。机位的选择是指利用正面、侧面或俯拍、仰拍等方式进行短视频拍摄，不同的机位展现的效果是截然不同的。

（5）撰写台词。短视频内容无论有没有人物对话，台词都是必不可少的内容。内容创作者在创作的脚本中应该根据不同的场景和镜头配置合适的台词。台词是为了镜头表达准备的，可起到画龙点睛、加强人设、助推剧情、吸引粉丝留言和增强粉丝黏性等作用。因此，脚本中创作的台词最好精练、恰到好处，并以能够充分表达短视频主题为宜。

（6）选择音乐。短视频内容拍摄中不同的镜头要表达的情境是不同的，因此如果需要配乐，也要根据具体内容选择音乐以及合适的歌词。

表 5－1　**短视频拍摄脚本范式**

镜号	画面内容	景别	拍摄技巧	时长	机位	台词	音效	备注
1								
2								
3								
4								

（二）内容场景设置

在制作短视频内容的过程中，好的场景和道具不仅能够起到助推剧情的作用，还有助于账号的人设树立，以及优化视频内容的呈现效果。可以说，足够精准妥帖的场景和道具的选择很大程度上决定了短视频发布后的流量曝光。根据抖音短视频算法对视频质量的判断，场景和道具的细节越完善，越有助于提高短视频的完播率。在短视频内容创作过程中，具体的场景通常包括城市外景、室内场景搭建和现有场景三种类型。

1. 城市外景

城市外景在短视频的视觉呈现上能给用户带来开阔、真实和极具代入感的观看体验。城市的标志性景点往往是青年人聚集之地，具有文化传播的影响力，更能覆盖到该城市、周围城市的大量人群及潜在游客。

2. 室内场景搭建

短视频创作者根据账号和人设的定位进行室内场景搭建，其优势首先在于主动权更高、个性化更强，能结合账号和人设定位、剧情需要创造出更符合视频内容呈现的场景。同时，室内拍摄可以有更加可控的拍摄时间和拍摄条件，能够保证拍摄进度和拍摄质量。尽管精美的室内场景能让用户产生新奇的观感，但要注意切勿过分堆砌，以免用户产生视觉疲劳，要将重点放在提高短视频的内容质量上。

3. 现有场景

以现有场景作为视频背景进行拍摄的最大优势在于真实感强，同时能够节约拍摄成本，能够拉近与受众的距离，引发用户评论，帮助用户更好地聚焦于视频内容和剧情发展。

第四节　短视频的拍摄与制作

一、短视频的拍摄

短视频一般由多个场景组成，一个场景由许多镜头组成。虽然短视频时长短，但是每个镜头却有着较为丰富的叙事功能。因此，短视频创作者需要充分发挥自己的主观能动性，考虑到后期剪辑的需要，把握好镜头调度，精心拍好每一个镜头。镜头调度就是要解决"拍什么、怎样拍"的问题，以更好地达到短视频叙述内容、渲染情绪的目的。具体来说，镜头调度涉及影像的角度、景别的变化、景深的控制、画面的构图、镜头的运动等内容。

(一) 拍摄设备

创作者拍摄短视频需要完成的第一步工作就是选择设备。不同的拍摄规模，不同的拍摄预算，选择的设备也不同。

1. 单反相机

单反相机作为一种中高端拍摄设备，具有明显的优势：相机镜头可以精确取景，所拍摄画面与实际画面几乎一样；具有更独特的拍摄效果、更自由的手调能力；创作者可根据实际需求调整光圈、曝光度、快门速度等。但是单反相机体积比普通相机要大，便携性较差，缺乏自动变焦功能，变焦不流畅。

2. 摄像机

摄像机一般可以分为业务级和家用级两种。业务级摄像机电池蓄电量空间大，散热能力强，适合长时间使用，通常见于新闻采访现场。它还具有独立的光圈、快门以及白平衡等操作性简便的设置。家用级摄像机也叫DV（数码摄像机），小巧灵活、携带方便、清晰度高、稳定性强，适用于多种场合，方便记录生活。家用级摄像机操作简单，可以满足拍摄者的多样需求。

3. 灯光设备

摄影是光影的艺术。相较于其他影视作品的复杂灯光布置来说，大部分短视频用基础的三点布光法便可基本满足需求。主光是一个场景中的基本光源，通常放在拍摄主体的侧前方，用柔光灯箱打亮拍摄主体的最亮部位或轮廓。辅光也被称为补光，主要对没有被主光覆盖的地方进行补光提亮，辅光的亮度要比主光小。轮廓光也被称为发光，是对拍摄主体的头发、肩膀等轮廓起修饰作用，以增强画面的层次感和纵深感。通常与主光相对摆放，即在拍摄主体的后侧。

4. 其他辅助设备

三脚架可以起到稳定摄像机的作用，选购三脚架的时候需要考虑稳定性和便捷性。短视频拍摄的声音是否清晰很重要，因此选择合适的收音设备很重要。如可以选择音质好、适配性强的无线麦克风，在多人录制或外景录制的情况下，使用吊杆也可以完成清晰的录音。

5. 手机拍摄及辅助设备

创作者选择手机进行短视频拍摄，可以选择能满足剪辑、拍摄、发布需求的智能手机。选择手机拍摄的最大优势是携带方便，创作者在任何时候遇到精彩瞬间，都可以第一时间拍摄保存下来。手机与专业摄像设备对比，缺点也是明显的，比如拍摄像素较低以致拍摄质量不高，光线不足的地方拍摄噪点较多，手持拍摄的时候容易出现晃动。因此，创作者在选择手机拍摄的同时，也需要选择一些辅助设备，如手持云台（稳定器）、手机支架、补光灯等。

（二）短视频的拍摄技巧

在进行短视频拍摄之前，需要对构成画面的主要元素和基本的构图样式有一定的了解。评价画面优劣可以从以下几方面进行考量：是否表达着普遍的主题，画面形象表现力强弱；是否具有丰富或强烈的情感因素，画面是否简洁，画面是否具有形式美等。短视频影像化叙事，可以通过单个固定镜头来实现。在固定镜头拍摄中，往往通过掌控主镜头、景别、景深、光线、构图、透视关系等方面来达到叙事的目的。

1. 景别

由于拍摄工具与拍摄主体的位置距离不同，导致被摄主体在拍摄工具取景器中呈现的画面的范围大小不一样，而这个画面范围就是景别。在影视剧中，导演和摄像师会利用复杂多变的场面调度和镜头调度，交替使用各种不同的景别，使影片剧情的叙述、人物思想情感的表达、人物关系的处理更有表现力。在短视频的拍摄中，景别也是创作者必须掌握的基本技巧之一。通常以被摄主体在画面中被截取部位的多少为标准来划分景别，一般将景别由大到小分为大远景、远景、全景、中景、中近景、近景、特写和大特写八种。

（1）大远景。大远景以空间景物为拍摄对象，表现其范围和广度，是用于交代空间关系的功能性景别，常用于短视频的片头或片尾。大远景的景别空间范围最大，被摄主体不超过画框高度的 1/4，仅是景物空间的点缀，隐约可见。大远景适合描绘宏大、壮观的自然景观和气势恢宏的人物活动，讲究"远取其势"，可以交代环境信息或时代背景，起到借景抒情、以景表意的作用。

（2）远景。在远景的取景范围中，被摄主体的高度比在大远景中有所增加，但不超过画框高度的 1/2，能够隐约辨其轮廓，但看不清细节。与大远景侧重强调悠远、辽阔的景物空间不同，远景更强调空间的具体感、被摄主体在空间中的位置感，以及被摄主体与环境间的关系。采用远景的景别可以实现借景抒情的效果。

（3）全景。全景的取景范围是用整个画框来表现被摄主体的全身或场景的全貌。全景既能清晰展示被摄主体的全貌或被摄人物的全身，又能交代清楚周围的环境。需要注意的是，人物的头顶和脚下要留出适当的空间，并且头顶要比脚下留出更多的空间。

（4）中景。中景的取景范围为人物膝盖以上的部分。中景的视距适中，观众既可以看清人物上半身的活动，又能感受周围的环境。

（5）中近景。中近景的取景范围介于中景、近景之间，用于表现人物腰部以上的活动。采用中近景有利于展示人物的上半身，特别是头部动作和面部神情。在访谈类短视频中，利用中近景可以拉近人物之间的视觉和心理距离，增强现场感、亲切感与交流感。

（6）近景。近景用于表现人物胸部以上的动作。近景的画面内容趋于单一，人物占据绝大部分画面，人物表情展示得很清楚，背景与环境特征不明显。

（7）特写。特写的取景范围为肩部（或颈部）以上的人物面部或被摄主体的某个局部，视距较近。特写的作用一是能够强烈、醒目地展示人物的面部表情和丰富的内心世界，讲究"近取其神"，容易集中观众的注意力，也利于表现被摄主体的局部细节或最有价值的部分；二是能够使被摄主体从周围环境中独立出来，割裂局部与整体的关系，调动观众的想象，制造悬念。

（8）大特写。大特写用整个画框来表现人物面部或被摄主体的局部，如一双眼睛、一只耳朵、一只脚、一个拳头、行驶的车轮、转动的钟表、行走的脚步等。大特写的视距最近，比特写的视觉冲击力和感染力更强，能够给观众留下更深刻的印象，具有提醒、暗示、强调等作用。

大远景、远景、全景统称为大景别，中景、中近景、近景、特写和大特写统称为小景别。短视频传递给观众的心理和情感距离与景别的大小密切相关。大景别能够表现空间距离感，可以使观众产生空间上的远离感和心理上的旁观感、疏远感和不介入感，对观众的视觉刺激和心理冲击较小；小景别能够缩小观众与被摄主体的空间距离感，可以使观众产生亲密感、参与感、认同感和互动感，能够给观众带来较强的视觉刺激和心理感应。

短视频的传播终端往往是小屏幕的手机，竖屏视频迎合手机阅读的观赏习惯，因此短视频多采用竖屏拍摄。竖屏构图可以增强亲切感、交流感。为了突出拍摄主体、重点，竖屏拍摄要更聚焦细节，侧重对人物的刻画。在景别的选择上，除了交代人与人、人与景的关系时要用到全景、远景以外，中景、近景、特写在短视频中使用率最高。

2. 拍摄方向

拍摄方向是指摄像机与被摄主体在水平面上的相对位置，包括正面、侧面和背面。其中，侧面方向又细分为正侧面、前侧面和后侧面。不同的拍摄方向具有不同的叙事效果，需要摄像师根据拍摄任务合理地进行选择。

（1）正面拍摄。正面拍摄是指摄像机在被摄主体的正前方进行拍摄，观众看到的是被摄主体的正面形象。正面拍摄有利于表现被摄主体的正面特征，适合表现人物完整的面部特征和表情动作，有利于被摄主体与观众的交流，使观众产生亲切感。当被摄主体是景物或建筑物时，有利于营造庄重、稳定、严肃的气氛，展示其宏伟气势。但是，正面拍摄会使观众的视线无法向纵深方向延伸，以致缺乏立体感、空间感、纵深感和层次感，影响画面构图的艺术性，也不善于表现运动的被摄主体。

（2）正侧面拍摄。正侧面拍摄是指摄像机的拍摄方向与被摄主体的正面方向成90度的夹角。正侧面拍摄的特点和作用一是有利于展示人物正侧面的轮廓线条和身体姿态，在逆光照明的情况下，可以获得良好的剪影艺术效果；二是拍摄两人对话画面时，可以表现人物之间的交流、冲突和对抗；三是有利于表现运动主体的侧面运动姿态和速度感。

（3）前/后侧面拍摄。前侧面拍摄是指摄像机在被摄主体的前侧面进行拍摄，即摄像机的拍摄方向与被摄主体的正面方向约成45度的夹角。而后侧面拍摄是指摄像机在被摄主体的后侧面进行拍摄，即摄像机的拍摄方向与被摄主体的正面方向约成135度的夹角。从前侧面或后侧面拍摄景物，有利于展现景物的立体感和空间感。从前侧面或后侧面拍摄人物，可以突出表现人物的主要特征。双人对话场景的拍摄常常采用前侧拍和后侧拍，而且多采用过肩正反拍的方式。所谓过肩正反拍，就是利用摄像机越过一个人的肩膀去拍摄另一个人的前侧面，从而在视频画面中同时呈现一个人的后侧面和另一个人的前侧面。

（4）背面拍摄。背面拍摄是指利用摄像机在被摄主体的正后方进行拍摄，使观众有与被摄主体同一视线的主观效果。背面拍摄可以使观众产生参与感，使被摄主体的前方成为画面的重心。由于采用背面拍摄时观众不能看到人物的面部表情，只能通过肢体语言来猜测其内心世界，所以能够给人思考和联想的空间，能够引起观众的好奇心和兴趣。此外，背面拍摄时人物背对着镜头，对身后潜在的威胁或正在靠近的危险毫无察觉，可以制造惊悚感和恐惧感。

3. 拍摄角度

拍摄角度是指摄像头与被摄主体在垂直面上的相对位置和高度，具体的拍摄方式包括平拍、仰拍、俯拍和顶拍。不同的拍摄高度可以产生不同的构图效果。在画面内容的表现上，只要是拍摄角度有高低改变，就会影响人物形象的塑造。

（1）平拍。平拍又叫平角度拍摄，摄像机与被摄主体处于同一水平线上，以平视的角度进行拍摄。采用平拍方式拍出的画面符合人们通常的观察习惯，具有平视、平稳的效果，是一种纪实角度。平拍不易产生变形，比较适合拍摄人物近景特写。不过，平拍时前后景物容易重叠遮挡，不利于表现空间透视感、纵深感和层次感。

（2）仰拍。仰拍是指利用摄像机偏向水平线上方进行拍摄，拍摄的视角在被摄主体的下方。在仰拍镜头下，前景升高、后景降低，有时后景被前景所遮挡，以致看不到后景。仰拍镜头具有的作用和特点包括：一是仰拍可以夸大被摄主体的垂直高度感，利于彰显其高耸入云的雄伟气势；二是仰拍可用于刻画英雄、成功人士或强有力的人物形象；三是仰拍跳跃起来的被摄主体时，可以增强其腾空飞跃之感；四是仰拍可以简化背景，使画面更加简洁。

（3）俯拍。俯拍与仰拍相对，拍摄的视角在被摄主体的上方，摄像师以一个较高的角度拍摄从上往下的画面。在俯拍镜头下，离镜头近的景物降低，离镜头远的景物升高，从而展现出开阔的视野，增加空间的深度。俯拍镜头具有的作用和特点包括：一是俯拍可以展现被摄主体的场面之大、数量之多，使画面产生丰富的景深和深远的空间感，也有利于展现千姿百态的线条美；二是俯拍会压缩垂直线条，使人物显得渺小，可以传达怜悯和同情之感；三是俯拍会使人物显得低矮、卑微，陷入困境、软弱无力，可以表达蔑视、贬义的态度，使视线发出的一方处于更加强势的地位；四是俯拍有向下倾轧之势，可以营造沉闷、压抑的气氛。

（4）顶拍。顶拍又称鸟瞰镜头，是指利用摄像机从空中向下大俯角拍摄，或者利用无人机航拍地面。顶拍具有极强的视觉表现力，既能使观众鸟瞰场景的全貌，又能使观众享受翱翔在场景之上的视觉快感。

4. 摄影画面的构成元素

一般来说，摄影画面的构成元素包括五部分：主体（Main Body）、陪体（Accompaniment）、前景（Foreground）、背景（Background）和空白（White Space）。

（1）主体。主体是画面的主要表现对象，画面主题思想的重要体现者，画面存在的基本条件，控制画面全局的焦点。主体的突出方法有两种：直接突出主体和间接突出主体。被摄主体在画面当中成像面积比较大，从而使其显得很突出，这种方法被称作"直接突出主体"。采用近距离拍摄或者长焦距镜头拍摄被摄主体，是直接突出主体的基本方法。直接突出主体的画面偏重于"写实"。被摄主体在画面当中成像面积比较小，但是通过其他摄影手段，依然可以使被摄主体显得很突出，这种方法被称作"间接突出主体"。间接突出主体的画面中，主体距离一般比较远。间接突出主体的画面偏重于"写意"。间接突出主体的方法有明暗对比、色彩对比、视觉引导等。

（2）陪体。陪体是和主体密切相关且与主体构成一定情节联系的画面构成部分。陪体在画面中可以帮助主体表现主题思想，同时起到均衡画面构图的作用。陪体的处理方法也有直接处理陪体和间接处理陪体两种。

所谓的直接处理陪体，就是把陪体处理在画面内部，让观众可以看到，这种方法也叫作封闭式构图。封闭式构图观念将画框看作"边界"，追求画面内部的完整和独立，讲究画面内部各构成元素之间的秩序和形式美感，多用于单幅图片摄影构图。这种处理方法要求陪体一定要与主体有所对比，而且不能压过主体，两者必须有主有次，有虚有实。在直接处理陪体的画面当中，陪体的面积往往会比主体小；陪体的位置，往往处于非优越性的边、角、前景、背景的位置；陪体的形象往往会残缺、不完整，只要画面中保留足以说明其性质的部分就可以；陪体的色彩、影调往往与主体有对比，而且不抢眼。

所谓的间接处理陪体，就是把陪体的形象处理在画面之外，观众看不到，但是可以通过某种线索的引导，通过观众自己的联想、想象来补足这一形象。这种处理方法具有隐喻的意味，可以调动观众积极思考、想象，显得比较含蓄、意味深长。这种方式也被称为开放式构图。开放式构图观念将画框看作"窗口"，讲究将画框内外的事物联系起来完成审美，画面中多保留引导和限制观众想象的"媒介物"，这种构图方式在影视摄影构图中则更为常见。

（3）前景。前景是位于主体之前的画面部分，前景的作用包括增强画面空间感；与主体，背景景物形成关联和对比；填补画面中过多的空白；遮挡后景中过多、杂乱的景物；交代主观视点，拍摄主观镜头等。框架性前景是一种特殊的前景，画面中有了这种前景，就仿佛是在透过窗框向远处看东西，有利于集中观众的注意力以及突出后景当中面积较小的景物。如果框架本身具有一定的形式美感，我们往往称这种前景为"装饰性前景"，它常常是门、窗、栏杆、桥等。

（4）背景。背景是位于主体之后的画面部分，是离观察者最近的景物。背景的处理技巧包括背景要有助于表现主题；背景的明暗、色彩要和主体有对比；背景要简化等。背景运用一定要有意义，只要背景景物清晰地呈现在画面里，它就必须有利于主题的表现。要注意形成背景与前景、主体、陪体等的影调、色调对比，这样既有利于突出主体，又有利于丰富画面层次。

（5）空白。画面中的空白也称为留白，指的是画面中除了实体对象以外的、起衬托实体作用的其他部分。空白不一定是纯白或纯黑，只要是画面中色调相近、影调单一、从属于衬托画面实体形象的部分，都可称为空白。如：天空、水面、地面、草地、墙壁、长焦虚化的背景景物等。空白是画面中缺乏实体意义的部分，空白的作用一般包括：突出主体、使画面简洁、空白写意等。

5. 常见的构图方式

通常来讲，短视频拍摄的构图样式一般分为以下五种。

（1）黄金分割构图（Golden Section）。黄金分割构图（三分式构图）即用垂直线把画面分成三等份，把主体放在垂直线或接近垂直线的位置上是比较容易突出的位置。

（2）九宫式构图（Rule of Thirds）也称"井"字构图。九宫式构图，是在黄金分割构图基础上演变而来的构图样式，在画面中两条纵向分割线的基础上增加两条横向的分割线。这样，画面中出现四条线和四个相交的点，这些线是黄金分割线，这些点是黄金分割点，把被摄对象放在黄金分割线上或者黄金分割点上，这是比较容易使其醒目的位置。

（3）S形构图（S-Shape Composition）。S形构图是一种适合拍摄具有蜿蜒曲折线性特征事物的构图样式，这种构图活泼、轻快，能够体现出生命的韵律感，有利于表现线条向画面深处的延伸。

（4）对角线构图（Diagonal Composition）。对角线构图强调将主体放在画面的对角线上或者接近画面对角线的位置上，这样可以充分利用画面对角线的长度，扩展画面的容量；对角线构图能够在画面中产生明确的线条透视，有利于表现空间感和立体感；对角线构图还可以使画面显得均衡和稳定，有重点地交代事物之间的关系，形成事物之间的主次、强弱之分。

（5）对称式构图（Symmetric Composition）。对称式构图是以画面中水平中轴线或垂直中轴线为轴，把主体安排在轴线上或其两边对称的位置上，它往往显得均衡、稳定、和谐、庄严。我国历史上许多建筑、雕塑、绘画等作品都是采用了对称结构。对称式构图法也有不足之处，就是绝对的对等，显得有些呆板、压抑、缺少变化，给人的视觉刺激不够强烈。

构图方式是摄像师构思立意的直接表现，每个画面传达、表现的思想内容与艺术内涵必须是明确且集中的，切忌模棱两可，而应以鲜明的构图方式传达短视频表达的主题和立意。因此，摄像师要熟悉构图规则，但又不拘泥于这些规则，这样才能创作出有生命力的短视频。

二、短视频的后期剪辑

短视频的后期剪辑就是利用视频剪辑软件对拍摄的视频素材进行处理，并添加音乐和字幕。在进行视频剪辑时，可以遵循以下操作流程。

（一）理顺视频剪辑的思路和流程

在进行后期视频剪辑前，内容创作者需要理顺视频剪辑的思路和流程，以便提高自己后期剪辑视频的效率。撰写剪辑提纲可以起到纸上剪辑的作用，是以文字和图片的方式对视频顺序进行整理，为后续剪辑工作的正式进行搭建框架。

拍摄的短视频通常都有拍摄主题，而且在拍摄前会制定一个视频内容的框架。即便没有详细的脚本，也会涉及拍摄的素材、场景和景别等内容，以便进行有针对性的拍摄和提高视频素材的使用率。在视频剪辑之前，内容创作者需要撰写一个详细的剪辑提纲，内容包括视频的风格、剪辑的思路、需要使用哪些镜头、各个镜头的时间长短，以及需要使用的配乐及旁白等。有了剪辑提纲作为依据和参考，内容创作者对于视频的内容和形式会有更为清晰的思路，可以更高效地完成视频素材的筛选、整理和编排。

（二）熟悉剪辑软件的基本操作

短视频的后期剪辑通常需要使用视频剪辑软件，专业的剪辑软件有Adobe Premiere Pro、Final Cut Pro 等，通常只能在电脑上运行，有一定的操作难度。随着短视频的普及和大众化，各种手机剪辑软件应运而生，这些软件大多简单易懂、功能齐全且随拍随剪，非常适合各种短视频制作新手。部分剪辑软件还自带了很多流行的视频模板，用户直接上传照片或视频素材就可以快速生成短视频。常见的手机视频剪辑软件有剪映、快剪辑、Videoleap、WIDE、巧影等。大多数剪辑软件的操作界面都大同小异，主要分为效果展示区域、编辑素材区域和操作工具区域三大部分。一般来说，视频剪辑软件的使用步骤包括导入素材、编辑素材、添加效果、导出视频等四个基本步骤。

（三）正式开始剪辑

短视频后期剪辑的过程主要包括初剪、添加旁白或音乐、添加特效等三个方面的内容。

1. 初剪

在视频的初步剪辑阶段，内容创作者可以根据剪辑提纲，把之前拍摄的视频素材进行初步罗列和编排，保留与主题紧密相关的素材内容，删掉无关和重复的视频部分，使得视频内容完整、表意准确、节奏紧凑、播放流畅，为进一步精剪视频做好准备。

2. 添加旁白或音乐

经过初步剪辑之后，如果需要的话，可以给视频添加旁白，对画面内容进行补充。完成后还可以为短视频选择合适的背景音乐，并调整旁白和音乐的比例。音乐对于视频的情绪渲染和氛围营造能起到至关重要的作用。短视频与热门流行歌曲的配合，让音乐与短视频的交融迸发出越来越多的火花。当用户听到熟悉的音乐时，就更有可能把视频看完，从而提高视频的完播率。在选择音乐时，需要注意三个要点：第一，音乐的选择需要根据视频的内容主题、整体节奏来权衡。画面节奏如果较慢，那么音乐也要相对舒缓一些；画面节奏如果比较明快，就比较适合使用节奏感强和速度较快的音乐；第二，背景音乐起辅助作用，最好能让用户感觉不到其存在，尤其在短视频有对白或旁白的时候，音乐要让位于画面内容，不能让音乐起到喧宾夺主的作用；第三，在音乐的选择过程中，要注意版权问题，通常剪辑软件中的音乐只支持个人使用，如果需要商用，内容创作者应购买音乐版权，避免后期出现侵权纠纷。

3. 添加字幕和特效

短视频由视觉符号和听觉符合共同组成，其中视觉符号包括画面和字幕两大部分。在短视频中，字幕往往起到补充说明的作用，一般来讲，短视频中的字幕可以分为正文字幕、花字和标题三种形式。

正文字幕是较为普遍的一种字幕呈现形式，一般短视频中有人物说话的内容都需要添加正文字幕。字幕一般选择常规字体，位于屏幕下方三分之一处的居中位置，这样不会遮挡画面主体内容，同时比较符合人们的阅读习惯。随着剪辑软件的不断升级和优化，现在部分软件都增加了自动识别功能，可以根据视频中的陈述或者后期加入的旁白自动识别并添加字幕，这样就能提高后期剪辑的工作效率。但是，自动识别也会因为发音不清楚、杂音干扰等原因出现失误，导致识别不精准，通常需要剪辑人员在识别完成后，人工进行校对和二次编辑。

在一些短视频中，会使用花字来表现对画面内容的强调和突出。花字最早使用于综艺节目，由于花字在字体、颜色等方面与正文字幕往往有较大差异，因此具有戏剧化的效果。花字的使用配合恰当的音响效果，往往能够为短视频增添趣味性，吸引用户的注意力。

在短视频的开头、结尾或场面转换的地方，往往需要添加一些淡入淡出、叠化、定格、字幕等特殊效果，使得视频片段之间的衔接更为流畅，视频的整体效果更加生动。一般剪辑软件都会有多种视频和音频特效功能，方便用户进行选择。在完成这些操作之后，一条完整的短视频就剪辑完成了。

三、短视频的文案写作

对应大部分内容创作者而言，内容想要精彩，题材的作用占50%，文案的作用占25%，表达形式的作用占25%。文案和表达形式相辅相成，文案为表达形式服务，表达形式则是文案的输出口。写好文案和做好表达都是一个长期的过程，需要不断练习。下面介绍一些通过练习可以快速掌握的文案写作技巧。

（一）文案写作的创意方法

首先内容创作者要学会联系和联想。一个平淡无奇的题材，如果能联系到另一个有趣的关联题材，那么短视频内容就会变得有趣起来。

1. 联想法

记忆的一种主要机能就是在有关经验中建立联系，思维中的联想越活跃，经验的联系就越牢固。如能经常形成联想和运用联想，就可达到增强记忆的效果。联想是有规律可循的，联想的规律有接近律、类似律、对比律、因果律等，有接近联想、类似联想、对比联想、因果联想。

联想法的注意要点如下：

（1）要选择好联想的中介物（即选择好联想的通道）。因为这是记忆的关键，选择得好会让人豁然开朗，一下子联想到某种材料或解题的方法，问题就得到解决；选择得不好，有时十分简单的题目也会"卡壳"，久思不得其解。

（2）要注意知识的积累。因为联想是新旧知识建立联系的产物，先学的知识应成为后学的知识的基础。旧知识积累得越多，新知识联系得越广泛，就越容易产生联想，也就越容易理解和记忆新知识。

2. 悬念法

短视频内容中需要制造矛盾、起伏、转折或悬念。例如在短视频开头使用"提要"的手法，把短视频最精彩的几秒视频剪辑到短视频的最开始处，再配以节奏感比较强的音乐作为背景，引发观众的兴趣，从而坚持看完视频。

在奥美为台湾大众银行拍摄的 3 分钟公益广告短片《母亲的勇气》中，视频一开始就用旁白交代了故事的矛盾冲突，引发观众的强烈好奇。"一个老妇人因为携带违禁品，在委内瑞拉机场被拘捕了。""蔡莺妹，63 岁。不会英文。没有人陪伴。一个人，独自飞行三天。三个国家，三万两千公里。她是怎么做到的？"在这则短视频中，旁白与画面相互配合，充分塑造了集"坚韧、勇敢和爱"于一身的母亲形象，表现了视频中的"不平凡的平凡大众"主题。

3. 抒情法

短视频需要引发受众的情感共鸣，才能进而赢得受众的信赖和好感。在短视频文案的撰写中，往往使用第一人称的方式，拉近与受众之间的距离。在中国共产党成立九十五周年宣传片《我是谁》中，文案使用第一人称的句式和排比的修辞手法，渲染了从个体担当上升到集体使命的情怀，实现了微观视角与宏大主题的结合，引发了受众的情感共鸣——

> 我是谁
>
> 是什么样的人
>
> 也许你从来没有想过
>
> 我是离开最晚的那一个
>
> 我是开工最早的那一个
>
> 我是想到自己最少的那一个
>
> 我是坚守到最后的那一个
>
> 我是行动最快的那一个
>
> 我是牵挂大家最多的那一个
>
> 我是中国共产党
>
> 始终和你在一起

（二）短视频的标题设计

好的标题有助于增加用户的停留时间，提高视频的点击率，一旦短视频的内容或者人设成功得到用户的青睐，也能有效提高短视频账号的"涨粉"率。好的标题往往具备以下特征：简单直接、制造悬念、动之以情、剑出偏锋、层层递进、诙谐幽默。短视频的标题字数不应过多，主标题以10—15个字为宜，尽量做到口语化、接地气和言简意赅。在为短视频创作标题时，切忌词汇过于专业、冷门或生僻，以免造成用户阅读障碍，也要避免短视频平台难以识别。如果标题只有行业内的专业人士才能看懂，即便内容再好，点击量仍然会很少，而且平台的审核推荐率也会很低。在抖音 App 中，还可以在标题中插入标签和话题参与社交活动，以此增加视频的曝光度。

常见的短视频标题的形式有对比式、悬念式、设问式、痛点式等。

（1）对比式标题。对比式标题通过与同类产品或内容进行对比，以突出自己产品或内容的特点，加深用户对本产品或账号的认识。

（2）悬念式标题。悬念式标题往往以人物或故事为核心，重点在于引起用户的好奇心，让用户带着疑问观看短视频，在观看短视频的过程中逐渐得到问题的答案。

（3）设问式标题。设问式标题较为直白，往往针对用户关心的、能引起好奇心的问题进行提问，主要目的是引起用户思考，争取用户停留时间。设问式标题的要点是要从用户的角度切入问题，考虑用户为什么会产生这种问题的原因，以及为用户提供解决的办法。

（4）痛点式标题。痛点式标题需要设身处地站在用户的角度来寻找，给出用户必须观看这个视频的理由。最好是能以用户的痛点带动短视频的创作，提出解决问题的方案，加深用户的认同感，提升用户观看视频的意愿。

【本章小结】

本章对短视频的概念、特点、类型和发展历程做了大致回顾，并从短视频应用的角度，对短视频的创作、策划、拍摄、剪辑等制作流程和实操技能做了系统性的介绍。

【本章学习与思考】

1. 作为用户，你认为短视频能满足你哪些方面的需求？

2. 哪些短视频在内容策划阶段需要撰写脚本？短视频脚本包括哪些方面的内容？

3. 作为当代影视专业学生或影视行业从业者，如何创作更多优质视频内容？

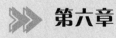

第六章

网络视频广告

广告（Advertisement）是广告主体为了某种特定目的，通过不同的媒介形式，并付出一定的制作成本，公开广泛地向公众传递信息的宣传手段。广告传递信息的目的多是为将"公众对事物或商品的态度"进行正向的引导，如认同、效仿，以及做出（消费）行动，使广告主体获得社会效益与经济效益。

广告的表现形式众多，本章在简要介绍影视广告基本概念的基础上，将重点围绕网络视频广告的构成、创意与制作等新媒体相关理论与实践而展开。

一、影视广告的起源与发展

影视广告（Commercial Film）包括电影广告、电视广告和网络广告等形态，其字面翻译是"商业影片"，原意指使用电影胶片拍摄的广告片，这既说明了影视广告诞生之初是以电影电视作为媒介基础的伴生产物，也点明了广告是以"盈利"为主要目的的商业行为。当然也有不以营利为目的，而是提供免费服务的广告活动，被称为"公益广告"。随着电视的普及，公益广告的数量日益增多，为全社会的道德和思想教育提供重要助益，例如政府部门进行的科学防疫、保护环境、维护公共秩序、弘扬民族文化等内容的宣传，民间组织发起的寻找被拐卖儿童、保护流浪动物等呼吁，均属于公益广告的范畴。2019年11月12日，北京国际公益广告大会系列专项促进交流活动之公益广告制播联合体倡议活动发布《2013—2017年广播电视公益广告扶持政策效果评估报告》，公益广告制播联盟正式成立。

广告的功能性多体现于形象宣传、产品推广、理念表达。我国广告事业历经几十年的发展进程，已经具有广泛的社会接受度。早期中国视频广告，总体制作是十分粗拙的，视频广告版式主要借鉴平面广告艺术，"信息念白＋产品图像"是最主要的表现手法。同时，因受经济、技术与政策等条件限制，当时的广告素材和制作方式也相对简陋。我国第一支真正意义上的商业影视广告问世于改革开放之初，是 1979 年 1 月 28 日由上海电视台播出的"参桂养容酒"广告。作为新时代的重要标志之一，电视广告成为我国电视观众获得经济贸易信息的主要渠道，对扩大消费品的市场需求发挥着不可估量的作用，广告收入更是我国影视产业不可或缺的经济来源。

20 世纪的传统广告多通过报纸、广播、电视等媒介进行传播，相对今天而言，呈现形式较为单一。迈入 21 世纪的今天，当报纸、期刊等传统媒介的广告收入呈断崖式下滑时，互联网广告呈异军突起、快速增长之势，新媒体技术发展对广告产生了深远影响。随着现代传媒行业的不断发展扩散，视频广告行业也逐步掌握了愈加成熟的视听语言、先进的数字技术与多样的传播形式，同时借助广告代理机构的专业营销策略，协同互联网的大数据演算，将信息更为精准地推送给目标受众。广告行业通过对自身的解构与建构，不断地突破传统广告的形式束缚，愈加精准契合消费者需求进行个性化定向投放，同时注重与用户的互动交流，在多样性、精准性和渗透性方面呈现出全新的特质。

二、视频广告的类型与特征

(一) 视频广告的分类

1998 年，联合国教科文组织认定互联网为第四媒体，媒介形式的变迁为广告行业带来了新的机遇，使得视频广告的类型与分类方式变得更为多样。从传播载体的角度出发，视频广告经历了电影广告→电视广告→（移动）网络广告等大门类的发展演进。如果强调广告的功能加以分类，影视广告可分为企业（电影/电视节目/活动等）宣传片、商品推销广告、公益广告。根据不同的诉说方式，视频广告还能分为理性诉求广告与感性诉求广告，二者分别体现了"直接引导消费者了解产品本身"和"间接通过调动情绪，感染消费者做出消费选择"等两种广告表现技巧。

本章主要介绍的网络视频广告，可通过播出形式分为贴片广告、植入广告、弹窗广告、定制视频和电商直播等几种常见类型。

贴片广告是视频网站上常见的广告形式，依附于每一个视频节目，根据广告出现的位置分为前置、后置及暂停时占据窗口画框，以倒数读秒形式播放，跳过广告的等待时间是当前多数视频网站给予付费会员的权限之一。植入广告是指将广告元素融合在正式节目之中的广告，多见于电视剧和综艺节目的赞助品牌，这类广告力求与节目融为一体，几乎不影响节目原有的叙事效果或视觉表现。植入广告若运用得当，则能够配合视频弹幕达到良好的传播效果。弹窗广告一般是在点击网页或开启手机 App 时自动弹出，有些广告小窗口会在屏幕中随机漂浮引发误触，也易对网民浏览信息造成一定的视觉干扰。定制视频如今受到越来越多的广告主青睐，通常具备完整的情节、深刻的主题，是塑造形象、加深内涵的手段，它对各方面的制作水准要求较高。电商直播是一种广告、售卖与购买等行为相结合的商业宣传形式，前身是"电视购物"。电子商务研究中心发布的《2022年（上）中国直播电商市场数据报告》表示，2022 年中国直播电商用户规模预计达 4 亿人。有效的电商直播应具备如下要素：主播是否拥有持续影响用户的能力；商家是否具备高效的供应链和过硬的产品线；主播、用户、货品三者通过网络平台，能否做好场景交互，在限定时间内促成大量成交。

（二）视频广告制作的基本特征

视频广告按照自身的性质而言是商品信息的传递，但在表现形式上又与其他门类的广告不同，它是最大限度地以综合艺术手段和美学思维来指导创作的产物。因此，视频广告既是利用现代工具的信息传递，又是利用艺术手法和娱乐效果表现的视觉美学，在表现形式上，吸收了装潢、绘画、雕塑、音乐、舞蹈、电影、文学等特点，运用视听艺术的形象思维方法，使商品更富感染力与号召力。

视频广告时效性强，播出时间短，在短短的几十秒时间内，视频广告需尽量抓住观众对消费品的关注与认同心理，突出信息的新奇感与引导性，即在相对有限的时间里，直观地呈现有效信息。要做到这一点，视频广告的制作就要遵循最基本的三点：首先，形成符合品牌定位的广告创意与详细的策划方案；其次，使用流畅的镜头语言设计并实现拍摄；最后，完成精良的影视后期制作与包装。

以上是制作一条视频广告的基本操作，而进一步使产品信息的传达单纯化、理想化，并且能够让观众产生更多的记忆点，以区别于同类产品或服务，占得有利市场地位，更需要加强视频广告中的品牌辨识度。在品牌的识别体系里，理念识别和视听识别是在视频广告中常见的优化方式。

1. 理念识别

视频广告不仅具备促进国民消费的功能，作为人们了解世界的途径之一不仅要对产品/服务本身进行外观展示、功能介绍及优势渲染，还要在价值观方面传递出积极健康的、与时俱进的思想主题。

理念识别（Mind Identity），即通过影像与文案，在广告中渗透与品牌质感、产品属性相符的且积极正面的精神面貌。如数码产品广告融入人类孜孜不倦对科技进步的追求精神；保险、理财等金融服务业广告通常会营造奋斗的人们对美好生活的憧憬；大多数日化用品广告传递出的气息是安全、舒适、温馨、无微不至，这也同日用品虽然平凡微小却是日常生活不可或缺的性质相呼应。近些年，国内兴起了"国货品质""民族品牌"的热潮，越来越多的本土企业在广告宣传策略中加入了高扬中华文化、提升国货品质的元素，为企业文化的整体形象注入强烈的民族自豪感与进取心。

在强化宣传功能的基础上凸显娱乐性甚至是故事性，力图输出多元化内容、触动人心、直抵心灵，潜移默化中使消费者记住了广告内容。基于理念识别在广告制作中发挥的突出作用，市面上涌现了诸多让人过目不忘的广告案例。如"农夫山泉"品牌曾在2016年新春播出的人物系列电视广告片之一《一个人的岛》，主要讲述的是取水口的管理员，为守护水源地生产安全，独自坚守千岛湖的工作经历。其核心思想是通过水源地美丽的生态环境和劳动者身上朴实的爱岗敬业精神，升华到把好产品质量每一道关的企业理念，令观众产生品牌与"责任、品质、食品安全保障"之间良性的对应关系，继而提升消费者对产品的认同感。

2. 视听识别

视听识别（Audio-visual Identity）即从视觉和听觉两个方面使广告传播产生独具个性的效果，令观众通过高频次播放的声画风格特征的熏陶，在感官上产生对品牌印象的条件反射。

视频广告是信息可视化的视听作品，视觉要素有两种形态——图像和字幕。图像，也称为"画面"，是视频广告的主要要素。字幕作为补充信息，为保持成片完整的辅助作用而存在。图像造型表现力和视觉冲击力是广告获得良好效果的有力表现手段，特别是系列广告片中，采用相对一致化的角色形象、美术造型、光影效果、剪辑节奏与包装风格，对观众形成品牌的视觉化印象，发挥重要作用。听觉要素也是视频广告的重要组成部分，听觉要素包括广告语、音乐及音响三个部分。广告语分为旁白与演员台词；音乐则包含背景音乐和广告歌，可起到引领广告节奏的作用；而音响是视频广告中的环境音，如人或物体在运动时自然引发的声音，通常环境声音是为了渲染情绪和气氛，由拟音师进行模拟拼贴而成。

以"百岁山"矿泉水广告为例：区别于"农夫山泉"注重对企业精神的宣扬，"百岁山"品牌曾在西方童话式视听风格的营造方面做出了成功尝试。运用低饱和度的色彩，室内外明暗反差较强的光影，城堡、马车、河流、繁花和身着华服的王子公主等复古的符号组合，并采取多部影片均无演员台词（仅有结尾一句口播标语），使用同一配乐旋律的声音设计，从而在多方面构建出非常高辨识度的声画体系。

第二节　网络视频广告的构成

随着科技的发展，社会已经步入数字化、网络化和智能化的媒体时代，媒体功能不断打破固有局限，广告呈现出越来越多样的形式以适应全媒体发展。网络广告渗透到人民生活的方方面面，并与消费者产生无法剥离的交互作用。网络视频广告是以短视频为形式、互联网为载体的一种面向大众的传播方式，因此，在商业信息输出的过程中，也遵循着传播学5W理论的原则。

传播学5W理论也称为传播的五要素，分别是信息传播行为的发出者（Who），信息通过何种媒介进行传播（In Which Channel），要传播的内容是什么（Says What），传播的受众（To Whom），以及传播取得了什么效果（With What Effects）。以上五要素共同构成了一次完整的传播过程，这是广告传播行为的重要理论基础，也是网络视频广告策划营销工作的实践依据。接下来我们要介绍的是，从传播学的角度出发，一次有效的网络视频广告活动至少应具备哪些组成部分。

一、广告传播主体

信息传播的主体是传播活动的起点，即传播行为的发出者。这一主体可以是个体、集体，或集体授权给某一特定的个体。例如，学校开展的教学活动，担任某一门课程的授课教师，既是在课堂范围之内的个体信息传播者，也是在教学计划之内，由教师所在单位（集体）安排的特定信息传播者。

广告传播的主体被称为"广告主"，有时也可称为"品牌方""甲方"，是通过广告来发布信息的组织或个人。网络视频广告的广告主早期以互联网公司为主，如网络游戏、电商平台等主体因自身以网络作为生长土壤，更容易占据先机获取网络营销红利。新媒体的流量经济发展至今，各类的企业、单位、机构越来越重视网络传播的力量，因此陆续在网络视听媒介加大广告投入，网络视频广告正逐步迈入影视广告的主流行列。

传播主体在传播过程中负责收集、整理、选择、处理和加工信息，因而在绝大多数情况下，广告主对广告的形式、内容、投放平台与预算支出拥有决定权，并在合同许可范围内，对拍摄的样片具有调整权限。在费用结算义务履行完毕后，广告主拥有广告片的版权。由此可见，广告制作方并不等同于广告主，更多企业、单位、机构会选择委托专业的制作方如广告公司、影视公司和设计公司，来将传播诉求加以实现。

二、广告传播媒介

网络视频广告的传播媒介是广告信息的载体和传输途径，顾名思义，它的主要媒介是互联网网站。网络媒介有方便快捷、与观众互动性强等优势，通过贴片、植入、弹出、直接投放等手段，将广告信息推送至网民。有些产品的销售链接紧随其后，大幅缩短了消费者购物所花的时间。伴随着我国智能手机的持有率攀升，手机客户端成为网络视频广告的重要阵地，包括依托互联网的功能性 App、手机游戏、微信公众号以及视频网站手机端，都已成为网络视频广告传播的重要渠道。

不容忽视的是，网络视频广告在促进消费的同时，也带来了一些新的问题，如病毒式营销、网络诈骗隐患，特别是对保护个人隐私等方面的冲击，需要引起警惕。网络广告侵犯消费者隐私权的问题常常发生，大数据技术不仅能够追踪浏览痕迹、获取定位信息，甚至可以通过后台获取消费者的个人资料。为解决互联网广告传播中有违公共道德的问题，国家层面应当加强立法，建立完备的审核机制；在消费者层面，要倡导理性消费、积极维护自身合法权益；在广告主层面，不可唯利是图，应严守行业规范，提升职业道德与专业素养。

三、广告的传播内容

传播内容是传播活动的中心。广告信息作为广告的核心组成部分，是广告主希望通过广告告知受众的主要内容。因为受视频的篇幅所限，一则广告无法涵盖产品信息的方方面面，所以广告主想寄希望通过广告打动消费者，就要将产品信息和表达方式酌情进行整合与设计，将产品突出优势、主打亮点和创意构思有效结合，以吸引观众的目光。网络视频广告内容有以下两个特征。

（一）综合性

纵观全媒体的内容生产，网络视频广告的信息呈现愈加趋向综合性。即广告内容有意识地弱化对外观、功能的直接介绍，转而表现产品的使用情景。应用片段剧情式的渲染，关注使用者的体验或应用后的状态，营造本品牌能够带来的良好图景。

（二）开放性

网络视频广告传播的内容是面向公众的，需要随着社会发展而产生变化与调整。有的产品不只推出一则广告片，而是同时推出系列视频，分时段、季节、地域或平台进行广泛的投放。有的产品会根据品牌的周期变化，陆续更新广告信息，过去有些优质的电视广告可以经久不衰，如今的网络视频广告更新速度极快，鲜少有某则广告在网络媒体上持续投放很多年的情况。还有更多的广告内容表达呈现出了网络流行的文化形态，如在广告语中融入热词，品牌之间产生联动式合作，广告代言人出现网络博主身影，以及采用微电影、Vlog 等多样化的短视频形式表现广告内容，等等。

四、目标受众群体

目标受众群体又称信息内容的接受者和传播活动的反馈源，在传播活动中占据非常重要的地位。网络视频广告的受众从广义角度来讲，是所有使用网络系统的网民，他们对接收信息的个性化、简洁性有很大的追求。从狭义角度讲，广告的目标受众群是指对广告信息有兴趣、对产品有购买需求的网民。之所以说受众具有重要地位，是因为他们能够决定一次传播的内容与侧重，广告主发起传播活动之前，需预设信息接收者（目标消费者），主要围绕他们的观看习惯、消费动机、审美追求、价值观念等方面入手，针对目标受众人群的特征来衡量信息传播的方向和方式，提高传播的有效性。

值得注意的是，在一部分情况下——如产品使用者不具备购买力，产品所具有的"礼品"属性大于"自用"属性等——广告所宣传的产品或服务，其使用者并非消费者，因此，需要广告主与制作方准确判断广告的目标受众具体是哪些群体。广告内容的预期传播对象通常以消费者为主，兼顾使用者心理，网络视频广告应在满足基础受众需求的同时，重点分析研究目标受众对信息内容的关注和期待。

五、广告效果反馈

传播引起的效果，也可看作受众的反馈，指广告活动不仅是传播者向接受者发出信息的过程，还包括接受者对信息的反应、反作用。受众对广告信息的接受与否、接受度高低对广告主继续做出类似传播行为有重要的指导意义。该要素充分说明了广告传播不是广告主自说自话的活动，而是一项需要不断深化的持续性工作。

第三节　网络视频广告的创意与策划

策划是一种为了实践活动获取更佳效果的理性行为，本质上是运用脑力去厘清做事的逻辑顺序以指导实践。广义的策划是指对未来可能发生的行动做出合理构思与充分准备，这个过程均属于策划的范畴；狭义的策划具体指各类社会活动从前期部署到结束的全部环节安排，根据公司从业属性，我们能够接触到的策划包括而不限于影视项目策划、游戏策划、餐饮策划、广告策划、媒体策划、产品策划、地产项目策划等。

创意的含义包括创造意识和创新意识两个方面，目的是在现有情况的基础上，进一步挖掘资源组合方式的更多可能性，进而提升该资源为社会带来的价值，社会的发展离不开创意。广告创意则是关于广告如何能更好地传达广告意图的思维活动，既要站在广告主的角度出发，利用广告信息获得预期的经济效益，也要站在受众的角度考虑如何使广告内容新颖、有个性，从而吸引观众的注意力。网络视频广告的创意，不仅要符合影视广告的普遍审美要求，也要在成本控制的范围之内，具有制作上的可行性。

一、广告创意的基本原则

（一）原创性

网络视频广告创意的原创性原则是保证广告效果的基本条件，不仅关乎作品的质量、品牌的声誉，也是保护知识产权的重要举措。正如市面上饱受诟病的"山寨"品牌一样，抄袭而来的广告创意除了会引起消费者的反感情绪，造成品牌口碑下降，形成的行业不良风气也必然会扰乱市场秩序。

在广告制作过程中，部分影像素材、特殊字体、拟音、配乐等可以是非原创性质的，前提是制作方需通过合法途径购买非原创素材的使用权，这一部分产生的费用也应纳入广告预算。

（二）有效性

网络视频广告的有效性首先体现为内容简洁。短视频平台用户在快节奏、高密度、碎片化的信息海洋中，对广告视频的关注度和持续注意力是有限的，因此，创作者需要在极短时间内完成，表达出宣传意图这项看似简单、实则艰巨的任务。简洁和创意并不冲突，前者要求广告必须把握住品牌的传播重点，后者要求突出重点的方式尽可能令人眼前一亮，即重点和亮点不能顾此失彼。

有效性原则还体现为广告内容易记、耐人寻味。广告创意不仅要同产品参数、服务质量、消费者权益密切相关，还应通过创意的实施使观众对品牌的外形或内涵产生深刻记忆，促使消费者在消费过程中自发地形成思维的关联。这也是众多品牌选择公众人物或知名卡通形象作为形象代言的重要原因，大众对名人明星的熟悉与支持有助于塑造较为鲜明的企业形象。网络媒体当下流行一个缩写为 KOL（Key Opinion Leader）的概念，即关键意见领袖，指某行业或某领域内的权威人士，在信息传播过程中，有能力引导相关群体做出判断和行动的个人。意见领袖逐渐在网络广告推广中占有一席之地。另外，互联网平台是信息构成的一片汪洋大海，相较电视媒介，短视频类节目推出的时机较为无序，因此，加大广告投放和播出的频次，提升品牌创意的话题性和曝光力度也是提升网络视听广告有效性的重要途径。

（三）合法性

广告创意要严格遵守《中华人民共和国广告法》的规定，广告内容应真实、合法，以健康的表现形式表达广告内容，符合社会主义精神文明建设和弘扬中华民族优秀传统文化的要求。广告不得含有虚假或者有歧义的信息，不得欺骗、误导消费者。广告主、广告制作者和发布者在从事一切传播活动时，应当诚实守信、公平竞争，促进广告业的良性发展，维护社会经济的正常秩序。

二、广告策划的基本思路

（一）产品定位

广告策划的要点之一是做好产品定位，即明确广告诉求，并找到合适的表现形式。广告诉求可理解为要让观众通过广告了解到什么，"说什么""强调什么"；表现形式是通过对画面和文案的设计，营造出特定的氛围和意境进而让观众接受产品的价值所在。诉求与表现是内容与形式的关系。

产品定位的形成来自对产品功能、品质、价格、原材料、历史背景、使用方法、外观包装、技术开发特点、口碑等属性的具体分析。在分析过程中寻找该商品的独特属性，以此确定广告宣传的突破点，使广告创意精准到位，强化重点，促进广告目标进一步实现。

（二）市场定位

广告策划的要点之二是掌握产品在消费市场中的定位：在什么样的市场环境中，面对怎样的竞争对手，商品的购买者是谁，一个品牌应以什么姿态面对时代的挑战……对市场的调研越是全面透彻，越有可能在竞争中获得有利地位。市场定位中，消费者侧写（Profile，也译作"剖绘"）是指根据研究对象的行为方式推断心理状态，从而分析性格、生活环境、职业、成长背景等信息。消费者侧写对于广告策划者来说是一项重要而艰巨的工作，需调研的内容包括：消费者是否具有明显的地域性；目标受众群的购买理由、动机可能是什么；消费者的生活方式、消费习惯是否存在某些共性；消费者对现有产品满意度如何、未来会有何潜在的需求；受众群的媒体接触状况如何，常用以及熟悉的媒介分别有哪些；对网络媒体持有怎样的态度；等等。

产品有自身的周期，企业经营策略并非一成不变，大众消费偏好也随时可能发生偏移，必要时，品牌需要进行重新定位，并及时作出新的推广方向。以社交媒体小红书的产品定位与市场定位为例，上线之初，它是一个用户发布购物笔记的图文分享性质的社区。时值中国跨境旅游与电子商务处于加速阶段，旅游期间的购物选择存在来自陌生环境的信息差，小红书切中这一痛点，并结合社交网络推广方法（高质量的目的地购物攻略分享），吸引了以女性、高校学生为主体的用户群，海外留学生是生产购物笔记的主力军，他们更了解海外商品，也更加乐于分享。后疫情时代，境外旅行与消费热度暂时处于低位，平台尝试将少数亲历者经验、感悟的分享领域扩大到大众日常生活的衣食住行各方面，以"你的生活指南"作为功能定位，以"2亿人的生活经验，都在小红书"作为宣传语，使小红书成长为一个服务全民的社交媒体。2022年北京冬奥会期间，小红书抓住春节的人口流动会带动信息与认知流动的契机，在央视网、央视频等主流媒介投放，实现了广告对大众人群的覆盖，主推两则 15 秒广告也采用了短视频"短、平、快"等特点，表现形式为"（演员）进入具体场景，代入画面感，抛出网友问题，激活注意力，促进行动力"。

三、策划方案撰写

广告的策划方案又叫"广告提案"，是指承担各类广告服务工作的广告代理公司中负责广告构思与计划的职能部门，向广告主提供的广告创意阐述和执行办法说明的具体方案。通过策划方案，广告主可以充分了解广告的理念构成与视听构成是否符合预期的要求。因此，策划方案要站在打动客户的立场，达到条理清晰、结构严谨、阐释到位等标准。对接方案时，要认真准备演示工具，包括完整的策划书等纸质文件，笔记本电脑、辅助型 PPT、电子版拷贝、翻页笔等物品。广告提案是允许失败的，要及时听取广告主的意见，调整或重新制定创意策划内容，方案一旦通过，广告制作就要进入到执行阶段。

创意策划案是应用文的一种，其应用性表现在逻辑方面。从表层来看，是阐明一则或一系列影视广告从无到有的过程；从深层来看，则是广告公司项目负责人综合专业能力的有力体现。广告策划书需包含所代言产品的关键信息、广告片的主题阐释以及广告内容的设计说明，其中，内容设计方案是策划方案的主体部分，占全文篇幅最多。

（一）关键信息

一个品牌旗下往往不会只生产某一种特定型号的产品，好的品牌可通过维护而经受住时间考验运营下去，产品却有自身的周期，会面临更新换代、绝版、落伍等问题。因此，广告策划者首先要明确的基本问题是此次广告对应的宣传对象，准确的产品命名、从属系列，具体到型号（别称）分别是什么。以上内容由广告公司与广告主在前期会议沟通得来，在确认无误后，再进一步做市场定位的表述，即市场调研的成果总结，文字内容包括产品情况与即将面向的主要受众群，详细说明受众特征、受众和产品具备怎样的契合性也是这一阶段的主要任务。

（二）主题阐释

主题指的是本支视频广告的中心思想，是根据产品自身属性引申而出的核心概念，以及对概念的解释说明。这一部分的撰写思路是"提出问题→回答→答案分析→应对策略"，我们可以用图6—1来具体说明。

图 6—1

（三）设计说明

网络视频广告策划方案的设计说明主要包括网络视频广告的类型、影像调性、视频结构等方面。设计说明分为以下几个步骤。

第一，确定网络视频广告类型。是选择产品展示类、剧情类、伪纪录片类、观念类、公益类短视频，还是偏向病毒营销短视频等，并准备视频的内容概述与时长预估。

第二，具体介绍影像调性、视听风格、角色形象等。画面相关的知识内容本身没有固定的表述方式，措辞具体、规范，写实不写虚，注重视觉层面的直观描写，尽量不涉及"感受""体会"方面的抽象描写。必要时，阐述影像调性和人物形象可借助图片做影像参考。

第三，梳理视频的结构。结构即广告元素的呈现顺序，以流畅为原则，可将预计的广告时长切分成"头、中、尾"或"总、分、总"几个阶段，先分别撰写各部分出镜信息，后表述各部分之间的关联所在。

进行广告本体的设计说明时，要准备多部相似类型、目标风格的制作成熟的视频广告用于可视化补充说明。对市面上的优质短视频进行观摩、分析、总结和借鉴，是不断开拓视野、启发自我的过程，作为网络视听工作者，应尽力从日常工作中随时进行学习与积累。

第四节　网络视频广告的剧本与分镜头创作

一、广告文案

通常与"创意""策划"共同出现在文化产业领域的还有"文案"一词，这个词来源于广告行业，既可以指代企业从事文字工作的特定职位，也用于指"使用文字及符号来表现可行的构思与创意"的具体表现形式。文案是策划行为的文字表达，现代商业广告的文案部分通常也由广告公司负责提供。文案既要保持传统写作的语言美感，又要注重信息传递的效率，注重与读者的沟通与反馈——这里的读者包括委托广告任务的广告主，共同实现广告任务的合作方/制作团队，以及真正意义上的广告观众。广告文案的撰写围绕着策略提炼和创意表达展开，如与读者交流什么，如何定义你的产品，什么信息和视听风格既符合品牌气质又能激活大众的注意和联想，等等。

除了广告策划方案，网络视频广告的文案还包括广告标语、广告脚本等相关内容。由此可见，新媒体视频广告在部分工作流程上，仍保持着和传统媒体广告相同或相似的规范，甚至要面对更多审视和更高的技术要求，广告主体更应严肃对待前期筹备工作和案头工作。

（一）广告标语

广告标语也叫广告口号（Advertising Slogan），是品牌在较长时期内反复使用的一句特定商业用语，作用是以凝练的文字把企业或商品的特性表达出来，给予消费者简明扼要的广告信息提示。广告标语通常由企业所拟，品牌整体战略鲜明地体现在广告口号之中。一则朗朗上口的广告标语由于反复使用，实际上成为企业品牌的一种长期投资。语言的生动形象、意境优美，体现在对词语、句式、修辞的运用智慧上，但绝不是玩文字游戏。广告口号按其不同的职能可分为产品广告口号、企业形象广告口号、服务性广告口号等不同的类型。根据众多商业广告口号的实际应用情况，还可以在内容和形式上进行更为详细的分类。

（1）形象建树型：这个形象可以是企业形象、产品形象、品牌形象、服务形象，其目的是建立一个让公众和目标消费者信任、赞赏的形象，为广告主的长期销售活动做有效的铺垫。

（2）优势展示型：展示产品或服务的优势，让消费者用最快捷的方式了解产品的关键功能和特点，与其他产品进行对比，做出正确选择。

（3）号召行动型：此类广告语一般采用直接的方式，运用宣传鼓舞性的祈使句，激发起受众的消费欲望，进而采取购买行动。

（4）情感唤起型：情感唤起是指借助受众心目中的人性、情感因素，用情感向受众呼唤、宣泄、倾诉，以赢得受众的共鸣，产生具有情感倾向的消费。

（二）广告脚本

网络视频广告脚本，即视频广告的剧本，是视频广告创意的文字表达，也是摄制视频广告的基础蓝图，由文案或编剧完成。广告脚本是广告文案的一种特殊形式，在写作过程中，必须运用蒙太奇思维，站在"声画关系"的角度进行构思，既要完整地呈现"画面里有什么"，也要对环境、物体以何种形态存在，动作、表情、语言如何相互作用等内容进行准确描写。因此，广告脚本应遵守电影剧本的写作规范，必须按场景顺序进行撰写，做好场次划分、场景过渡及单场内部的内容分配。这里说的广告脚本不是分镜头脚本，不需要"景别、构图"等视听语言标注。

在微信公众号、移动电视、视频网站、播客等互联网媒介上，还流行一类被定义为"新媒体宣传片"的网络视听广告。新媒体宣传片的主要目的仍是对企业、单位、机构等主题进行宣传推广，扩大声誉，它自身的主要特征体现为以下三个方面。

（1）故事性强，信息量丰富。尽管受限于篇幅，广告片中塑造的人物及事件从缘起、展开到收束、升华这一过程需要高度概括，但叙事线相对清晰完整。

（2）人文关怀的倾向鲜明。"以人为本"是此类视频的理念构成，即使是对某一事物的宣传，视频主题也几乎围绕"品牌背后的故事"展开，可从劳动者的巧思与技艺、主理人的创业心得、消费者的使用感受、企业的社会担当等角度，将商业宣传融入更多有温度、有态度的正能量。

（3）善用访谈与解说词。主要人物的自述容易提升广告的真实感，但语言往往是有选择地保留，而解说词的作用在于串联视频广告的多个片段，通过语言的顿挫把控整体节奏，对画面内容进行信息解读并尽量减少口语化表达。解说词可以是第三人称旁白形式，也可以是以第一人称的口吻来讲述，访谈与解说词能够起到相互配合、补充的效果。

二、故事板

故事板（Storyboard）就是分镜头脚本，是在广告公司策划部门制定的方案基础上，将文字描述转化为视听成果的中间步骤。如果说视频广告是一座成型的建筑，故事板就是建筑工程的图纸。因此，故事板通常由广告公司的美工部门具体执行，是导演构思的直观呈现，也是视频广告的参考和拍摄依据，不仅能令现场工作人员高效一致地理解剧本内容，也为各工作岗位的协作提供明确的指导。

（一）故事板的任务

一张合格的广告片故事板，总体任务是将文案转化为视听语言，具体到可用于直接指导拍摄实践的程度。画师根据对拍摄方案的深度了解，设计出合适的镜头数量和排列顺序，并准确绘制每一镜头内部存在的事物及其动态趋势。动态趋势可用拍摄方式加以说明，如固定镜头、运动镜头、镜头间如何衔接等。

（二）故事板的内容

网络视频广告的故事板以表格（见表6-1）呈现，涵盖内容包括场次、镜头号、景别、镜头运动方式、镜头时长、画面内容，以及画面对应的人声、音响和音乐。

表6-1　网络视听广告故事板格式范例

场次	镜头号	景别	镜头运动方式	镜头时长（秒）	画面内容	人声	音响	音乐	备注

传统商业影视广告的构图以横画幅为主，影像的表现方式以人类刻意的营造占主导，以完美呈现世界为出发点，因此在视频广告中常见超现实的空间、精致的光线、绚烂的色彩，以及复杂、流畅的运动和调度。相较之下，网络视频广告正因发布媒介的变化，镜头设计也在逐步适应网页、手机端等新媒体短视频平台的特征与叙事节奏，画面风格不仅有生活化的质感，更注重为观众营造强烈的真实感与参与感，甚至制造可引发讨论的话题。同时，出现了众多风格迥异的竖画幅视频广告，这要求我们在绘制故事板的时候，尝试多转换思考方式，不排斥竖画幅的构图，不回避长镜头的设计，充分运用近景和特写，通过相对饱满的画面增进广告的视觉张力。

第五节　网络视频广告的拍摄、剪辑与包装

在正式拍摄之前的筹备阶段，公司创意部就广告片的长度、规格、交片日期、目的、任务、情节、创意点、气氛和禁忌等做必要的说明，帮助制作公司理解该广告片的创意背景、目标对象、创意原点及表现风格等，同时要求制作公司在限定的时间里呈递估价和制作日程表以供选择。当客户、广告公司、制作公司签订具体的制作合同之后，制作公司会根据合同和最后确认的制作日程表，在规定的时间内准备接下来的第一次制作准备会（Pre-Production Meeting，PPM1），选定导演、摄影、美术指导和制片

人四大核心工作人员。制作团队组建之后，摄影组将举行内部会议，对导演阐述、故事板、灯光影调、演员和角色、场景、摄影、服化道、后期、音乐音效和拍摄计划等所有细节进行全面的准备工作。

正式拍摄时，除摄制组全体人员之外，制作公司的制片通常会协同广告公司的制片，联络客户和广告公司的创意总监（CD）、艺术总监（AD）、文案等有关人员到拍摄现场参加拍摄。拍摄现场会将故事板打印出来进行分发，让各部门知晓拍摄内容和进度。

一、网络视频广告的造型手段

尽管商业广告的功能多体现在"美化事物"上面，然而无法否认的是，自摄影技术诞生以来，"人"始终是镜头最重要的表现对象，现代商业广告离不开以人作为主角，与人类发明的琳琅满目商品建立紧密联系。如美妆产品广告，不拘泥于材质、原料等信息的介绍，也追求表现人物健康靓丽的形象、皮肤清透细腻的质感。视频广告的光影、造型和美术风格可以是多姿多彩的，没有唯一的审美标准，制作团队只有掌握更多的拍摄、剪辑与包装手法，才能从容应对新媒体视听时代对商业广告日益复杂的要求。

（一）镜头选择

品质上乘的镜头在解像力、锐度、眩光和色彩还原等方面都表现良好。镜片组搭配的不同导致光线折射的扭曲率、光损等方面存在着差异，定焦镜头的成像质量往往优于变焦镜头。变焦镜头各长短焦的畸变通常比定焦镜头要明显。镜头工艺的进步正在缩小两者的差距，而且很多摄影师越来越多选择使用变焦镜头的原因还在于它省去了现场不断更换镜头的时间，拍摄中可以随时变换景别。尤其短距变焦的手段可以让摄像师快速捕捉到演员最有表现魅力的瞬间和细节，由此带来生动活泼的镜头效果。

1. 长焦镜头

长焦是近景别或特写比较常用的镜头。相对长的焦段造成的畸变较小，不易丑化人物，适宜用来拍摄人物的脸部特写或呈现局部美感。同时，通过开大光孔可以使人物与后景拉开纵深，后景被长焦收聚，让人物成为绝对的视觉重心。在使用长焦镜头时，往往会与被摄对象拉开一定距离，减小其表演压力，使其更放松自然。广告中比较常见到追求线条或图形的平面构成效果，这也是长焦的长项。

2. 广角镜头

广角镜头的特点是视野开阔，大景深，可以表现出相当大的清晰范围，以及能强调画面的透视效果，善于表现前景和主体的远近感，突出空间对比，有利于增强画面的感染力。多数情况下，拍摄者认为广角拍摄人物会造成明显的畸变，丑化人物形象。然而找到适宜但非常规的拍摄角度（如从人物背后仰视），也能把握好视觉的整体效果。选择广角拍摄人物的镜头时，要特别注意构图的选择，在后景控制方面，由于广角镜头的大景深和宽广的取景范围，相当多的后景被容纳进来，于是在主体为人物的镜头拍摄中，要尽量使后景简洁，以免过多杂乱的元素干扰到对拍摄主体的塑造。广角镜头强烈的造型感也能营造独特的美感。特别在纵向跟踪的运动镜头中，广角的运用可以让画面非常有动感。此外，在一些要表现人物喜剧感的网络视听广告中，广角贴近人物拍摄也能突出演员表演的张力。

3. 标准镜头

标准镜头焦距值取决于感光材料的尺寸，其原则是与画幅对角线的长度基本相等，所摄得的影像在透视关系和视角范围上都比较接近人眼正常视觉感受，可以说是相对最没有畸变感的镜头。而且在同样的制造工艺标准下，标准镜头的成像质量最优。它的光圈一般都较大，在城市夜景中甚至可以不用额外的灯光辅助，也能得到充分的曝光。虽然不像长焦、广角那样个性明显、造型特点突出，但它朴实无华的再现能力却是追求自然写实的上佳选择，所以在记录式镜头拍摄中被广泛使用。

（二）光线设计

摄影术（Photography）一词的希腊文原意为"用光线来书写"，由此可见，光线在摄影创作中的地位。光线是视觉表达的基础，是确立影像风格的重要手段。从技术角度考虑光线的时候，我们应从这几个方面思考和衡量：光源的方向、光源的强弱、光源的质感、光线的反差等。

在对灯光的设计布置工作方法上，通常情况下，对人物的打光都需从确定主光开始，主光确定下来后，整体光效气氛也建立起一定的格局。接下来只要根据主光带来的气氛基础，确定副光、修饰光等其他辅助光。

在考虑主光怎么打之前，首先要明确对画面的预期：广告整体基调是什么——可以是高调（以亮调为主）、低调（以暗调为主）或者混合。高调明快轻松愉悦，低调沉重压抑，混合调则偏重于写实效果。多数影视广告用光都以营造视觉美感为第一目标，在确定了主要表演区域和摄像机的取景方向后，以此作为工作的起点，如果脚本的动作发生环境是基于一个写实的现实空间，那么光源方向可能就要考虑到环境基础的光线结构，从自然光角度出发进行布置，例如窗户、门、天井、道具灯等；如果空间环境是抽象的，需要从主观制造美感，根据所需要的画面效果或预期风格直接进行光的设计。

确定整体光线气氛的基调后，就得确定光照的强度，其一般基于光孔大小。在棚内拍摄商业广告片时，光孔由摄像师综合考虑风格、景深、焦点跟踪和成像质量等因素后决定，再根据光孔的大小来选择不同功率及数量的灯具来打主光。主光位置及强度都定下来之后，就可根据影像风格的具体需要来调整副光和修饰光的位置和强弱。主光、辅光布置完成之后，要考虑的因素是明暗反差。明暗反差是指被摄入画面的元素因为光照的存在而产生一定的明暗对比，既可指画面的整体，也可细化到某个局部。高反差画面中，光的来源会显得十分突出，整体视觉感受富有力量感，而低反差的画面则会显得柔美，更富有亲和力。广告为产品服务，布光时尽可能根据产品自身材质特征进行设计，既要反映出真实的造型与形状，又要酌情进行合理的美化与适度的夸张。

二、网络视频广告的后期制作

现场的摄制工作完毕后，进行拍摄与制作的妥善交接，但原则上这两个程序并不能完全脱节。此时制作公司变成后期公司的客户，后期公司的制片、制作人共同和制作公司的制片、导演召开项目制作准备会议（Pre-Production Meeting，PPM），双方需沟通明确的主要内容为后期的制作方法、预期效果、工作周期、费用等。

（一）网络视频广告的剪辑

网络视频广告常用一些符合新媒体短视频特点的特殊剪辑技巧，如快速剪辑，在一些要体现速度、刚毅特性的广告中，通过尽量缩小镜头与镜头间的时长和空间距离，使原本单个的、间断的镜头形成一种快速完整连续的影像叙事链。如升格镜头，以超过每秒24帧速度拍摄的画面被称为升格镜头，当升格拍摄的画面在银幕上以正常速度播放便产生放慢效果，在广告中利用升格镜头充分展现细节特征。如重复剪辑，这是一种将同一镜头画面或场景重复使用的剪辑方法，通过重复剪辑来突出表现产品的某一特征或突出戏剧感的情节，加深在观众脑海中的印记。

（二）网络视频广告的包装

网络视频广告的包装指利用计算机合成技术对摄影机拍摄的或软件制作的素材进行特效处理和合成。通过对素材的包装，可使广告实现更多超现实的场景或动态的场景拼贴，也能通过文字包装，加强受众对广告信息的理解。网络视频广告的关键信息大都通过视觉元素来完成，画面造型的表现力、感染力是网络影视广告获得良好传播效果的有力保证。字幕作为画面的构成元素，主要功能是强化广告主题和品牌。因此，字幕的外形设计应醒目、突出、美观。尺寸的大小依据具体画面的构图要求来确定。字幕的字体要依据网络视频广告的整体风格和具体内容来使用，颜色也应符合网络视频广告的整体风格，且要与背景图像有一定对比，从而使观众可以快速捕捉到字幕信息。

（三）网络视频广告的调色

网络视频广告调色先要确定调色的风格，这是调色的基础步骤。经导演、主创人员的讨论，确定广告片调色的宗旨，根据广告的类型、主题、创意思路等确定调色的方案。一般来说，暖色调会使画面显得厚重、沉稳、饱满，而冷色调则会显示出安静、空荡、遥远、轻灵的视觉效果。在调色时，要根据影片风格，采用恰当的冷暖色调。调色不能以单一画面为主，而是要整体把握广告片的基调。可能某个画面用某种色调表现很有冲击力，但是和整体广告片风格有差异，那么只能放弃这种色调，选择契合整体色调的方案。我们得到的原始素材画面饱和度普遍偏低，后期调整饱和度时，可以降低中间灰度的量值，增加画面的通透性，但对比度不能调太高，否则会使暗部细节丢失或溢出。同时要结合亮度进行调整，也可以调整 Gamma 曲率，改变高光、暗部、中间影调的动态范围。在夜景或灯光亮度对比较大的环境下拍摄的素材，通过尝试降低对比度，可以改善画面的动态范围，降低反差。

【本章小结】

信息技术变革为现代商业广告的创作理念带来了无限可能，大众对网络的接受与应用为广告行业发展提供了重要机遇。在新媒体的时代背景下，网络视频广告的多样性、精准性、渗透性、话题性不断增强，无处不在的广告在引导受众不断做出消费选择的同时，也在潜移默化地影响着人们的影像审美感知能力。与此同时，便利的互联网信息推送也对个人隐私的保护等方面带来强烈的冲击，诸多新的问题值得我们进一步思考。当然，网络影视广告还将随着技术迭代发展而存在不断突破的空间，作为广告制作者，重在迎接机遇，应对挑战，博观约取，厚积薄发，更好地服务品牌，服务社会。

【本章学习与思考】

1. 从策划的角度出发，如何在网络视频广告中提升品牌的辨识度？

2. 为何众多品牌倾向于选择公众人物作为形象代言人？

3. 哪一则网络视频广告曾给你带来较强的视觉冲击？请尝试绘制该片连续五个镜头的故事板。

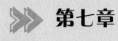

第七章

网络音频节目

网络音频节目，被习惯称作"播客（Podcast）"，是一种通过互联网传播的数字媒体节目，通常以音频形式制作与呈现。"播客"这一名词结合了苹果公司旗下的一款移动音乐播放器 Ipod 和广播两个词汇而成，指的是一种可以随时随地通过互联网订阅、下载以及在线收听的音频节目。播客的发展源于互联网科技的进步和个人媒体创作的兴起，也继承发展了一部分广播电台节目的制作模式。播客产业在创新过程中日臻成熟，主要表现在已形成独立的媒体形式，允许个人、团体或机构创作并分享内容，为听众提供多样化的节目内容和信息接收方式。

第一节　网络音频节目概述

一、网络音频节目的起源与发展

网络音频节目的起源可以追溯到 20 世纪末互联网和数字媒体技术的兴起与快速发展，以下时间脉络是网络音频节目的主要发展阶段。

（一）早期阶段（1999 年左右）

20 世纪末，互联网及搜索引擎的普及使得信息接收者开始掌握在网上共享文本、图像和音频内容等技能。在这个阶段，音频内容的传播主要是通过下载音频文件、运用播放软件手动播放的方式加以实现。用户可以将文件下载到个人设备，即方便自己选择任意时间收听的一系列数字音频文件。这样的声音接收方式有时因音频文件的解码、播放软件影响音质效果等大大小小的问题，限制音频内容的传播效率和用户访问热度。

（二）播客的诞生（2004 年）

"播客"的概念由英国记者本·哈默斯利（Ben Hammersley）首先公开提出。哈默斯利是一位经验丰富的科技记者，他的文章涵盖了互联网、网络安全、数字隐私、社会媒体等多个领域，还在全球范围内进行演讲，分享他对数字技术和文化趋势的洞察。2004 年，他在《卫报（The Guardian）》专栏中首次使用"Podcast"（播客）这个词汇，将广播和声音播放器结合起来，描述了一种通过互联网传播音频内容的新方式，这篇文章在很大程度上推动了播客的出现和发展。同年，前音乐电视视频（MTV）节目主持人亚当·库里（Adam Curry）和软件工程师戴夫·温纳（Dave Winer）合作开发了一个名为"iPodder"的软件，后来更名为"Juice"，该软件允许用户订阅，并加入了自动下载音频文件功能，为音频内容的自主投递与传播奠定了基础，也为大众广泛接受播客提供了重要的技术支持——用户能够通过软件订阅且能够自动下载已订阅的音频文件，标志着播客的诞生。

（三）获得 iTunes 支持进入普及阶段（2001—2010 年）

iTunes 是一款由美国苹果公司开发的多媒体软件应用程序，于 2001 年问世，最初是一个音乐播放器，随着时间的推移，到今天发展成为一个能提供虚拟服务项目较为全面的多媒体工具，涵盖了音乐、视频、播客、电视节目等多种内容。苹果公司在 iTunes 中加入了对播客的支持，因此，用户能够更方便地发现、订阅和下载播客节目。这个举措极大地推动了播客的普及，也为新一代在网络媒介的工作者提供了创作和创收的机会。音频节目在创作的过程中也不断地推动创作工具的改进，在 21 世纪第一个十年之中，音频录制和编辑工具逐步演进且更加容易操作。民用级别录音装置的出现令越来越多人可以在家里或办公场地，而非专业录音棚来创建自己的播客节目，昂贵的设备也不再是节目制作者的唯一选择。

（四）多样化的内容和风格（2011—2020 年）

随着网络音频节目制作领域的进步，内容追求多样性和风格化以获得更多关注和热度也势在必行。从新闻、评论到剧集、教育、故事讲述、学术讲座，人类社会活动的所有领域几乎都被播客节目所涵盖，甚至极其个人化的情感经历也可以成为节目的话题。同时，流媒体技术的发展使播客不再需要下载后收听，而是可以进行实时内容传输。各种播客平台如Spotify、Google Podcasts、喜马拉雅等也应运而生，为用户提供更多的播放选项。

（五）商业化和专业化（2021年以后）

随着受众的影响力增加，很多企业、文化名人和传统媒体开始参与播客制作，一些原来靠用户生产内容的小型播客节目逐渐实现了商业化，创作者能够通过广告、赞助和付费订阅等方式获得收入。可见，网络音频节目的发展在技术、平台和内容多样性方面都取得了长足的进步，已经成为全球范围内受欢迎的媒体形式之一。与传统的广播相比，网络音频的接收更加便捷，电台广播最早需通过调频收听，车载广播和收音机、手机调频是主要的收听方式。为适应网络传播时代，也有不少传统广播电台与节目进行改革，将节目同步发布至在线音频平台及栏目官网，或开发独立平台（如中央人民广播电台"云听"），以适应新媒体时代听众收听方式和收听习惯的变化。

二、网络音频节目的分类与构成

（一）网络音频节目的分类

网络音频节目可以从内容、形式、主题等多种维度进行分类，使听众可以更好地根据自己的兴趣找到适合的节目。众多播客应用平台往往将节目按不同的标准进行划分，最终目的是让平台用户一目了然。以下列出一些常见的网络音频节目分类，以供参考。

1. 按内容类型划分

按内容类型进行划分，网络音频节目可以分为访问谈话类节目、故事叙事类节目、新闻类节目、喜剧和娱乐节目、教育和学术节目、探索类节目和心灵成长类节目等。

（1）访问谈话类节目：网络音频节目最重要的存在形态之一，包括访谈嘉宾、专家或名人的节目，通常涵盖特定领域的话题，如科技、经济、政治、文化、卫生等方面。访谈类节目的嘉宾可以来自各个领域，包括但不限于音乐、文化、科技、商业、政治、艺术、健康等。节目的魅力在于能够邀请各种背景和专业领域的人士，分享独特观点。此类节目通常会深入探讨嘉宾的经历、职业、思想、见解和工作过程等。主持人可能会进一步提出问题，以便听众可以更全面地了解嘉宾的背后故事，因为节目的目标之一是为听众提供启发。

（2）故事叙述类节目：类似于故事讲述，由制作者转述或请当事人自述各种类型的故事，包括虚构和非虚构内容。有一类特殊的故事叙述类似于广播剧的形式，是由制作者播放已购买版权的文学作品诵读。

（3）新闻类节目：音频节目提供新闻报道、时事评论和深度分析，其主要目的是为听众提供关于当天或最近发生的重要新闻和事件摘要，在遵纪守法的前提下，对事态加以理性分析。这类节目旨在让忙碌的听众能够快速了解当下的重要新闻内容，收获一些非官方化的观点，而无须花费大量时间阅读全文报道或观看完整的新闻节目。

（4）喜剧和娱乐节目：节目以轻松、幽默的内容让听众愉悦和放松，主要通过段子、轻松向的对话和即兴表演等形式制造笑声。节目内容通常取材于日常生活、社会热点，使用夸张或幽默的方式来解读时事或生活琐事，令节目充满新鲜感和真实感。谈话访问类重在深度交流与知识分享，而喜剧娱乐类则侧重放松与搞笑，二者各具特色，满足听众对信息与娱乐的不同需求。

（5）教育和学术节目：许多教育机构、专家和学者通过播客分享知识、讲座和教育内容，使知识更加普及和可及，帮助听众学习新知识，涉猎新领域。

（6）探索类节目：调查真实事件、犯罪案例、历史事件等内容，进行深入探索和揭示，避免在节目中公开他人的私人信息，尊重个人的隐私权。涉及真实故事或案例，应获得相关人士授权许可。

（7）心灵成长类节目：提供关于宗教、哲学、心灵成长和冥想等内容的节目，专注于探讨个人成长、内心探索、情感管理、心理健康以及灵性发展等主题，通常旨在启发听众，提供积极的心理指导，帮助大众在个人生活中获得平衡、安宁和情感成长，倡导健康生活方式。

2. 按主题和领域划分

按主题和领域划分，网络音频节目可以分为科技和创新类节目、文化和艺术类节目、健康和生活方式类节目、商业和创意类节目、历史和社会类节目、旅行和探险类节目、科学和自然类节目、家庭和育儿类节目等。

（1）科技和创新类节目：讨论科技趋势、创新、互联网文化浪潮等相对新生的事物。

（2）文化和艺术类节目：探讨文学、艺术、电影、音乐等文化领域的话题。

（3）健康和生活方式类节目：提供健康、健身、心理健康、生活技巧等内容。

（4）商业和创业类节目：介绍商业战略、创业经验、市场分析等商业相关内容。

（5）历史和社会类节目：回顾历史事件，研究社会问题、人文科学等领域的知识。

（6）旅行和探险类节目：分享旅行经历、地理知识、探险故事等。

（7）科学和自然类节目：探讨科学研究、自然界、动植物等领域的知识。

（8）家庭和育儿类节目：提供与家庭、亲子关系、育儿经验相关的经验与信息。

3. 按节目形式和风格划分

按节目形式和风格进行划分，网络音频节目可分为单人演讲、双人对话、小组讨论、音乐混音和广播剧等节目。

（1）单人演讲类节目：一个主持人或讲述者进行独自演讲，与听者隔空交流。

（2）双人对话类节目：两位主持人或嘉宾之间的对话交流。

（3）小组讨论类节目：多位主持人或嘉宾参与的集体讨论。

（4）音乐混音类节目：这是一种创意性的网络音频节目，其主要特点是将音乐和声音效果结合，创造出独特的收听体验。这种类型的节目不仅仅是音乐的播放，而是通过对音乐和声音素材的处理、叠加、编辑等方式，创造出一种富有创意和艺术性的音频内容。在音乐混音节目中，制作人会将不同的音乐曲目和声音效果进行叠加。这些声音效果可以包括环境音、声音片段、声音效果等，用来增强音乐的情感和氛围。电子音乐在这一类型的节目中特别受欢迎，因为其往往具有丰富的声音层次和变化。音乐混音节目通常可以通过在线平台、播客应用或社交媒体进行分享。这为创作者提供了向全球听众分享他们的创意作品的机会。

（5）广播剧类节目：广播剧是一种通过声音效果、音乐和演员的声音表演来呈现的戏剧作品，旨在在听众的想象中创造出丰富的视听体验。与传统的戏剧和电影不同，广播剧完全依赖声音来传达情节、角色和情感。广播剧的核心是声音表演，演员通过声音来扮演不同的角色，表达情感，传达故事情节。他们需要用声音来传递情绪和台词、刻画角色的性格。广播剧使用各种声音效果和音乐来增强情节的氛围和紧张感。声音效果可以模拟现实场景中的声音，如雨声、风声、电话铃声等，而音乐可以在关键时刻提升戏剧效果。广播剧需要依靠听众的想象力，如果没有实际的视觉元素，听众必须依靠声音来构建情节、场景和角色的形象。这种特性使广播剧在刺激听众的创造力方面具有独特优势。广播剧需要演员具备良好的声音技巧，包括语调、音量、节奏等方面，演员的声音表现力对于传达角色情感和性格至关重要。虽然广播剧在广播时代开始流行，但在数字化时代仍然具有吸引力。现代的数字录音和制作技术使广播剧制作更加便捷，同时可以通过互联网广为传播。

（二）网络音频节目的构成

1. 网络音频节目的传播主体

网络音频节目的传播主体指的是在节目制作和传播过程中扮演关键角

色的个人、团体、机构或平台。这些传播主体在网络音频节目的创作、制作、发布、宣传和传播过程中起着重要作用，影响着节目的内容、形式和传播范围。

具体来说，网络音频节目的传播主体包括创作者/主持人、制作团队、平台和服务提供者、广告商和赞助商、听众社群，以及媒体机构和出版商等不同的类型。

（1）创作者/主持人。创作者或主持人是节目的核心，他们负责节目的内容创作、制作和主持，并通过自己的声音和话语传达节目的主题、观点和情感。网络音频节目的创作者需要具备多种素养，以确保能够制作出高质量、有吸引力的节目。创作者应该对自己的节目主题有深入的了解和专业的知识背景。无论是讨论科技、音乐、文化、科学还是健康，深度的了解可以使节目内容更加有说服力和有趣。声音是播客的核心元素，创作者需要具备良好的声音表达技巧，包括清晰的发音、自然的节奏和适当的语调。创作者需要具备创意思维，能够找到独特的切入点、新颖的故事叙述方式或者引人入胜的节目构思，好的故事叙述能力是制作成功节目的关键。创作者应该能够将信息以引人入胜的方式编排，构建故事情节，让听众产生共鸣，因此良好的沟通和人际关系技能是必要的。

（2）制作团队。对于一些高质量的网络音频节目，可能涉及一个制作团队，包括音频编辑、音效设计师、剪辑师、脚本撰稿人等，工作人员需共同协作，确保节目的声音、内容和质量都能达到预期标准。制作团队还需要进行充分的准备和研究，确保他们对所要讨论的主题有全面的了解，在节目中提供准确和有价值的信息。节目制作可能需要使用录音设备、音频编辑软件等工具，制作者需要具备基本的技术知识，以确保音频质量。媒体环境不断变化，团队也应具备适应性，能够灵活调整内容和策略，持续学习和改进内容方案，以适应新的趋势和技术。

（3）平台和服务提供者。在播客平台、社交媒体、网站、应用程序等平台上，有许多服务提供者可以帮助创作者将节目推送给更广泛的听众。这些平台提供了订阅、播放、下载等功能，有助于节目的传播。

（4）广告商和赞助商。一些网络音频节目会依赖广告和赞助来获得收入。广告商和赞助商支持节目的制作和传播，同时也通过节目获得曝光和宣传。

（5）听众社群。网络音频节目的听众也是传播主体的一部分。他们通过分享、评论、推荐等方式，将节目推荐给其他人，从而扩大节目的受众范围。

（6）媒体机构和出版商等。现今，有不少的媒体机构、出版商、广播公司及企业在网络音频节目领域活跃，并非媒体转移阵地，而是拓宽视听等多重领域。这一类的传播主体可以制作自己的节目，也可以与独立创作者合作，将节目纳入机构的平台和官方网络传播账号中。

2. 网络音频节目的传播媒介

网络音频节目的传播媒介指的是传播主体通过哪些渠道和平台，将音频节目传达给听众。传播媒介在网络音频节目的制作推广过程中起着关键作用，一定程度上决定节目能够触达的受众范围和投入社会的影响力。以下是一些常见的网络音频节目传播媒介。

（1）播客平台。播客平台是最主要的网络音频节目传播媒介之一，国内一些致力于声音类节目推广的平台如小宇宙、网易云等，允许创作者将编辑制作好的节目发布到平台，并通过订阅、下载或在线传输等方式让听众获取节目内容。

（2）网站/社交媒体。相当一部分的创作者将原创网络音频节目嵌入到自己的社交媒体主页中，社交网络好友和访客可在访问创作者的网页时直接收听节目，同时也提升了网站流量和影响力。社交媒体平台如微博、微信等也可以用于传播节目的预告、片段、链接等。创作者可以利用这些平台与听众互动，分享节目内容，并将听众引导到实际的播放平台。

（3）订阅号/移动应用。一些播客节目存在于独立移动应用程序或微信小程序，如蜻蜓 FM、看理想 App 等，听众可以直接打开此类应用收听订阅或购买的节目，应用程序往往采取会员制的方式推广更多本平台的节目。订阅的方式可使创作者能够为听众提供更个性化的节目内容，并通过应用内的互动功能与听众互动。

（4）音频托管服务。除了播客平台外，一些专门的音频托管服务如音乐分享社区（Sound Cloud）也提供将音频文件托管和分发的功能。这类服务允许创作者通过嵌入代码或链接将节目嵌入到各种网站和平台中。

3.网络音频节目的基本构成要素

总体来说，网络音频节目的基本构成要素包括了内容、形式、人员、技术等多个方面，它们共同决定了节目的风格、质量和影响力。不同要素的组合会创造出各种各样的节目类型，满足听众的需求和兴趣。网络音频节目的基本构成要素包括以下几个方面：

（1）主题和内容。音频节目的主题是节目内容的核心，它决定了节目讨论的领域、内容和目标受众。主题可以涵盖各种领域，具体选题与命题可参考本章第一节"网络音频节目的分类"部分内容。

（2）节目格式。节目格式决定了节目的结构形式（版式设计）。不同类型的节目意味着具有不同的内容元素或段落的排列组合方式，节目格式设计会影响听众的收听习惯、听觉体验和互动参与度。

（3）主持人与嘉宾。主持人是节目的引领者，负责主持节目、引导话题、与嘉宾互动等；嘉宾是节目邀请到的专业人士、行业专家，作为内容的解说者之一，参与话题讨论或提供专业见解。

（4）内容创作。内容创作包括节目的编写、录制和编辑，创作者需要准备好的脚本、提纲或主题大纲，并使用录音设备录制内容与编辑素材。内容创作的每一环节均是确保节目质量的重要步骤。

（5）配乐和音效。配乐和音效可以增强节目的情感和氛围。它们可以用来分隔不同的节目段落、引入嘉宾或强调特定内容。音频质量直接影响听众的体验，清晰的声音、适当的音量平衡和音效的运用都可以提升节目的质量。

（6）封面艺术和品牌形象。一个有吸引力的网页封面图像和明确的品牌标识可以帮助节目在平台上脱颖而出，并让听众通过视觉的帮助，更容易识别声音节目的品牌。

（7）发布和分发。完成内容制作后，节目需要发布到音频平台，使听众能够订阅、下载和收听。发布也可能涉及对节目描述、关键词和分类的设定。

（8）社交媒体与线上线下互动。大多数的音频节目和新媒体视频节目相似，通过社交媒体、电子邮件或留言板与听众互动，收集反馈、提问和建议，从而建立起节目与听众之间的紧密联系，使受众更有黏性。

第二节　网络音频节目的创意策划

网络音频节目的自身特点决定着节目的创意策划方式，本节内容将会围绕声音的特质与声音节目的属性，探讨网络音频节目创意策划的基本原则与思路。

一、声音的特质

在语言学领域，声音符号（Acoustic Symbol）是指声音的特定属性与其所代表的含义之间的联系。在语言中，不同的音素对应着不同的含义，而声音符号正是通过声音的特征来表示这些含义。声音符号的概念强调了语言中声音与含义之间的连接，即声音是一种表征意义的符号系统。不同语言中，相同的音素可能会在不同词汇中出现，因此它们会承载不同的含义，这就体现了声音符号的作用。举个简单的例子，在英语中，音素［b］和［p］分别对应单词"bat"和"pat"中的第一个音素。尽管这两个音素之间的唯一区别在于发音时声带的振动（声音 b 是浊辅音，声音 p 是清辅音），但这个微小的差别就足以改变单词的含义。这说明了声音符号的作用，即通过声音的差异传递不同的含义。

听觉是一种通过人的听觉系统感知声音的能力，"收听"是一项复杂的生理过程，涉及耳朵的解剖结构、听觉感受器的刺激、神经传递和大脑的信息处理和解读。声音是由物体振动产生的机械波，通过空气或其他介质传播。当物体振动时，周围的分子也开始振动，形成声波。听觉系统能够解析声音的频率和幅度，频率对应声音的音调，而幅度对应声音的音量。不同频率和幅度的声音被编码为神经信号，使我们能够分辨不同的声音特性。通过比较来自耳朵不同的声音延迟和强度差异，大脑能够计算出声音的来源方向，这是声音的定位能力。音色也是声音独有的特征，使我们能够区分不同的声音来源，即使它们具有相同的音调和音量。音质包含了音量、音高和音色，是声音在音响技术中的体现。通过这些机制，我们能够感知和理解声音世界，并展开丰富的想象，激荡起不同的情绪与思想。

二、网络音频节目的特点

网络音频节目的特点包括可订阅性质、内容多样性、低成本制作、收听机动性、长尾效应、互动性与社群性等。

（一）可订阅性质

网络音频节目的听众可以订阅自己喜欢的节目，一旦成功订阅，最新发布的内容会在听众的设备上作出相关提示，用户无须手动操作。节目的订阅机制使得听众可以方便地收听他们感兴趣的内容。

（二）内容多样性

网络音频节目的内容类型非常丰富，涵盖了社会生活的几乎所有领域，如新闻、故事、学术、娱乐、教育、科技、健康等。从时政评论到幽默喜剧，从学科讲座到真实故事案例，网络音频节目提供了多样的内容选择，满足不同需求的人群获取各类信息。

（三）低成本制作

作为一种新媒体节目，相比传统广播或电视节目，网络音频节目制作的成本相对偏低，个人或小团队若能善加利用简单的设备和软件，也可以制作高质量的节目。设备和流程的简化降低了创作门槛，使更多人能够尝试参与到内容创作，非专业人员也能体验音频节目录制的乐趣。

（四）收听机动性

声音技术的进步催生新的听觉体验，丰富现代人的生活方式，私人听觉空间开始从公共听觉空间分离。网络音频节目的一个显著特点是听众可以随时随地收听节目，在某种意义上讲，这也是一项优势所在，虽然收听是被动的，但受众在信息接收过程中受限较少，在获取音频形式的信息时，视觉和肢体也是相对自由的。只要与互联网连接，人们就可以在通勤、锻炼、工作等各种场景中收听自己喜欢的节目，增加了媒体消费的灵活度。

（五）长尾效应

新媒体环境下，网络音频节目数量众多，内容全面，因此即使是针对某特定兴趣领域的小众话题节目，也有机会获取一定数量的听众。这种长尾效应意味着即使是小范围的听众群体，也能根据个人喜好找到兴趣匹配的节目，为网络音频节目创作者带来持续的关注。

（六）互动性与社群性

这一特点是新媒体节目的特点之一，即节目创作者或主持人通过社交媒体、电子邮件或直接留言等方式与听众互动。互动性可以建立起传播主体与受众之间的紧密联系，形成一个社群，维持相对稳定的用户数量。与视觉媒介相比，听觉媒介更具陪伴性、想象性和私密性。网络音频节目是一种可营造一定"亲密感"的媒体，声音叙事具有沉浸感。即使网络音频节目在新媒体商业市场仍属于相对小众的领域，但收听网络音频节目日渐成为大众的一种生活方式。

三、网络音频节目创意的基本原则

音频节目的诸多特点能给予创作一定的启发，在创意阶段确定节目的主题和受众是非常重要的工作。可以用几个名词高度概括的明确主题（如社科、经济学、人口、环境问题等）能够吸引特定的听众群体，而清晰的目标受众则有助于进行精准的创意内容定位。

有关网络音频节目用户的研究主要以"使用情况"与"是否满足需求"为理论基础，通常抽取特定的用户群体为样本，探讨其使用动机与使用情况的关系。曾有研究者对几百名网络音频节目的重度使用者进行了关于节目订阅动机调查，结果显示，排名靠前的五个动机，包括缓解视觉疲劳的娱乐消遣、收集某方面信息、对时间的二次利用、支持某创作者获得广告商青睐以及发表观点并在网络媒体上与他人进行互动。

由此可见，持续吸引听众关注的因素有很多，"绝无仅有""独一无二"也并非好创意的唯一标准，创意的基本原则在于传播主体积极探索，明确目标受众的动机，结合节目本身的选题，在激发好奇心、兴趣点兼顾实用性等方面找到优势、强化优势。

四、网络音频节目策划的基本思路

网络音频节目策划的基本思路应遵循听觉文化的三个层面：一是基于声音本身的价值认同；二是以哲学、文学、历史学、经济学、社会学等学科为基础，融入对听觉文化的思考和分析；三是从听觉传播的角度展开对内容的设计。

第一，网络音频节目是以声音为载体的媒介，天然具有亲近性与陪伴性。声音将语言有声化，比以文本呈现的书面表达具有更多的附加意义，把文字转化为声音表达，在客观上丰富了文字所传递的情感色彩。作为调节消遣的媒介选择，网络音频节目使用的工具化属性减弱，生活的仪式化属性增强。听众通过收听网络音频节目，营造出一个声音空间，与网络音频节目完成虚拟的交流，增强共鸣感。在策划节目内容时，普遍需要建立起以主播为核心的个性化色彩，听众与网络音频节目、主播之间的纽带感增强，容易起到更好的放松调节和治愈作用。

第二，网络音频节目提供了一个对话的平台，来自不同行业的人们通过网络发表自己的观点，传达自己的声音，讲述自己的故事；听众通过收听网络音频节目，获取看待问题的不同视角。通过收听不同领域的节目，听众能从中提取信息点，学习新知识，在一定程度上补充或代替了信息获取的其他渠道。从网络音频中感知世界的动态是适应现代人快节奏生活、短时间高效率摄取新知识的有效选择。相较于社交媒体、短视频环境，当前网络音频节目平台的娱乐化程度较低，算法推荐机制尚不完善，这意味着可以避免过度陷入信息茧房。想在有限时间内多了解到一点信息的同时，不陷入信息过载的困境，高质量的网络音频节目可以满足人们的诉求。

第三，学习或工作时间长是大多数网络音频节目用户日常生活的特征之一，而在脑力劳动之余，很多人也要承担反复、固定的体力劳动。当手边的事务熟练操作也无须全神贯注地投入时，网络音频节目便成为消磨必须花费的无趣时间，改变工作状态调节心情的媒介选择。在这一使用情境之下，听众们偏向于选择收听话题轻松的、信息密度不大的网络音频节目，即音乐型、闲谈型、陪伴型播客，有些节目甚至在环境中，更像背景音的一部分。在非多线任务处理的场景下，听众通常集中较高的注意力收听节目，偏向于选择知识型的网络音频节目。声音是具有想象力的媒介，当信息借助声音传递给受众时，能够调动起受众对画面的补充。

五、网络音频节目的策划方案

网络音频节目的创意策划书即节目制作的方案，是一种应用文体，有着相对固定的格式措辞，强调逻辑清晰流畅，对项目的执行有明确的指导意义。通常，网络音频节目策划的内容涵盖节目形式、主题范围、内容编排、营销手段等方面。

任何节目都需要一个合适的命名，策划阶段命名尚未确定时也可使用编号或代称，一个名称也许不会特别亮眼，但节目命名力求符合节目的内容或特征，对主要话题一目了然。有的节目也需要能一句话概括节目风格的口号或标语，使用在节目片花中用以宣传。片花，又称片头，是节目开始的标志，以秒为单位计算时长，其形式多样，由音乐、音效、文案构成。常见的如提炼一句广告语、往期节目的声音混剪，类似电影片花，多用于广播剧、有声书、专题节目预告片，也可以采用简单音效配合凝练的上集回顾，让观众尽快进入节目营造的声音情境中。

网络音频节目策划方案要详细介绍节目除主题、内容外的信息，分为如下几个部分。

(一) 预计单集时长和更新周期

控制单集节目的容量，确保它既不会太短以至于不能充分展开内容，也不会太长以至于听众在短时间内无法接收相对完整连贯的信息。

(二) 演出形式

策划方案要体现演出的形式是单人主播还是多人访谈对谈，多人对话的录制是否在同一演播空间等。线上对谈是通过互联网技术实现的一种远程对话形式，极大地优化了节目录制的人员调动，参与者可以在不同的地理位置通过电子设备进行沟通和交流，不同空间的声音采集可运用通话设备自带的录屏或录音工具，以满足不同的沟通需求。

(三) 版式设计

网络音频节目的版式设计涉及节目的结构、内容安排和组织方式，以确保节目的流畅性、连贯性和吸引力。首先，节目开场要简要介绍本期节目的内容和主题，也可以加入引人入胜的引言或问题以引起听众的兴趣。其次，要将主要内容进行分段，每个分段有各自的主要功能，如嘉宾介绍、交互元素、插播音乐音效、总结回顾、提前预告下一期节目的主题和流动嘉宾等。最后，在节目中适当的位置提及主播的社交媒体账号、网站、电子邮件等联系信息，以便听众与主播互动和获取更多信息。尽量保证同一档节目的每一期内容版式相似，确保各段落之间的过渡自然流畅。

（四）内容定位

内容定位包括对拟定主持人的人设介绍，每期选题与素材谈资的来源，话题展开的方向和把握的尺度，人声、音效、配乐等声音设计方案。网络音频节目的话题尺度取决于媒体政策、受众群体、节目定位以及个人或团队的价值观和宣传目的。有一些普遍的准则和建议可以帮助我们把握适当的话题尺度。

1. 明确受众、了解受众

理解目标听众以及他们的兴趣、立场和底线，选择与受众的现实生活、工作相关度高的话题，尊重各个群体，鼓励平等交流，无论音频节目涉及什么话题，都应避免使用粗俗语言、攻击性的言辞或不适当的内容。在节目中进行推广、广告或合作，要保持透明度，让听众知道节目与赞助商之间的利益关系。

2. 尽量避免涉及敏感话题

对于可能触及敏感话题的情况，要保持谨言慎行的态度和专业客观的精神，避免讨论可能涉及法律纠纷或侵权的话题。尽量避免政治和宗教议题，政治和宗教是容易引发争议的话题，尤其是当受众持有不同观点时，如果节目决定涉及这些话题，要确保以平衡、理性和尊重的方式讨论。严格遵守《网络短视频内容标准细则》的规定，遵守版权、隐私权相关的法律法规，保护知识产权，确保节目中引用的内容合法合规。

3. 提供多元观点

在探讨复杂话题时，努力提供多种观点和意见，避免一边倒的立场，这可以帮助听众获得更全面的信息。随着舆论的变化发展，节目可能会根据反馈和行业实况调整话题可探讨的范围，保持灵活与理性。

第三节　网络音频节目的录制

网络音频节目的声音制作环境相对简单，通常只需熟练掌握电脑自带或手机应用中下载的录音设备和剪辑工具的基本功能，任何人都可以尝试制作属于自己的音频节目。然而业余的音频节目制作者们对于录音环境、收音效果、后期剪辑等往往并不具备专业的知识和技能，导致音频节目的声音效果良莠不齐。另一方面，随着收听技术不断改进，支持降噪、智能声效等功能的收听设备涌入市场，听众对于声音的期望与审美也进一步提高。

一、什么是录音

声音记录和再现是声波的电气、机械、电子或数字记录和再创造，录音技术的两大类是模拟录音和数字录音。录音是将空气中不可见的振动转录到存储介质上，当声音再现时这个过程是相反的，较大的扬声器振膜会导致大气压力发生变化，从而形成声学声波。

声学模拟录音是通过麦克风振膜（Microphone Diaphragm）来实现的。麦克风振膜是一个薄而脆弱的膜片，位于麦克风的前部，可以随着声音的变化而振动，它起着将声音转换为电信号的重要作用。当声音波通过麦克风振膜时，振膜会随着声音的振动而产生微小的位移。这些位移会引起振膜上的电流变化，振膜将声音的机械振动转换为电信号，从而捕捉声音。振膜可感知由声波引起的大气压力的变化，并将其作为声波的机械表示形式记录在介质上。在磁带录音中，声波使麦克风振膜振动并转换为变化的电流，电磁体将电流转换为变化的磁场，从而将声音表示为塑料磁带上的磁化区域。

数字录音和再现通过采样（Sampling）过程将麦克风拾取的模拟声音信号转换为数字形式，音频数据可以通过更广泛的媒体存储和传输。数字录音是通过将声音信号转换为数字数据来实现的，这种数字数据可以被计算机和其他数字设备处理、存储和传输。当声音信号被分成一系列瞬时的小片段，这些小片段被称为样本。采样过程涉及将连续的声音信号在时间上进行离散化，以便在每个时间点上获取声音信号的数值。在采样后，每个样本的声音振幅被测量并转换为数字值。这个过程称为量化（Quantization），量化过程涉及将每个样本的声音振幅映射到一系列固定的离散值中。量化的位数称为位深度，通常为 16 位或 24 位。较高的位深度可以提供更大的动态范围和更准确的声音表示。量化后的数字值被编码为二进制数据，以便计算机可以处理。编码过程使用不同的算法和格式，不同的编码格式会影响文件大小和音频质量。编码后的数据可以被存储在计算机硬盘、存储卡或其他数字媒体上，也可以通过互联网传输。数字录音的优势之一是可以轻松地在不同设备之间共享和传输。数字录音在网络音频节目制作领域中的应用非常广泛，它提供了更大的灵活性和可操作性，同时也可以在处理中保持较高的声音质量。

二、音频节目录制的具体工作

网络音频节目的录制工作是指将声音、音乐或其他音频素材录制下来，以便在后期制作中进行编辑、混音、后期处理等。录音可以涵盖从简单的讲话录音到复杂的音乐制作和声音设计。以下是录音工作的一般步骤和流程。

（一）准备工作

在开始节目录制之前，需要进行准备工作，包括选择合适的录音环境，测试录音设备，检查麦克风和其他设备设置的状态，确保一切正常，设备电量可支撑至少一期节目的录制。设备设置是指将录音设备，如麦克风、录音机、计算机、接口等连接完善，确保它们能够正常工作，也指设置合适的录音参数，如采样率、比特率、声道数等。

1. 采样率（Sample Rate）

采样率是指在每秒钟内从声音源中采集的样本数量。它以赫兹（Hz）为单位表示。常见的采样率有 44.1 kHz、48 kHz、96 kHz，更高的采样率可以捕捉更多细节，但也会生成更大的文件，需要准备充分的存储空间来妥善放置节目素材。

2. 比特率（Bit Rate）

比特率表示每秒钟内用于存储声音样本的比特数，它以"比特每秒（bps）"为单位表示。比特率越高，声音质量越好，文件大小也越大。在压缩格式中，比特率通常表示音频的压缩质量。

3. 声道数（Channels）

声道数表示录音中使用的声道数量。常见的声道数有单声道（Mono）和立体声（Stereo），单声道只有一个声道，适用于单一音频来源，而立体声包括左声道和右声道，可以为音频增加立体感。

4. 位深度（Bit Depth）

位深度表示每个样本的存储位数，它影响声音的动态范围和分辨率。常见的位深度有 16 位和 24 位。较高的位深度可以捕捉更多细微的音频变化，也会产生更大的文件。

（二）正式录制

在正式录制前，需要额外进行声音检查，测试麦克风的灵敏度，确保录制的声音清晰且没有杂音。开启录音设备以后，根据需要可进行实时录音（如讲话、访谈等纯语言节目）或多轨录音（如音乐节目，其中各个声音部分分开录制）。在录音过程中，制作人员要不断监控录音的质量，确保音量适中，避免出现失真与环境噪声，如室外汽笛或室内空调等机器的嗡鸣。如果录音过程中需要标记特定的部分，可以使用录音软件中的标记功能，以便在后期制作中进行定位和编辑。我们通常使用耳机来监听录音，以确保录制效果。

关于耳机的选择，音质是最重要的因素之一。尽量选择能够还原声音的耳机，避免过多的音频增强，以便更好地监听录音。封闭式耳罩耳机能够隔绝外部噪声，提供更好的隔音效果，有助于专注于录音或混音过程。耳机的频率响应指的是它能够播放的音频频率范围，较广的频率响应范围可以使您听到更多细节，对于录音和混音来说尤其重要。在录音过程中，我们可能需要长时间佩戴耳机，因此舒适性很重要，选择质地柔软、合适尺寸的耳罩，以及调整良好的头带设计。耳机通常有不同的连接类型，如3.5毫米插头、1/4 英寸插头、XLR 插头等，要选择与录音设备兼容的连接类型。有些录音耳机具有折叠设计，方便携带和存储，这对于移动录音工作很有帮助。

（三）素材管理

完成录音后，及时进行备份，以防数据丢失。将录音文件存储在安全的地方，最好是两个以上硬盘，以确保不会丢失重要的录音素材。录音结束后，应对素材进行初步的后期处理，可能包括去除噪声、调整音量平衡等，这样能够提升声音的质量，为剪辑提供便利。以上各项工作处理完毕后，将最终的录音文件导出为适当的格式，如 WAV、MP3、AAC、FLAC 等。不同的音频文件格式具有不同的特点，包括压缩方式、音质损失等。根据需要导出不同格式的文件，以适应不同的播放和发布平台。

WAV、MP3、AAC 和 FLAC 都是常见的音频文件格式，各自具有不同的特点和用途。

1. WAV（Waveform Audio File Format）

这是一种无损音频格式，以 PCM（脉冲编码调制）编码。它支持多种音频位深度和采样率，能够存储高质量的音频。

优点：音质非常高，保留了原始录制的音频质量。适合专业音频制作和编辑。

缺点：文件尺寸相对较大，占用存储空间较多，不适合在存储空间有限的设备上使用。

2. MP3 （Moving Picture Experts Group Audio Layer Ⅲ）

这是一种有损音频格式，使用压缩算法减小文件尺寸，因此会丢失一些音频数据。

优点：文件尺寸小，适合在网络传输和存储中使用。在大多数情况下，音质与文件大小的平衡还是不错的。

缺点：相对于无损格式，音质略有损失，特别是在低比特率下。

3. AAC （Advanced Audio Coding）

这是一种有损音频格式，比 MP3 的压缩算法更为先进，能够在更低的比特率下提供较好的音质。

优点：音质相对较高，文件尺寸较小，常用于流媒体和在线音乐服务。

缺点：在极低比特率下，音质仍可能受到一定影响。

4. FLAC （Free Lossless Audio Codec）

这是一种无损音频格式，能够实现压缩，但不会丢失音频数据，因此能够保持高音质。

优点：无损压缩，能够在相对小的文件尺寸中保留高质量的音频，适合音乐收藏，通常被音乐发烧友所选。

缺点：文件相对较大，不太适合网络传输和存储空间有限的设备。

录音需要一定的技术知识和实践经验，因此制作节目需要时间和耐心，保持热情，而不仅是将录音当作机械化的工作。音频技术和录音领域不断发展，保持对新生事物的好奇，持续学习新技能和新知识，提升技能水平的同时也可以不断延续这份兴趣和热情。参加培训课程、学习在线教程，多收听口碑较好的音频内容，从其他专业人士的作品和项目中汲取灵感，有助于激发我们的创造力和创作欲。

第四节　网络音频节目的剪辑与包装

网络音频节目的剪辑与包装是指对录制好的音频素材进行编辑、整合和调整的过程，目的是改善音频的质量、创造特殊效果、调整音量平衡等，以提高节目的质量。剪辑和包装是确保节目内容流畅、生动，并符合播出标准、受众需求的重要步骤。承担这项工作的团队成员被称为声音编辑，相当于播客的剪辑师角色。

声音编辑工作的第一步是对录制的音频素材进行筛选与剪辑，包括去除不必要的片段、长时间的停顿、错误（口误或常识性错误）、冗长和重复的部分等，确保节目流畅，将无关的部分占比降到最低。保留下来的部分，在编辑软件中按大致顺序，初步排列片段。许多声音编辑软件可供选择，用于处理、编辑和创造音频内容，如 Adobe 公司开发的 Adobe Audition 专业音频编辑软件，被广泛用于音乐制作、播客制作、广播剧制作、影视声音设计等领域，支持 Windows 和 macOS 等多个操作系统，适用于不同的用户需求。此软件的用户界面清晰直观，易于上手，布局和工作流程有助于快速进行音频编辑和混音。Adobe Audition 支持多轨编辑，即在同一项目中组合、编辑和混合多个音频轨道，软件内置了多种音频修复工具，可以用于去除噪声、修复损坏、消除杂音等，改善录音质量。它还提供了丰富的音频效果和处理插件，包括均衡器、压缩、混响、失真等，帮助节目实现多样化的音频创意。

第二步是整合音频片段。如果录制了多个音频片段，比如采访、音乐、插播等，它们将被整合到一个连贯的节目中，对音频素材的音量进行调整，确保整个节目的音频质量一致。对音频的频率进行均衡设置，强调或减弱特定频段，以改善音质。使用降噪工具或滤波器来减少或去除录音中的噪声，如背景噪声、杂音等，确保音频的过渡平滑以保持听众的舒适度，避免声音突然变大变小，或个别声效异常突兀刺耳。

第三步是调整节奏和节目长度。考虑到听众的注意力，调整节目的节奏，避免冗长的部分。一般来说，保持节目在适当的长度范围内，使听众更容易消化。在节目开始时添加引子，可以引入主题并吸引听众。结尾部分也很重要，可以总结节目内容、呼吁行动或预告下一期内容。

第四步是对音频进行修饰，即根据声音节目塑造的情景添加音频效果，如回声、混响、合唱、罐头音效、主播提及的音乐片段、模拟声景观等。这些效果可以增加节目的趣味性和生动感。另外，使用剪切工具剪裁音频片段，使用交叉淡入淡出效果实现版块之间的平滑过渡。

第五步是校对和修正。仔细听取和校对整个节目，查找潜在的错误、不流畅的部分、逻辑颠倒或重复内容，及时纠正，时刻注意进度的更迭情况。

第六步是选用适当的文件格式保存输出最终的剪辑节目，如 MP3、WAV 等，以便于在线播放和分享。在上传和分享节目之前，添加适当的元数据，包括标题、描述、关键字等，以帮助搜索引擎和平台更好地索引和推荐节目。

第五节 网络音频节目的推广与营销

节目推广是指为了吸引更多受众和提升节目影响力而采取的一系列宣传和营销活动。无论是电视节目、广播节目、网络音频节目还是其他媒体内容，都需要通过推广手段来让更多的人知道、关注并参与其中。节目推广的主要目标是扩大受众群体，增加收听、观看或访问量，从而提升内容的影响力和曝光度。网络音频节目的推广包括以下几种方式。

一、社交媒体宣传

社交媒体是当今社会强有力的宣传工具，利用社交媒体平台分享音频节目的预告、片段、幕后花絮等文字或影像内容，视觉化的信息有助于一档纯听觉节目扩大曝光。如在开始进行宣传前，制定明确的宣传策略，明确目标受众，针对其偏好组织宣传信息、规划发布频率，配合设计引人注目的标题和问句，吸引用户点击和探究；制作精美的视觉内容，如海报、宣传图、封面图等，用以代表节目的精致程度，确保这些内容能够吸引目光并与网络音频节目的风格相辅相成；在每期节目发布前，编写几句吸引人的文案，可以是有趣的自评调侃，可以与其他创作者、主播合作，进行交叉宣传——主播的个人魅力是影响听众选择的重要因素，对于一档音频节目来说至关重要，主播的个人魅力既体现在受众对其声音、讲述、谈吐等方面的偏好，更重要的是受众对主播的观点产生认同感，也可以抛出悬而未决的论题用以描述即将播出的节目关键内容和亮点。

要留意一些细节，例如使用合适的标签和关键词，以增加宣传帖子在社交媒体上的可搜索频率，又如按时更新，建立规律的发布时间表，定期在社交媒体上分享新的节目内容。当然，真诚是最好的标签，认真积极地回复社交账号下听众的评论和问题，及时建立与听众的互动，增加参与感，也极有可能在受众反馈中获得节目改进和优化的方向。如果能在下一期节目中播送一部分听众留言，也会使听众对自己的心声是否被听到而产生期待，从而更加热衷于留言互动。

二、广告投放

在不同的媒体平台上投放音频节目广告，如微信推送、短视频广告、播客应用程序的首页推广等，以吸引潜在受众的注意并引导他们了解节目。投放广告前，要制定有吸引力的广告内容，包括标题、文案和图像，突出节目的亮点。根据广告预算的大小，选择合适的广告类型和投放方式，进一步根据不同的广告平台和受众，定制不同版本的广告内容，更好地针对不同受众群体的兴趣和需求。

在广告投放过程中，监测广告的效果和绩效，根据点击率、转化率等数据进行优化，调整广告内容和定位策略，尝试不同的广告策略和创意，观察哪种策略效果更好。可以进行多轮测试，以确定最有效的宣传方法。

在广告投放结束后，评估广告的结果，查看是否达到了预期的曝光、点击率、转化率等目标。最后，根据投放结果的反馈，持续优化广告策略和内容。

三、善用营销工具

搜索引擎优化（Search Engine Optimization，下文称 SEO）是一种通过优化网站和内容，以提高其在搜索引擎中的排名和可见性的策略和技术。目标是使网站在用户使用搜索引擎进行相关查询时，能够在搜索结果中获得更高的排名，从而增加有机流量（非付费点击）并吸引更多的访问者。

SEO 的核心原则是使搜索引擎更好地理解和解释网络音频节目内容，以便将其与用户的搜索查询匹配。它能通过分析与节目内容相关的搜索查询，确定适合的关键词和短语，避免盲目追求热点，过度堆砌重复性词汇。精准的关键词将成为优化节目的基础，而创建高质量、有价值的内容与目标关键词息息相关。

在网站内部创建和某期节目话题相关度高的内部链接，或将前后两期节目的页面连接在一起，这有助于搜索引擎理解网站结构和内容层次。另外，合理构建链接结构，通过合法途径获得来自其他高质量网站的外部链接，也有助于提高网站的权威性和可信度。我们正处于一个不断更新知识储备的时代，SEO 是一个复杂的领域，需要不断学习与实际操作，注意网络安全，谨防网络诈骗，妥善使用营销工具，学习如何利用分析工具（如百度统计、站长之家统计、量子云等）跟踪网站流量、排名和关键字表现，根据数据调整策略。同时，搜索引擎算法不断变化，因此新媒体从业者需要保持对最新动态的时刻关注。初学者可以从基础开始，逐步深入实践，如果没有雄厚的专业知识背景，也可以考虑雇佣市面上专职的 SEO 服务来进行数据分析，量身定制节目的优化方案。

【本章小结】

网络音频节目为个人和小型制作团体提供了一个媒体创作和传播的平台，通过对专业知识的学习和练习，任何人都可以通过制作时长不等的音频节目来分享自己的声音、故事和知识，从而丰富媒体生态。网络音频节目，又称为播客，播客的兴起促进了多样性和包容性的媒体内容，不同主题、文化、语言和声音都可以在播客中找到表达和传播的机会，推动了媒体内容的多元化。同时，播客是一种便携式媒体，听众可以在移动设备上随时随地收听，这种灵活性增强了用户体验，也推动了移动媒体的发展。网络音频产业的兴起带来了更多创新和创业机会，从内容制作、技术开发到广告推广，都为创业者提供了多样的领域。本章节探讨的网络音频节目的时代意义在于为个体创新和文化传播等方面提供了新的机会，它对媒体生态和人们的精神文化生活产生了积极的影响。

【本章学习与思考】

原速（不可进行倍速）收听一期对话/评论/讲述类型音频节目，尝试回答以下问题：

（1）分析主播的人物定位；

（2）查阅节目留言，归纳三条听众对本期节目的不同评价；

（3）众多留言评价中，哪一种观点是你最认同的，请阐述理由。

第八章

其他类型的网络视听节目

近年来，网络原创视听节目持续快速发展，已经成为网络文艺的重要组成部分和网络视听产业发展的重要驱动力。其中，网络剧、网络综艺、网络电影等作品类型在政策引导、市场推动以及行业自我演进的多重作用下，更加讲究品位、格调、责任感，为网民提供了更加积极健康、丰富多彩的网络视听精神食粮。不同类型的网络视听节目呈现出繁荣发展的态势，网络视听节目内容的监管也越来越规范。国家广播电视总局监管中心是国家广播电视总局直属事业单位，承担着广播电视和网络视听的全业态内容监听监看和技术监测等工作。自网络原创视听节目兴起以来，监管中心在履行为政府管理服务这一职责的同时，也始终对网络原创视听节目保持着密切关注和冷静观察。

第一节　网络剧

一、网络剧的定义

国外网络剧的概念是由美国 NBC 电视台率先提出并发扬光大的。国内网络剧的概念最早是由上海戏剧学院研究生钱钰在《“网剧”——网络与戏剧的联合》一文中提出的，他认为网络剧是通过互联网传送，由上网计算机接收，实时、互动地进行戏剧演出的新的戏剧形式。但是，随着互联网与网络剧的迅速发展，网络剧已经不仅仅局限于戏剧形式，已迅速扩展到多个领域，形成了网络与多种影视艺术形式结合的视频呈现。

网络剧是指由节目制作机构或网民个人制作，主要在视频网站等网络视听节目服务机构播出，并由播出平台对节目内容履行审核责任的剧情类连续剧、系列剧作品。从剧集体量上来说，12 集左右的网络剧较多；从单集时长来说，热门网络剧的单集时长多在 45 分钟左右。2020 年国家广电总局在备案系统新增了“网络微短剧”的类型。网络微短剧一般 2—15 分钟一集，按总投资额度分为重点微短剧、普通微短剧、其他微短剧等。2022 年仅快手平台的微短剧日活跃用户便增长到了 2.6 亿，其中有超过

50％的用户每天观看的剧集次数超过 10 集。

二、网络剧的起源与发展

(一) 网络剧的诞生背景

长视频与短视频内容形态的结合正在成为行业主流的探索方向。短视频满足了用户碎片化娱乐需求，并在消费升级中不断实现内容品质的提升。在制作升级的背景下，行业正在不断融合长、短视频的优势，由此带动了综艺和剧集微型化、多元化的发展趋势。国内网络自制剧从 2008 年开始发展，2010 年以后逐渐形成规模。2013 年的"迷你剧"《万万没想到》可称为网络微短剧的鼻祖，每集只有 5－10 分钟，共 15 集，却以无厘头的夸张剧情吸引年轻人的关注，并接连拍了三季。

2014 年作为自制剧元年，自制剧已被各大视频网站上升到战略层面，2015—2016 年自制剧在数量、质量上都得到了迅速发展，自制剧独播成为各大视频网站差异化特性和吸引付费会员的重要方式。大多业内人士认可的网络微短剧萌芽，是在 2017—2019 年。这三年，短视频强势崛起，把用户的时间变得碎片化。据《中国电视剧（网络剧）产业调查报告》指出，2019 年中国短视频用户使用时长已首次超过长视频。与此同时，长视频内容频繁注水，五六十集的网剧层出不穷，也逆向推动观众开始追求紧凑叙事。

网络微短剧几乎是长、短视频平台在抢占用户时间的战争中，应运而生的产物。微短剧更聚焦于主线故事和关键人物，虽然缩短了体量，但反而需要在有限时间内释放更多信息量。2018 年 11 月，爱奇艺首部竖屏剧《生活对我下手了》上线，尽管没能引起行业震撼，但也成功让不少业内人士关注到这一新兴内容形态。为鼓励微剧内容的创作，2019 年，腾讯视频发布"火锅剧"激励规则及合作方式，代表了腾讯视频"长短互补"发展的一个思路。"火锅剧"一般是指单集时长在 1－10 分钟，项目总时长超过 30 分钟，叙事完整、题材广泛、形式多元的微剧或微综。同年，芒果

TV 正式推出"大芒短剧"。在第七届网络视听大会上，中国网络视听服务协会发布了《2019 中国网络视听发展研究报告》。报告指出，借助短视频形式传播的微剧、微综，凭借其短小精悍的特性被普遍看好，长短视频彼此互相融合和补充的趋势正日益显现出来。2021 年，抖音推出首部自制微短剧《做梦吧！晶晶》，标志抖音正式进军微短剧市场。同年，快手正式推出"快手星芒短剧"品牌，希望打造更多头部精品微短剧，并通过分账奖励、品牌招商、直播电商、商单广告等方式，为微短剧提供全方位的变现路径。爱奇艺、优酷、腾讯视频等平台也开始布局微短剧。

据德塔文数据显示，2022 年上半年，在广电总局系统进行规划备案（即进入筹备制作期）的微短剧达 2859 部，上线备案（即准备投放市场）的微短剧有 195 部，其中 5 月和 6 月的备案数量均超过 400 部，而在 2021 年，全年的微短剧备案数量仅为 398 部。相较几年前平台逐步缩减成本，2022 年明确的"降本增效"加速了影视公司的洗牌。据德塔文数据显示，2022 年上半年，当年备案当年上线的微短剧有 37 部，其中 80% 都在 100 天内完成，最短的甚至只花了 2 天时间。

未来，大型影视公司入局、长短视频平台的有力扶持，会让微短剧市场发展加速进入"快车道"。

（二）网络剧的政策环境

2009 年 4 月，国家广电总局出台了《关于加强互联网视听节目内容管理的通知》，规定"未取得许可证的电影、电视剧、动画片、理论文献影视片，一律不得在互联网上传播"。为进一步打击互联网盗版，广电总局又于 2010 年 11 月颁布了《广播影视知识产权战略实施意见》，重点打击影视作品侵权行为，强化对盗版美剧、日韩剧的打击力度，"无证"的海外剧纷纷下档。2011 年，国内影视版权价格不断攀升，视频网站迫于成本压力开始了对网络自制节目的初期探索，制作了《泡芙小姐》（优酷出品）、《乌托邦办公室》（土豆出品）等网络剧。2012 年 7 月 9 日，国家广电总局和国家互联网信息办联合下发《关于进一步加强网络剧、微电影等网络视听节目管理的通知》，要求互联网视听节目服务单位切实履行开办主体职责，承担大众传媒的社会责任，对播出的网络剧、微电影等网络视听节目负责；要求网络视听节目服务行业协会发挥行业组织的职能与作用，对会员单位网络剧、微电影等网络视听节目审核人员开展培训和考核，引导会员单位传播健康有益的视听节目。2012—2013 年，随着《进一步加强网络剧、微电影等网络视听节目管理的通知　广发（2012）53 号》以及行业协会《网络剧、微电影等网络视听节目内容审核通则》的出台，网络原创视听节目的制作与传播逐步进入规范发展轨道，网络节目数量和质量都大幅提升。2014 年，竞争激烈的视频网站实行差异化内容发展战略，网络自制节目与网络自制剧成为主要发力点，网络剧《午夜计程车》（土豆出品）、《深爱食堂》（新蓝网出品）、《灵魂摆渡》（爱奇艺出品）等成为年度亮点。2015 年，网络节目在专业性、观赏性、艺术性上提升明显，品牌意识和精品意识增强，从多维度展示专业化内容制作趋势，节目数量也呈现出"井喷式"增长，制作了如网络剧《最好的我们》（爱奇艺出品）、《他来了，请闭眼》（搜狐出品）等一批受众喜爱的网络视频节目。

2016 年 1 月 20 日，一批热门网络剧如《太子妃升职记》《心理罪》《无心法师》《暗黑者》《盗墓笔记》等被举报后，广电总局下令对其进行紧急停播并做事后审查。在 2 月 27 日召开的"全国电视剧行业年会"上特别提及了网络剧监管的新标准，其中，时任国家新闻出版广电总局电视剧司司长李京盛指出："网剧将实行线上线下统一审核标准、重大项目提前介入。①"

2018 年 8 月 21—22 日，全国宣传思想工作会议在北京召开，习近平总书记在会议上用"九个坚持"概括了在实践中提出的一系列新思想、新观点、新论断，其中特别提到"坚持营造风清气正的网络空间"。同时要求"要引导广大文化文艺工作者深入生活、扎根人民，把提高质量作为文艺作品的生命线"。针对网络文艺，讲话明确要求，要"推出更多健康优质的网络文艺作品"。

---

① 王杰：《探析网络剧发展的现状、问题及策略》，《新闻研究导刊》，2016 年第 4 期。

近年来，网络剧在专业化道路上持续向前，在剧情和制作方面都得到了进一步提升，其中部分作品表现突出，在叙事风格、画面成效、服化造型等方面达到了新的高度，情感、喜剧、青春校园、悬疑、奇幻等均为网络剧中的热门题材类型。在政策引导、观众需求等多方面作用下，网络剧的题材广度也在扩展。现实题材作品传承中华优秀传统文化、反映时代变迁、展示普通人的拼搏精神，引发观众的热议与思考。同时，付费观看成为网络剧通行的收看模式。

（三）网络剧的发展阶段

1. 萌芽期（2000—2007 年）

2000 年 3 月 18 日，中国长春信息港网站出现了由长春邮电学院的董一萌及四名同学自编自导自演的《原色》，由此诞生了中国第一部网络剧。这部网络剧讲述了高中同班同学——董明和刘迪菲相识于网络，互帮互助的故事。这部剧的拍摄资金仅 2000 元，采取了多种拍摄方案多情节叙事的形式，真实生动地反映了当代高中生的内心世界。早期网络自制剧体现出网民自娱自乐的精神，这是网络话语下形成的一种草根性、通俗性极强的文化氛围，充分体现了网民自主意识的萌发，对传统精英话语权和主流文化形成了挑战及批评。

2. 发展期（2008—2010 年）

随着网络剧数量的增多，网民的关注度和喜爱度也越来越高，一些网站、广告主企业察觉到了其中的商机，将电视连续剧、电影中植入广告的方式在网络连续剧中"试水"。2008 年 12 月 15 日，由华索影视数字制作公司推出的中国版《苏菲日记》，讲述苏菲在家庭、校园、杂志社发生的小故事，这部网络互动剧引发了一股中国网络剧的拍摄、讨论热潮。

3. 成熟期（2010 至今）

面对网民对内容需求的增加、高投资购买电视剧版权的压力以及视频网站寻求差异化生存的战略，各大视频网站纷纷将目光投向网络自制剧。2011 年，搜狐视频以"搜狐制造"品牌打造精品自制剧，《钱多多嫁人记》

于1月8日开拍，2月14日上线，探讨"剩女"话题。《钱多多嫁人记》一改网络剧草根、山寨的风格，与北京现代、巴黎欧莱雅、New Balance、TOTO等品牌合作，形成微博、博客、视频等全面立体播放、互动、评论体系，该剧获得中国首个网剧大奖——金鹏奖最佳网剧奖。《屌丝男士》第一季于2012年10月10日首播，以短小精悍的小故事贯穿全剧，演绎出各类男士生活中的尴尬，笑料十足。

三、网络剧的类型与特征

随着网络剧内容质量的提高、制作水准的提升，加之用户观剧习惯的形成和播出平台的积极推动，网络剧在多种因素的作用下已经成长为广为网民所了解、认可的一种文艺形式。近年来，网络剧的关注度和影响力继续走高，出现了多部引发网络广泛关注或特定圈层高度关注的作品。

（一）网络剧的类型

网络剧的类型具有丰富性与差异性。由于网络剧的制作门槛与电视剧相比要低很多，这使得许多传统制作体制之外的力量可以被容纳进来，带来新的思维与新的风格。一些剧情类型在电视剧中很难得到呈现，但在网络剧中却得到发展。按照题材进行划分，网络剧的类型主要有情感、古装、喜剧、青春校园、悬疑、玄幻、都市、穿越、奇幻、科幻、刑侦等。

（二）网络剧的特征

1. 网络性

网络性是基于互联网而生的一切衍生物都具备的特性。首先，网络剧的网络性表现在网络剧的传播方式上。网络剧是网络与影视艺术的结合，必须通过互联网发布，然后通过互联网平台传播和接收。其次，网络剧的网络性表现在叙事过程中。随着网络的发展，网络已作为一种文化形态渗透在人们的各种叙事当中。网络是一个非集权型的、反中心化的自由空间，所以它的叙事不是严密体系中的宏大叙事，而是一种对网络时代网民群体生存状态的碎片化、凡俗化叙事。这种叙事过程的背后，往往也折射出网络时代某一热点新闻事件或某一社会现象。最后，网络剧的网络性体现在叙事的超文本性上。网络剧以超文本的方式组合在一起，网民通过使用鼠标点击链接即可访问相关内容，这种方式适应人类的思维方式，使受众在接收信息时能按照自己的意愿和思路进行选择，更好地体现受众者的主体地位，大大增强了信息的综合性、可选择性和自主性。

2. 互动性

互动性是新媒体最大的特性之一，也是网络剧的最大优势。网络剧的互动性表现在制作的全过程中，并且是即时而有效的。互联网时代的观众主动参与到网络剧的内容生产、消费和传播之中，这一生态特征最典型的体现便是反馈机制的建立和二度创作的泛化。

在反馈机制方面，最具代表性的网络剧反馈机制有作品评分和弹幕功能。第一是在剧本前期策划、创作时与网民的交流、探讨和互动；第二是开拍前与网友互动，探讨剧中角色的挑选；第三是在拍摄的过程中，就剧组动态、导演创作、演员表演、道具、服装、照明、台词、摄影等创作过程进行交流互动；第四是在制作完成之后，在网络平台开展全方位立体化推广宣传时，在官方网站、论坛、微博等渠道进行互动；第五是在播放的过程中，网民可以随时互动探讨剧中情节的走向，导演和剪辑可以根据情况随时调整影片内容。

在二度创作方面，网络剧衍生出的同人创作包括但不限于同人小说、同人漫画、同人音乐，大多数情况下，同人作品只在特定社群内小范围传播。粉丝剪辑主要集中在哔哩哔哩、抖音、快手等可以自主上传视频的网站和平台。CP 向剪辑、单人主题剪辑、鬼畜视频等都属于粉丝剪辑的范畴。短视频平台的粉丝剪辑多为碎片化的剧集高能片段、人物精彩瞬间，时长控制在 1 分钟以内，传播力极强，能在短时间内吸引观众来观看剧集[1]。

---

① 谭苗、袁也：《当下网络剧生产与传播的生态特征》，《中国电视》，2021 年第 9 期。

3. 营收模式

（1）付费观看。自 2015 年起，政府相关部门和社会各界对版权保护力度的加大、网络支付的便捷、网民付费观念的转变，尤其是对正版内容的需求，共同促进了视频付费产业的崛起。各大视频网站通过大剧排播模式创新、VIP 会员内容的有效开拓，积极拓展会员服务在网民中的渗透。2015 年，第一部付费观看的网络剧《盗墓笔记》在爱奇艺上线，爱奇艺网站付费会员新增数量迅速飙升，就此开启了网络剧市场付费观看的模式。近年来，受到网络电影分账模式的启发与影响，网络剧的分账模式也逐步发展。视频网站作为平台方不直接投资或买断版权，而是根据实际传播效果与合作方进行分成。这一模式有利于降低平台方的成本和采购风险。目前，分账模式主要针对中小成本的腰部作品，高投入、大制作的头部内容尚未参与分账模式。

（2）广告投放。相较于以往电视台播放电视剧中常见的挂角广告、贴片广告、插播广告，网络剧广告主要有"创意中插广告""创可贴广告"以及"压屏条广告"。此外，剧情中植入的软广告频次明显增多，也出现了直接插播商业广告的情况。

热门剧集依然是广告的主要投放对象，尤其是"创意中插广告"和"创可贴广告"。据不完全统计，部分热门剧集的广告少则十几个品牌，多则可达到几十个品牌。此外，广告的投放节奏也相对灵活，根据剧集的热度随时增减广告数量。创意中插广告投放的内容多为手机应用 App，内容涉及生活、购物、交友、游戏等，也有日常用品、电器、网站推广等，小剧场广告内容与剧情的融合度有了进一步提升。创可贴广告与剧情结合且画幅较小，不影响观看，并多用诙谐幽默的方式表现，网民的接受度较高。

4. 制作特征

视频网站与网络剧、电视剧制作机构的合作模式主要集中在自制、定制、版权采购三种形式。其中，自制剧从策划开发到主创团队搭建以及制作播出等全部链条由视频网站主控；定制剧是预付费模式，视频网站前期与制作公司沟通提案，择优选择定制，但基本很少或者几乎不参与制作部分；版权采购即购买获得该剧的网络传播权等权益，版权剧大部分是取得电视剧发行许可证的作品。

演员方面，网络剧多数仍然以新人演员为主，电视剧领域流量明星、高价片酬等现象在网络剧领域相对不甚明显。虽没有"大咖"加持，但一些制作精良、剧情紧凑的剧集，同样获得了观众的支持。

5. 受众特征

相当于电视剧，观看时间更加灵活、题材类型丰富是网络剧的主要优势。同时，网络剧还具有单集时长短、总集数少、可通过弹幕发表自己的看法、有网感、注重用户体验等优势。但经过几年的成长，网络剧的制作水平仍然有待进一步提升。制作水准不够专业是目前网络剧面临的最突出问题，而缺乏精神内涵、原创力和逻辑性也是目前网络剧需要正视的问题。

四、网络剧的创作流程

从播放平台来划分，网络剧可以分为竖屏剧和横屏剧，从内容时长来看，网络剧又可以分为长剧和短剧，二者在制作方式和美学特征上都有细微的差别。网络剧的创作流程一般可分为三个阶段：前期创作（选题策划＋剧本创作）、中期制作（现场拍摄＋后期制作）和后期宣发（投放发行＋营销推广）。网络剧播出后，还将进行隐形的第四个环节：观众的审美接受。其中，前期创作和中期制作可以被统一划归为内容生产环节。整体来看，网络剧创作包含内容生产、观众接受和市场传播三个环节，每个环节都有其孕育于互联网环境的生态特征[1]。

---

① 谭苗、袁也：《当下网络剧生产与传播的生态特征》，《中国电视》，2021年第9期。

（一）网络剧的前期策划

1. 故事消费

网络剧逐渐成为主流影视产品，其实是"大叙事"凋零的预兆。日本学者大塚英志在《物语消费论》中提出了"故事消费"的概念，他认为"大叙事"凋零的时代正式到来，消费者已不再会为一个完整的故事（"大叙事"）买单，其消费动机转向产品内部的特定部分（"小故事"）如典型的情节桥段、具有高辨识度的人物形象等，大塚英志将这一新型消费现象称为"故事消费"[①]。当我们观察网络剧的发展时，不难发现，故事消费的现象同样出现在网络剧生态之中。观众在接受网络剧时，倾向于有针对性地消费具体的人物形象和情节内容。

人物形象方面，互联网时代的观众对角色辨识度提出了更高要求，人物的性别、性格、年龄、职业等属性都被标签化，创作者通过对这些标签进行排列组合，探寻出一系列趋于脸谱化的人物设定。情节内容上，在差异化明显的各类题材中，观众对指定题材内部的特定情节、场面也有着明确的需求和偏好。

2. 跨媒体叙事

跨媒体叙事是美国学者亨利·詹金斯（Henry Jenkins）探讨融合文化语境下"盗猎""游牧""故事世界"等理论问题的核心概念之一。跨媒体叙事并不是分属于各媒介平台的故事简单叠加，而是"一个跨媒体故事横跨多个媒体平台展现出来，其中每一个新文本都对整个故事做出了独特而有价值的贡献[②]。"例如网络剧《万万没想到》《名侦探狄仁杰》分别选取了《三国演义》《西游记》《白蛇传》《神探狄仁杰》等大众熟知的文学或影视文本中的核心人物，对其人物形象进行二次元式改写[③]。

---

① ［日］东浩纪：《动物化的后现代 御宅族如何影响日本社会》，褚炫初译，大鸿艺术股份有限公司，2012，第 51—53 页。

② ［美］亨利·詹金斯：《融合文化：新媒体和旧媒体的冲突地带》，杜永明译，商务印书馆，2012，第 157 页。

③ 齐伟：《网络自制剧：跨媒体叙事与青年亚文化的双重视阈》，《现代传播（中国传媒大学学报）》，2017 年第 8 期。

3. 游戏元素

在网络剧跨媒体叙事的诸多探索中，借鉴游戏特别是网络游戏中的界面风格和游戏规则等元素也是其重要策略之一。目前，游戏元素对于网络剧的渗透与影响呈现以下三种形态：首先，游戏逻辑成为整部剧集的叙事结构，特别是游戏中"循环叙事"的观念正在融入当下网络剧创作之中；其次，将"页游"和"网游"的经典场景作为武打场面特效的替代植入网络剧中；最后，"游戏"不仅停留在征引的外部层面，还逐渐进入影像叙事与表意内部，成为其创作手法。

网络剧业内普遍存在"前六秒"和"前半分钟"两种黄金创作原则。"前六秒"主要针对短视频平台，其受众并非抱着观剧心态进入，往往就是迅速浏览、快速离开。一旦前六秒不能抓住观众眼球，内容瞬间就被划走了。而长视频平台则更强调"前半分钟"，源于其受众更多是带着观剧心理进入，相对会更有耐心。面对单集 5－10 分钟的横屏精品微短剧，故事线更完整，有起承转合，所以也更偏重前半分钟抓住关键点，并在前三集彻底把观众留下。

在剧情内容上，网络剧的创作逻辑和长剧也有所不同。长剧可以在 30－40 分钟构建一个完整的多线故事，但微短剧只能精准聚焦于主线故事和极致人物，往往是找到一个具备超高的话题性或爽点，并把它放大和做到极致。对于竖屏剧来说，由于人体眼球的构造决定了人类在观看影像时，习惯先有视野宽度再有细节捕捉，面对视野狭长的竖屏，没有简单、直接、高密度的信息持续刺激，用户极易失去兴趣。因此，平均时长 1－2 分钟左右的网络剧并不是长剧集或电影的切片，它的特点是力争每 15 秒就有爆点、强反转。没有这个吸引力，观众可能会在地铁内、饭堂间快速弃剧。

（二）网络剧的拍摄

由于时长的限制，网络剧的叙事体量较小，往往围绕重点人物、重点关系进行叙事，故事发生的空间也相对比较集中。在目前典型的网络剧文本中，较少出现交代空间关系的全景镜头，而是以突出演员情绪化表演为目的的大量特写、近景、中景等小景别镜头为主。众所周知，在一个场景中，情节主要由双人对话推进，场面调度则通常是正反打镜头。但是当这种常规的处理方式遭遇二次元文化，原本就意在传递瞬间情绪的景别与镜头调度，就更加凸显了某种"表情意识"。在《万万没想到》中，王大锤每次出场的画面相继以特写、近景、中景定镜头对准演员白客的脸，这种分镜设计使画面呈现出四格漫画的形式感，演员的表演则类似"暴漫（即暴走漫画，rage comics）"角色，依赖面部表情来传递惊讶、难堪和不知所措的强烈情绪。

竖屏剧的创作充分考虑到了手机终端的使用场景，它主动配合受众的手机使用习惯和碎片化的手机使用时间，将内容时长控制在 10 分钟以内，叙事上则追求快节奏和爽感，要求在短时间内实现剧情的跌宕起伏，对长剧集讲究的逻辑和沉浸感则不甚在意[①]。竖屏剧有着不同于横屏剧的美学特点，这对于竖屏剧的拍摄也产生了一定的影响。在竖屏剧的优势方面，第一，由于人们在使用手机时，大多习惯竖直观看屏幕，因此在观看竖屏剧的过程中，用户不用转换手机的方向，用户体验更好。第二，竖屏剧能潜移默化地拉近人物与观众的距离，更具有真实感，在展现人物及接地气的内容上具有天然优势，适合展示简单直观的场面，可以通过放大细节带动观众情绪。但与此同时，相较传统的横屏剧，竖屏剧也有着天然的劣势。首先，竖屏剧对用户的用眼习惯带来了挑战。从人体构造上来说，人眼的左右移动比上下移动更舒服，影视剧自诞生之初，就使用横屏，这与人们的用眼习惯息息相关。其次，由于画幅的限制，竖屏剧比较长于展现人物而弱于交代环境和关系，长于展现静态而弱于表现运动。在拍摄中，画面中出现了三位人物，空间就已达到饱和状态，多人关系只能采用分屏形式进行展示。最后，竖屏剧中的全景镜头会产生画面上下空间过于空旷的效果，因此在拍摄中要尽力避免。在拍摄《生活对我下手了》时，团队

---

① 谭苗、袁也：《当下网络剧生产与传播的生态特征》，《中国电视》，2021 年第 9 期。

在置景、灯光、镜头摆放、屏幕切换方式上，都探索出了一套更契合竖屏内容的创作模式。例如在打光上，增强明暗对比，以加强画面纵深感，同时创造性地采用分屏呈现内容，用滑屏提升节奏，在手机由上至下五分之二处呈现重点信息等。

（三）网络剧的剪辑

1. 鬼畜风格

起步阶段的网络剧，主创团队对主题的控制欲较低，场面结构化整为零，只是单纯追求形式的律动感。这一点与"鬼畜"风格不谋而合。"鬼畜"风格主要表现为因重复剪辑而产生的声画律动感，包括声音的旋律化处理，以及与声音高度同步的卡顿、跳切、闪回、快进等画面剪接效果。剪辑作为处理中断与连续的艺术技巧，是影像文本中至关重要的一种表意语言，而"鬼畜"化剪辑就像影像文本中的搅局者，不仅宣布固有规则的无意义，还将看似无聊的形式转变为恶搞的狂欢。如《万万没想到》第一季第九集中王大锤演绎的"肯基佬"爆米花广告，这一场面戏仿了经典"鬼畜"视频《最终鬼畜蓝蓝路》对麦当劳广告的剪辑手法，以肯德基豪华午餐广告为原型进行了"鬼畜"化恶搞。"鬼畜"化剪辑虽然与蒙太奇学派以分镜头切割整体动作的手法相类似，但其镜头组接不再注重意念输出，意欲呈现的银幕世界也跳脱出主观与客观对真实世界的想象，从而制造出一种形式恶搞的狂欢①。

2. 蓄力剪辑

在"鬼畜"视频中，由迟缓过渡到常速的剪辑节奏被弹幕用户称为"蓄力"；而当剪辑节奏由常速进一步提速，并高速重复循环时，弹幕评论中会出现大量"前方高能预警"的提示。"蓄力"剪辑在网络剧文本中的另一个重要作用就是转场。当下网络媒体的实时互动性使网络观众对内容

---

① 齐伟：《网络自制剧：跨媒体叙事与青年亚文化的双重视阈》，《现代传播（中国传媒大学学报）》，2017 年第 8 期。

观看享有极大的自由度，出现了诸如选集、快进、回放等流媒体播放功能，观众对传统影视剧以剧情铺垫、空间暗示等转场的手法表现出越来越低的容忍度，当这些内容出现时，观众普遍会选择快进。"蓄力"剪辑以前后场景、画面的高速重复剪辑进行转场，实现了剧情与叙事时空的瞬间切换，满足了观众对转场铺垫的快进欲望。

3. 附加播放功能

为了最大限度满足观众故事消费的需求，视频网站开发了大量附加的播放功能。如爱奇艺推出了"绿镜"智能观看功能，这是一种基于海量视频观看数据之上的视频剪辑功能。"绿镜"模式下，观众可以根据性别选择男性版或女性版进行观看，还可以根据自身需求选择15、30、40分钟等不同长度的精华版来观看。由"绿镜"功能衍生出的"只看TA"功能则回应了粉丝消费的需求，"只看TA"功能下，观众可以选择只看某个演员单人出场的部分或某几个演员共同出场的部分。"关键剧情提醒"功能也被大量应用，视频网站会在该集的进度条上标记出关键情节点，用户将鼠标放在标记点上便会看见内容提要。

(四) 网络剧的传播与发展

鉴于短视频用户规模的日益扩大，短视频平台已成为当下网络剧营销和传播的主要阵地，大量网络剧借助短视频平台进行前期宣发、热点营销，并通过短视频的方式实现传播"破圈"。

网络短剧的盈利模式主要是平台定制、纯分账、版权购买三种方式。除了定制和分账，微短剧还有许多不同于长剧的商业模式，如平台的达人带货。目前快手微短剧的分账制作模式仍然以达人为核心，定级为"S+/S/A/P"四个级别。在最近的政策升级中，快手额外新增了不设粉丝门槛的激励成长模式P级，主要针对不熟悉或没有达人体系的优秀制作团队。

无论网络剧未来如何发展，仍然不能取代电视剧、电影这些传统影像形态。在内容快速迭代、用户审美逐步提升的当下，网络剧的制作主体需要拥抱主流价值观，建立起更合理健康的网络剧内容生产、审查和消费机制，生产更多精耕细作的网络剧精品。

第二节 网络综艺节目

一、网络综艺节目的定义

网络综艺节目是指由节目制作机构或网民个人制作，主要在视频网站等网络视听节目服务机构播出，并由播出平台对节目内容履行审核责任，综合运用各类视听表现手法，广泛融合多种艺术形式并对其进行二度创作，满足打造艺术审美和休闲娱乐需求的专业类（非剧情类）视听节目。

网络综艺节目作为非剧情类作品，相比网络剧、网络电影等原创节目类型，其边界相对模糊。从节目内容和形式角度看，综艺节目本身就是对多种文艺形式的融合和二度创作。近几年在政策引导与市场推动下，其内容不断扩展，形式不断创新。从制作角度来看，网络综艺创作主体多元，节目制作水准不一且缺乏明显层次。

二、网络综艺节目的起源与发展

（一）网络综艺节目的诞生背景

随着视频网站走向成熟，面对昂贵的综艺节目以及电视剧版权费用，各大视频网站纷纷转向自制节目。爱奇艺是最早尝试制作网络综艺节目的视频网站，在经历了正版年、大剧年、美剧年之后，网络视频行业在2014年迎来自制年。

作为视频网站品牌化、差异化的重要一步，网络自制节目发展势头强劲，已经从最初的"双低"——"低成本低俗化"，渐渐走向正规化，向电视娱乐节目的配置看齐。网络综艺节目是在网络电影、网络剧探索和形成规模之后的一个新兴品类。视频网站之所以纷纷投资自制网络综艺节目，主要有以下几点原因。

1. 这是版权价格战之后视频网站寻求品牌差异化的必由之路

近年来，随着百度、阿里、腾讯三大互联网巨头介入影视节目制作行业，国内几家著名视频网站不再满足于转播各大卫视的综艺节目，纷纷投巨资进行网络综艺节目的制作。视频网站开始从内容播放平台转向内容生产平台，并在这一转向中成功突围。

2. "限娱令""限外令"的颁布给视频网站创造了契机

2011 年，原国家广电总局出台"限娱令"，要求各地方卫视从 2011 年 7 月起，在 17:00—22:00 黄金时段，娱乐节目每周播出不得超过三次。各大卫视纷纷采取措施，把娱乐节目推迟到 22:00 点后播放，这就为网络综艺节目提供了契机。2015 年广电总局出台"限外令"，分别对海外影视剧的引进和电视台的举办大型歌唱及选秀节目进行了比较严肃的约束。如此一来，视频网站便在自制影视剧以及综艺娱乐节目方面获得了较广阔的收视市场和创作空间，观众也纷纷将自己的注意力投放到视频网站的自制节目上。由此，网络自制综艺节目获得了很好的发展机遇。

3. 年轻观众观看方式的改变

目前，部分年轻观众已经不再习惯守着电视机观看喜爱的节目，而是选择更为方便的网上观看方式。各大网络电视平台的兴起也恰好证明了这一点，这为网络综艺节目带来了天然的受众。

(二) 网络综艺节目的发展阶段

较之于传统的电视综艺节目，网络综艺节目是由视频网站主导，基于互联网生态研发、制播并面向网络用户的节目，被视为互联网思维下的综艺新形态。从电视综艺到网络综艺，其间经过了三个发展阶段。

第一阶段，视频网站只是电视综艺节目的输出渠道之一。电视台拥有综艺节目版权，处于绝对的主导地位；而视频网站则处于播出的下游，以一种辅助的播放平台形式存在，影响有限。

第二阶段，台网联动。网络视频业务经过数次洗牌整合后，走上了规范化的快速发展之路，对综艺节目的运营进一步多样化，其传播效果日渐凸显。尽管在此阶段电视台仍处于主导地位，但视频网站的作用已从单纯的播放平台发展成为重要的联动方，其地位和价值得到进一步提升。

第三阶段，台网联动成为常态，网络综艺迎来"风口"。视频网站自制综艺节目始于 2007 年由搜狐网创办的娱乐脱口秀《大鹏嘚吧嘚》，之后，土豆网的《互联网百万富翁》、酷 6 网的《明星驾到》等节目相继上线，但并未得到太多关注。直到 2014 年底，爱奇艺推出了辩论脱口秀《奇葩说》引发热议，网络综艺才真正进入大众视野。

很快，包括爱奇艺、优酷土豆、腾讯视频、搜狐视频等在内的各大视频网站纷纷瞄准自制内容，试图借此走出一条差异化的发展之路。由此，2014 年也被称为"网络综艺的元年"。2015 年，各大视频网站开始规模化进军综艺制作领域，网络综艺迎来一轮大爆发。《2015 年腾讯娱乐白皮书》数据显示，较之 2014 年的 47 部，2015 年网络综艺节目的数量达到 96 部，增幅为 104％；节目类型涵盖语言、音乐、户外体验、生活实验、亲子秀等方面，出现了《我们15 个》《奇葩说》《我去上学啦》《偶滴歌神啊》《爱上超模》等在各领域都具有研究价值的节目。特别是爱奇艺的《奇葩说》，前两季累计播放量超过 11 亿次，第三季招商总额突破 3 亿元，成为网络综艺的第一个爆款。腾讯视频的大型生活实验类真人秀《我们 15 个》，不仅是首档单季播放量破 10 亿次的网络综艺节目，还成功入围 2016 年 IBC"内容管理创新奖"。2016 年，网络综艺在数量、质量上持续提升，大力引进人才和技术，力求实现新的突破。

目前，网络综艺特别是头部节目纷纷在主旨、题材、形式等方面下功夫，力求出新出彩。有的节目积极回应观众在衣食住行等方面对美好生活的期待，有的节目充分呈现特定艺术形式和竞技活动的魅力等。这些节目不仅深入挖掘网民精神需求，更重视创新，在叙事组织、语言风格上有特点，在布景、音效等方面有突破。整体上看，网络综艺精品化的趋势日益明显。头部网络综艺在网民特别是青年网民文化中的话题引领能力不断提升，社会影响进一步扩大。

三、网络综艺节目的类型与特征

（一）网络综艺节目的类型

网络综艺节目经过飞速发展，内容品质有了质的飞跃，低俗倾向得到扭转，整体格调积极健康；在创作中更加注重品味、格调，并积极融入价值引导。也有越来越多的节目开始积极探索内涵表达，进一步提升了网络综艺的精神高度。

节目分类是了解综艺节目宏观全貌的重要视角。近年来，网络综艺节目在内容和形式上都在不断扩展和创新，因此在分类过程中，常常遇到混搭各种元素的节目。为了更好地展示当前和未来综艺的主要特点，网络综艺节目的分类以电视节目常规分类方法为主要参考，并结合当前网络综艺节目的发展特点，以简单、实用、有效为原则。

网络综艺节目的类别主要有：文化科技类、互动娱乐类、真人秀类、竞秀养成类、婚恋交友类、脱口秀类、谈话讨论类、生活服务类、娱乐报道类、单项艺术类、综艺晚会类、其他类等。

文化科技类是以宣传、普及科技知识为主要内容的网络综艺节目；互动娱乐类是以主持人与嘉宾、观众通过游戏等互动形式进行交流而形成娱乐氛围的棚内网络综艺节目；真人秀类网络综艺节目涵盖范围较广，又可分为游戏生存、亲子互动、生活体验、互动交流、其他等不同类型；竞秀养成类网络综艺节目以展示唱歌、舞蹈、才艺等为主，分列名次或偶像养成；婚恋交友类网络综艺节目以情感、婚恋、交友为核心内容；脱口秀类网络综艺节目以主持人和嘉宾为主，针对特定问题、话题进行讲述、评论，表达观点；谈话讨论类是以主持人及嘉宾针对某个话题进行访问、谈话、讨论为主要内容的网络综艺节目；生活服务类网络综艺节目以无互动模式提供生活服务（美容、服饰、时尚、家居、情感调解、旅游、饮食、健康等）为主要内容；娱乐报道类网络综艺节目以报道娱乐界相关的人物、新闻，概括娱乐资讯为主要内容；单项艺术类网络综艺节目是以流行音乐、杂技、相声、小品、曲艺、舞蹈等各项为主要内容的艺术表演专场节目；综艺晚会类网络综艺节目以观赏为主，集歌舞、小品、相声、戏曲于一体；其他类网络综艺节目是指以上未概括的节目，如片段花絮等。

（二）网络综艺节目的特征

与传统综艺节目相比，网络综艺节目具有以下几点特征。

1. 选题更加多元化

网络综艺与电视综艺的观众群存在明显差异，前者主要面向在互联网普及后成长起来的"90后""00后"等网络原生代，基于他们的兴趣、习惯、需求等特点进行研发、生产与传播。因此，在主题选择上比电视综艺更显年轻化、娱乐化。青少年流行文化中的要素，如校园文化、游戏文化、宅文化、二次元文化等常常成为网络综艺创意灵感的重要来源。

2. 节目形式灵活性强

网络综艺节目的灵活性体现在节目时长、播出时间和营销方式等三个方面。首先，网络综艺节目不受篇幅时长的限制。传统娱乐节目受到具体的播出时间以及片长的硬性限制，而网络娱乐节目则不同，由于话题的不同，主持人谈论的多与寡，可能导致节目有不同的时长。娱乐报道类网络综艺节目平均单期时长在30分钟以下，此类节目多以碎片化信息为主，满足年轻观众获取信息的习惯。谈话讨论类和生活体验类真人秀类综艺节目平均单期时长在30—60分钟，头部网络综艺节目平均单期时长在60—120分钟。而竞秀养成类节目由于环节设置较为复杂，贯穿多条故事线的剧情设置，平均单期时长在120分钟以上。其次，网络综艺节目可以不受具体播出时间的限制。与传统电视节目的播放不同，网络综艺节目没有硬性的规定和限制，播放时间以及时长都相对灵活。最后，网络综艺节目的广告营销方式也更为灵活。对于广告主来说，自制节目内容可以控制，可以让他们更有针对性地制定精准营销方案。

3. 节目总体风格趋向于活泼

网络综艺节目风格的活泼性体现在网络语言、节目标题和主持风格三个方面。一是网络语言被广泛使用。网络综艺节目中经常大量使用的网络语言，无论是在脱口秀、盘点类节目，还是访谈类、真人秀节目中，无一不体现了这一特点。二是节目标题多以夸张方式吸引观众。网络娱乐节目往往扩大一个观众最感兴趣的八卦小细节，配以夸张的字眼用作标题来吸引观众的眼球。三是主持风格更为活泼。由于网络综艺节目的受限较传统节目的少，因此主持人发挥的空间也更大，主持风格也更为活泼，整个节目所呈现出来的效果也更趋年轻化。

4. 传播互动性强

网络综艺节目的互动性既体现在网络综艺节目可以借助网络传播，通过网络平台来实现与观众的无距离互动，即时收到观众的反馈；更加体现在 UGC（用户生成内容）上。随着社交网站的发展，以及微博、SNS（社会性网络服务）的发展，由用户制造的短片会越来越受欢迎，它的播放总量也符合长尾原理。"弹幕"原本指一种游戏，后来逐渐指代大量以字幕形式显示的评论同时出现的现象。伴随着弹幕技术的发展，如今各大网络视频平台都添加了弹幕功能，方便用户在观看视频时分享与交流。随着弹幕文化的逐渐成熟，观看弹幕不再仅仅是一种同步体验，更有各种"神弹幕"给观众带来的别样惊喜[①]。

5. 数据思维贯穿制播全过程

目前，以数据思维贯穿制播全过程已成为网络综艺的一大特点。节目从立项、制作、宣传，到播出、迭代等各环节，都有大数据支持。事实上，互联网节目的产品思路是小步快跑、快速迭代，尤其需要基于对用户行为、态度、评论等数据的分析，以便随时调整节目内容、传播策略，直至最大程度地契合用户偏好。

---

① 何华琳、董小玉：《"纯网综艺热"背景下的网络文化现状分析——以〈火星情报局〉为例》，《新闻界》，2016 年第 10 期。

（三）网络综艺节目的未来发展趋势

1. 垂直领域覆盖更广泛的受众

网络综艺持续研究、回应不同人群需求，进行垂直深耕，内容覆盖多个领域。部分节目是"大制作""大体量"，但更多节目则专注于"小而美"。这些节目往往选择特定的"小选题"，在大制作的季播节目中充分展现魅力，这种"小选题中打造现象级"的路径得到了业界的认可。

2. "综 N 代"精准取材、寻求突破

与电视综艺节目类似的是，网络综艺节目在第一季取得成功后也在原基础上继续创作"第 N 季"，一方面能够将优质节目价值最大化，另一方面也能够留住特定的观众群。因其针对特定观众群精准取材，能够满足不同群体需求，所以观众接受度也相对较高。另外，网络综艺"综 N 代"往往在原有节目要素的基础上增加新的创意，在节目模式、结构设置、内容把握上进一步发挥，为观众带来更多新意。

3. 多版本衍生产品挖掘 IP 价值

影响力较大的综艺节目上线多版本和衍生产品已成常态，这些节目一方面能够将 IP 价值最大化，另一方面也能为节目本身制造话题热度和宣传助推。总体来看，电视综艺节目的多版本节目较多，网络综艺节目的衍生产品较多。

4. 先导片、预告片为节目预热

越来越多的网络综艺在节目正片播出前，先上线其先导片或是预告片为节目预热。先导片内容多为介绍人物性格、角色定位等，相对而言制作精良、画质考究，能够较大程度引起观众的关注。而预告片则是对节目整体走向的大概介绍。

5. 电视综艺与网络综艺进行模式互鉴

近年来，部分卫视综艺转网后，在客观上促进了网络综艺的专业化发展。随着网络综艺的逐渐发展，电视综艺和网络综艺初步呈现出模式互鉴、内容交织的态势。网络综艺广泛借鉴电视综艺较为成熟的类型题材与内容设置，如"达人秀""歌唱才艺竞秀"等节目模式，受到观众欢迎；

而网络综艺题材涉猎广泛、主题新鲜活泼、后期特色鲜明等特点也被运用到了电视中，拓宽了观众覆盖面。电视综艺与网络综艺相互借鉴与影响，是媒体融合在内容层面走向深入的一个侧影，有利于促进综艺行业的整体发展。

6. 周播为主，周末效应较明显

网络综艺制作和播出模式与卫视综艺类似，周播可以拉长节目影响力周期，给节目内容一定的发酵时间，吸引更多观众。同时，网站和制作机构可以充分利用观众反馈的意见及时对节目进行调整和润色，增加节目吸引力。周末档节目抓住大部分上班族休息、有更多连续性时间放松娱乐这一点，上线重点节目，增加节目的热议度。

日播节目主要为娱乐报道类，此类节目因时效性较强故而选择日播，同时节目体量较小，适合碎片化观看。不定期上线节目多为小制作节目，通过灵活调整上线时间，降低定期上线的压力。

7. 植入广告形式更加多元

网络综艺节目植入广告规模持续增长，广告形式更加多元，部分广告与节目内容高度融合，几乎成为网络综艺节目内容的一部分。除了传统的、形式较为简单的品牌冠名、道具植入、产品摆放、台词植入、挂角贴片、进度条植入、创可贴、压屏条、片尾滚动条等植入方式以外，网络综艺植入广告中较为有创意、有特色的形式主要包括花式口播和中插广告。

花式口播指的是主持人或嘉宾采用口播的形式对品牌进行推广，注重广告词的幽默诙谐。中插广告分为广告剧、定制广告和硬广三种不同类型。网络综艺的中插广告可拖拽，网民可自行选择是否观看广告，弱化了因广告破坏节目完整性而带来的不舒适观看体验。广告剧分为两种，一种是在节目片头或片尾投放情景短剧，主要内容为邀请参与节目的嘉宾针对某一品牌进行故事演绎；另一种是在节目现场，由节目主持人或嘉宾以小剧场形式演绎品牌故事。订制广告指的是结合节目主题，以节目特有形式，如嘻哈音乐、舞蹈等，由嘉宾、选手演绎为指定产品设计的广告。节目内容为品牌量身定做，甚至成为节目内容的一部分。硬广指的是在节目播放过程中，中断节目内容，转而播放广告。

8. 逐步尝试付费模式

2018年，付费网络综艺节目开始出现，是各主要视频网站拓宽营收方式的尝试。网络综艺节目内容质量的不断提高、精品化节目涌现则是付费模式得以实现的前提。部分播出平台充分利用头部节目的优势，针对不同观众群开发制作同一节目的不同版本或是衍生节目，并设为付费观看。部分观众为了观看在节目正片中没有看到的内容，愿意选择付费观看。这不但能够为播出平台吸引新会员增加营收，也能让节目素材得到最大化利用。

三、网络综艺节目的制作流程

长期以来，电视娱乐节目的创作采用"市场调查—创作—生产—销售"流水线式的创作消费模式。这种模式是工业革命以来主流的生产、创作方式，也成为主流的创作思维模式。受众选择消费的节目，都是创作者先于消费过程创作的，创作者在一定程度上对节目内容拥有主导权。

进入数字时代，媒介的多样性使得新媒体平台上的受众更加多元、更加分散。点对面的单向传播模式正被点对点、点对面、面对面综合的传播方式所取代。美国学者马克·波斯特（Mark Poster）认为，艺术是包含了更多的审美文化内涵的商品。根据马克·波斯特的理论点，电视娱乐节目本身就拥有商品属性，不妨大胆地借用消费品生产模式来形容电视节目的制作模式。在数字时代，电视娱乐节目创作方式正从传统的先制造、后消费的模式，逐渐过渡到一种消费与生产同步、市场反馈与生产同步、市场调研同消费同步的创作模式。互联网时代也是大数据时代，大数据分析同步于生产、消费的各个环节。生产者实时了解消费者需求，随时进行调整，生产的产品才能脱颖而出。同样，对网络综艺节目创作而言，以前大规模工业化创作模式，并不能完全满足多元化的需求，同传统创作模式共存的一种"边创作、边消费""参考消费而创作"的互联网思维正应运而生①。大致说来，网络综艺节目的制作流程包括选题策划、人物策划和合作模式三大流程。

（一）网络综艺节目的选题策划

网络综艺节目的选题策划主要分为日常化叙事、话题化叙事和个性化叙事三种策略类型②。

1. 日常化叙事

网络综艺节目日常化叙事策略主要指以平民百姓的日常生活为主要叙事内容，讲述普通人的平凡故事，表现他们的酸甜苦辣。采用日常化叙事策略的网络综艺节目多以普通人物关系为叙事线索构建全篇，用日常生活化的戏剧冲突组织安排节目的发展、过渡与转折。采用日常化叙事策略的网络综艺节目往往贴近生活，贴近群众，充满了浓厚的生活气息和鲜明的时代色彩。

2. 话题化叙事

综艺节目话题化叙事策略主要指对有关热点社会话题进行讨论，让辩论双方或者多方充分辩论，与参与其中的网民进行充分互动，使有关社会热点话题讨论向深度与广度进发，引起广大网民进一步关注。综艺节目"话题化"是指在综艺内容生产中，一是顺应当下社会热议话题（如育儿、尊老、婚嫁、衣食住行等），二是创造新的社会舆论话题（需要注意利用时令、时效和时机），这是综艺节目在展示其寓教于乐的属性的同时，更在巧妙地利用和借助其媒介属性提升影响力。考察近两年综艺节目的整体经验可以发现，它们或多或少都试图对社会话题进行回应或引领；同时，能不能引发社会对节目所呈现话题的关注，从而成为一种社会现象，也是评判一个综艺节目是否成功的重要标准③。

---

① 冯宗泽：《网络时代综艺节目创作思路转型》，《现代传播》，2014 年第 6 期。
② 张智华：《中国网络综艺节目的叙事爆点与危机》，《现代传播》，2018 年第 6 期。
③ 刘俊：《融合时代文化类综艺节目的发展纵览与养成之道》，《电视研究》，2018 年第 2 期。

3. 个性化叙事

网络综艺节目个性化叙事策略主要指选用具有鲜明个性的人物进行叙事，在节目内容与形式等方面创新比较明显，容易形成独特的风格。努力做到人无我有、人有我优、人优我特，确保创意超过别的节目。网络综艺节目选用具有鲜明个性的人物进行叙事，会给网民留下深刻的印象，避免网络综艺节目同质化。网络综艺节目选用具有鲜明个性的人物进行叙事，包括适当选用部分有争议的、具有鲜明个性的人物，可以引起更多的网民关注、讨论乃至争论，进一步扩大受众面，在讨论乃至争论中深化叙事主题。

（二）网络综艺节目的人物策划

在网络综艺节目的人物策划中，首先需要考虑的是节目中主持人和嘉宾的设置。主持人是综艺节目的代表，一些传统媒体主持人仍然活跃在头部网络综艺节目中，这些节目由于传统媒体主持人的加入，节目影响力也有所提升，产生了双赢效果。嘉宾是综艺节目的灵魂，随着网络综艺节目影响力的提高，嘉宾的类型也更加丰富，除了大众熟知的明星艺人之外，还有学者、运动员、网络红人、微博大 V 博主等，更有部分通过网络综艺节目积累人气的嘉宾，刚刚凭借一档节目有了一定的知名度，就投身到另一档节目的制作中。在主持人与嘉宾的角色比重上，由于网络综艺形式的不断丰富，在部分头部节目中，主持人的角色相对淡化，只起到简单的串场作用，更多的串联、把控等功能由嘉宾承担。甚至在一些节目中，主持人和嘉宾的角色都由同样的人担任，主持人和嘉宾的界限正趋于模糊。

网络综艺节目的嘉宾策划主要分为素人化叙事、明星化叙事和星素结合化叙事三种策略类型。

1. 素人化叙事

国内部分网络自制综艺节目善于用素人化叙事，主要角色多为普通人，表演比较本色、朴素、不雕饰。网络自制综艺节目素人化叙事策略借用网民实时评论与互动，不断加强叙事的薄弱环节。部分网络自制综艺节目观众群体的针对性较强，因而应该采用相对应的叙事方式，以此来加强节目叙事的独特性与深度。

2. 明星化叙事

随着网络综艺节目的快速发展，明星崇拜的现象愈演愈烈，一些网络综艺节目重用明星，用明星来叙事，显示了明星的巨大作用。一些网络综艺节目会有几位常驻的明星或者临时来的明星，通过性别、年龄、性格、地域等因素进行具有鲜明特征的组合，提高节目点击率。一些明星拥有众多粉丝。用明星化叙事的主要标准是话题度、流量等直接效应的考量，吸引更多的粉丝观看有关网络综艺节目。其中多栖明星与网络时代相适应，需要网络来塑造更生动、更个性化的形象，希望通过网络保持并扩大其知名度、信任度与美誉度。

3. 星素结合化叙事

星素结合化叙事策略主要指明星与素人相结合的叙事策略。网络综艺节目采用星素结合化叙事策略，是网络综艺节目自身的需要，也是观众的需要。如果网络综艺节目都用明星来叙事，可能会过度消费明星，观众也缺乏代入感；如果网络综艺节目都用素人来叙事，也许会显得单调乏味，不易引起话题度。

（三）网络综艺节目的合作模式

网络综艺节目创作中，除视频网站独立制作出品外，视频网站与制作机构的合作模式主要分为五类。一是联合投资，由网站与一家或多家合作方共同投资，出品制作节目，如优酷网与银河酷娱联合投资的《火星情报局》系列。二是委托制作，网站提供创意和资金，委托第三方制作，如优酷网《这！就是街舞》是由灿星承制。三是资源投入，网站提供平台、人力等资源，与制作方共同拥有版权，如天猫品牌推广的系列作品《真相吧！花花万物》《举杯呵呵喝》等。四是平台分账，网站开放平台，制作公司通过与网站分账获益。此外，还有版权采购，直接购买已经制作完成节目的版权，目前视频网站的版权采购多面向电视综艺。

网络综艺节目的制作机构以视频网站和各专业机构为主力，同时也走向多元化，有传统制作机构、专业制作人的加入，此外直播平台、营销公司、平台内部的制作团队也纷纷涌入市场。

当下，网络综艺节目正在朝着多元化、垂直化、圈层化方向发展，诗词、汉字、非遗等传统文化内容被挖掘，说唱、街舞、机器人等小众题材受到重视，其繁荣态势令人欣喜。但是，繁荣背后仍不可忽视其发展危机。一方面，纵观当下的网综节目，题材同质化现象十分突出，亲子类、音乐类、喜剧类、文化类等节目扎堆、"撞车"现象屡屡发生。另一方面，网络综艺与电视综艺的竞争也日益呈现"白热化"之势。

此外，网台同标政策的实施，也使得对网络综艺的监管力度日趋严格。2017年，国家广电总局发布《关于进一步加强网络视听节目创作播出管理的通知》，明确提出了"同一标准，同一尺度"的原则，并在题材、内容、制作上，对网综创作提出了更加严格的要求。

当下，网综节目制作已呈现专业化、规模化，政策的引导和金牌制片人的加持，都在引导和推动着网络综艺节目的发展。不同网络综艺之间、网络综艺和电视综艺之间的竞争也将更加激烈，如何在这场用户争夺战中脱颖而出成为亟待解决的难题。未来，网络综艺急需在观看方式、传播方式等方面实现迭代升级，以期在综艺节目市场上站稳脚跟[①]。

第三节　网络电影

一、网络电影的定义

2002年，陆琼琼在论文《谈网络电影的人性化互动》中认为，真正的网络电影参与性极强，首先可以从网上下载标准化的电影软件，然后根据自己的喜好修改剧情，所有人都可以参与电影制作。有兴趣的人甚至可以

---

① 冷淞：《网络综艺节目的短视频化传播研究》，《中国电视》，2019年第4期。

通过扫描仪输入本人影像扮演戏中角色。其次可以上载自己拍摄的电影与网友共享，不仅满足了影视爱好者，培养了电影观众，也把人从固有的接受模式中解放出来①。

2003年，陈思之在《何为网络电影》一文中，对网络电影下了这样的定义："所谓网络电影，是指专为在网上播放而制作的电影短片，一般播放时间为5分钟，最长不过30分钟。"

2006年，朱倩、李亦中在《希望之春：当电影遭遇互联网》中指出，网络电影的概念有两种理解：其一是指电影以网络作为传播渠道；其二是指专为网络量身定制的电影。就前者而言，实属电影传播史上一次重大变革。就后者而言，网络又承当了催生未来新导演的摇篮。一些独立电影制作人和DV发烧友将自己的作品转换成流媒体格式，放到互联网上供观众在线或下载观看，新锐电影人才有可能脱颖而出。

网络大电影指的是专门针对互联网和移动互联网进行制作和传播的视听娱乐产品，通常尤指通过视频网站专有频道（即所谓网络院线）发行的电影长片。自2014年以来，爱奇艺、优酷、腾讯视频、乐视网等视频网站公司开始介入网络文艺自制内容尤其是网络大电影的上游开发和制作环节。2014年3月18日，在爱奇艺主办的"网络大电影成就梦想"高峰论坛上，爱奇艺副总裁杨向华宣布推出网络大电影计划，建立网络大电影的网络播放平台、投融资平台和青年导演成长平台。

针对网络院线制作的网络大电影一般是"投资在50万元到400万元之间，时长超过60分钟，没有特别大的造景，制作、拍摄、周期相对也短，核心是故事"②的视听项目。目前业界和学界对于网络大电影概念的共识往往基于爱奇艺对此的界定。

综上所述，网络电影主要是指由节目制作机构或网民个人制作，主要在视频网站等网络视听节目服务机构播出，并由播出平台对节目内容履行

---

① 陆琼琼：《谈网络电影的人性化互动》，《上海大学学报（社会科学版）》，2002年第1期。
② 于帆：《网络大电影：有商机？靠投机？》，《中国文化报》，2016年2月22日。

审核责任，具备与电影片类似结构与容量的视听节目。

二、网络电影的起源与发展

（一）网络电影的诞生背景

1. 网民的数量和类型不断增长

根据中国互联网信息中心（CNNIC）的第 29 次中国互联网络发展状况统计报告，截至 2012 年 1 月 16 日，中国网民共计 5.13 亿，家庭电脑网民 3.96 亿，手机网民 3.56 亿。网络技术已快速触及社会生活的各个层面，人们的日常生活也因为网络而变得丰富和精彩。在网络技术的推动下，催生了网络电影这一大众文化形式。

2. 互联网的特性导致电影的制作和发行方式发生变化

信息时代为网络电影提供了广阔的发展空间，随着人们观看电影方式的改变，整个电影的制作流程也发生了重大变革。数字技术的无限扩张，使得那些想当导演或制片的影迷们，有机会实现自己的梦想。同时，也向那些享誉全球的知名导演或制片提出了新的挑战。

与传统银幕电影动辄"千万元"为单位的资金投入和工序繁杂的技术壁垒相比，新媒体电影几乎不存在进入障碍。从手机、家用 DV 到胶片机，任何影像记录设备都能成为拍摄工具，任何人也可通过"心灵创作"成为导演。技术驱动一方面使"第七艺术"更普遍、更浅明地进入大众视野，观众过去对银幕电影的崇拜倾向和敬畏感逐渐淡化，参与性提高；另一方面则带动了融资、广告、营销、人才培养、艺术批评等产业链环节的活跃[1]。

3. 互动体现人性的内在需求

作为一种新媒介形式，交互式网络电影在功能上最显著的特征之一是需要受众一方的参与，在观赏机制和故事情节重构中体现观众的参与性。

以报刊、书籍为载体的文学是一种传统的形式，它的结构是线性的、

---

① 韦笛：《简论新媒体电影的发展及其影响》，《青年作家（中外文艺版）》，2010 年第 5 期。

以时间关系为基本序列的。以网络为载体的文学则被称为"超文本"，它的结构是非线性的，每一处链接都包含着大量信息，包括文本信息和图形、动画、声音等多媒体信息。这样人们可以根据自己的需要、爱好重新安排情节、设计结局、分别写出不同的故事，而这种"超文本"结构又给读者提供了更多更大的想象和创作空间，读者甚至可以直接参与创作，阅读的过程真正成为一个再创造的过程，文学的意义恰恰是在阅读和接受过程中才得以实现的[①]。

交互式网络电影的意义是在观众与影片的交互中才形成的。如果说传统的文字媒介和影视都是为了让受众去验证预设的价值，那么交互式网络电影就是由受众去参与构建情感、认识和价值。在这儿，受众也在一定程度上转化为影片的生产者，在传播过程中处于积极主动的地位[②]。

(二) 网络电影的发展阶段

1. 初创期（2000—2009 年）：网民对电影与网络技术的"试验"

网络电影的出现，是电影史上的一场革命。在网上观赏网络短片，网民既是观众，又是放映者，可以自由选择自己所喜爱的影片。技术的发展往往源于偶然，网络电影的出现也是源于拼凑电影与网络技术的"试验"。在美国，一个叫大卫·阿贝尔（David Abaire）的年轻人，他是电影影迷，同时也是电脑爱好者。他每天都花不少于 4 个小时的时间在网络上，很快把网上的一切新鲜玩意儿都玩腻了，于是便灵机一动，想到拍摄小电影并在网络上播放。影片的拍摄工具是家用小型摄像机，父母是演员，讲述了一段家庭悲欢离合的故事。影片上传到网上后，得到了很多人的赞赏与鼓励，这促使大卫·阿贝尔对网络电影进行进一步探索。同时这种结合网络与电影的做法也慢慢引起其他人对网络电影的注意，为网络电影的发展开

---

① 陆琼琼：《谈网络电影的人性化互动》，《上海大学学报（社会科学版）》，2002 年第 1 期。

② 吴蓬莱、付丽：《新媒介的功能延伸：试析交互式网络电影的超越性》，《学术交流》，2006 年第 3 期。

辟了道路①。

2000 年 8 月 18 日，台湾宏网集团与春水堂科技娱乐公司共同投资拍摄了网络电影《175 度色盲》。该片由杨乃文和唐治平担任主演，结合了真人拍摄与 2D、3D 动画以及相关的网络制作软件。《175 度色盲》是一部兼具多重实验性质的电影，每段无中心、碎片化的影像不超过 2MB。在播放方式上，网友可以在任何时间登录网站观看影片，并可自由选择影片的播放顺序。同时，网友还可以参与互动，决定影片中男女主角未来的命运。

2000 年 9 月 14 日，由北京音像网策划、北京汇广影院传播有限公司与中央电视台电影频道联合摄制的大型网络电影《天使的翅膀》正式开拍。作为中国内地第一部互动式网络电影，《天使的翅膀》开创了中国内地首例全新的网络制播方式，并且采取一边拍摄一边播出的方式。网民可以通过在网上发布的故事内容，根据自己的意见修改剧本，并为影片推荐演员。这种新的参与方式极大地丰富了观众的审美感受，开掘了观众深层的审美体验。作为国内首部只能通过网络观看的电影，《心中的海》于 2000 年投入拍摄。电影由 6－10 个小故事衔接而成，每个故事只有 5 分钟。

到 2009 年，中国网民数量接近 4 亿，网络普及率进一步提高，电脑硬件设备价格持续降低，这些都成为网络电影发展的重要物质保证。也正是在这一年，中国出现了一部具有时代意义的网络电影——《网瘾战争》。这是由普通网友自制的影片，片长约 70 分钟，制作时间超过 3 个月，先由网名为"性感玉米"的导演写好剧本，再请众多网友在游戏《魔兽世界》中进行动作表演，截取视频，然后再配音。整部影片以上海九城公司和网易公司争夺《魔兽世界》事件为基本框架，把对游戏内容的审批和修改以及两家公司的明争暗斗都嘲讽了一遍。不过，该片之所以能够获得广泛传播和引起共鸣，是因为该片不再局限于游戏，而是穿插了大量社会热点事件。从内容上看，《网瘾战争》还是一部由民间力量记录、演绎的 2009 年

---

① 阿祥：《网络电影——电影史上的一场革命》，《计算机与网络》，2000 年第 9 期。

中国社会生活史，虽然因为技术、投资的限制而无法做到精益求精，但它促使大量网络视频爱好者和广大网民产生了对颇具艺术构思和深刻感染力的原创网络电影的追求。

2. 发展期（2010—2013 年）：专业制作团队加盟网络电影

2010 年起，一些专业的电影创作者及专业制片公司也开始进行网络电影的创作，专业的创作队伍、更精良的制作水准和更多的资金流入，提升了网络电影的品质、关注度和影响力。2010 年，中影集团开始介入网络电影创作，与优酷网合作，拍摄了包含了 11 部网络电影短片的"11 度青春"系列，邀请知名演员及专业导演加盟，系列中的压轴之作《老男孩》获得了网友一致好评。2010 年，以《四夜奇谭》为代表的网络电影宣告了网络电影草根时代的结束，网络电影不再只是网民自娱自乐的作品展览，其制作成本、演员阵容、产品质量和商业运作已经直逼真正意义上的电影。从2013 年开始，一些中小规模投资的电影中的长片电影开始将目光投向互联网，以网络作为营收的终端。

3. 成熟期（2014—2021 年）："爱优腾"三大视频平台正式进军网络电影

2014 年被称为"网络电影的元年"，爱奇艺率先开辟网络电影赛道。优酷、腾讯、搜狐等各大视频平台纷纷跟进。根据爱奇艺的数据统计，2014 年在爱奇艺上线的网络大电影有 450 部左右，基本等同于全网供应量，产生了 1 亿元左右的市场规模。2015 年，8 天时间拍摄、投资成本仅28 万元的《道士出山》豪取 2400 万元票房，创造了投资回报率近百的神话。强烈的示范效应激发网络电影进入高速发展期。数据显示，仅 2015 年一年，就有 231 家新团队进入网络电影领域。2015 年，网络大电影达 700部，比上一年增长约 56%，市场规模达到 3.5 亿元，增长率达 250%。2016 年，"爱优腾"三大长视频平台正式采用"前 6 分钟有效观看"分账模式，并公开分账票房数据。该年度全网上线网络电影 2463 部，市场规模突破 10 亿元。2018 年，国家广播电视总局发布通知，提出要加大对网络电影的治理力度，要求网络视听与广播电视节目"坚持同一标准、同一尺度"。2020 年，爱奇艺等平台推出 PVOD（高端付费点播）模式，《肥龙过江》《春潮》《春江水暖》《征途》等影片陆续应用该模式线上发行。2021年，"爱优腾"共同发起了"网络电影春节档计划"，"档期化"的宣发模式取得了不错的反响。同年，爱奇艺基于 PVOD 模式推出云影院电影线上发行平台。

4. 稳定期（2022 年至今）：网络电影进入规范化发展新阶段

2022 年，国家广电总局正式对网络电影发放行政许可。"网上网下同一标准"向前迈出实质性一步。2023 年，《特级英雄黄继光》《浴血无名川》《勇士连》等 6 部网络电影，于两会期间在北京卫视黄金时段播出，这是对网络电影质量的肯定。2024 年，网络电影市场份额最大的平台爱奇艺，将独家影片的"按时长分账"调整为"按时长阶梯分账"。6 月 24 日，由国家广播电视总局电视剧司、上海市广播电视局指导，中国电影基金会网络电影专项基金、上海电视节支持，爱奇艺主办，腾讯视频、优酷联合主办了"2024 网络电影创投青创计划"活动。创投机制的引入有望成为一股持续的、长久的造血原动力，并为网络电影开启新生元年。

网络电影是 21 世纪以来现代传播技术和艺术融合的产物，网络给电影带来了新的生机，同时，网络电影在思想深度和视觉效果上还有进一步的成长空间。在网络电影的发展过程中，随着国家监管力度逐步加大，长视频平台对分账模式的不断优化调整，网络电影产业从野蛮生长进入规范化发展新阶段。

（三）网络电影的政策环境

与传统电影的单向传播和制作、发行、放映主体的高度集中相比，网络电影传播的交互性和传播源的高度分散性，使得对其传播监管的难度变得难以想象。一方面，内容服务商对内容传播过程的控制力和影响力日趋下降，其作为把关者的角色也被淡化；另一方面，传统内容监管所依赖的事先审查机制很难应用于交互式的网络电影传播活动。由于互联网内容爆炸性、复杂性和交互性的技术特征，在网络电影内容的制作和传播方面呈现出新的特点。因此，加快探索和建立综合运用技术、行政、法律和行业自律等手段的监管方式刻不容缓。

2014 年基于当时的网络环境，为了走出一条新的路子，爱奇艺首次提出网络大电影的概念，并且规范了相关标准。随着国家政策对文化产业的倾斜，我国电影产业在 2015 年进入了新的高速增长期。2014—2015 年，优酷、爱奇艺、腾讯先后成立了各自的影视公司，开始布局互联网影业，投资院线电影和互联网电影，孵化 IP 大电影。2015 年全线上映超过了 650 部网络大电影，只爱奇艺一家就上映 622 部，占领了 95％的市场份额。2016 年网络大电影一举突破了 3100 部，流量超过了 150 亿。2017 年因为网络大电影的急剧发展，出现了很多的粗制滥造的影片，国家随之出台了《电影产业促进法》，统一了网络电影与院线电影的审查标准。伴随着网络大电影的制作和审查标准的提高，市场已经逐渐回归冷静和理性。2018 年随着监管的不断加强，数以千计的电影作品被强制下架，但是精品作品也越来越多，网络大电影的分账票房在不断攀升。

在政策与行业的引导下，网络电影的制作发行经历了规范化、专业化的过程。2018 年，国家广电总局发布《关于网络视听节目信息备案系统升级的通知》，以统一备案的形式推动网络电影的正规化。2019 年 10 月，在首届中国网络电影周上，中国电影家协会网络电影工作委员会联合爱奇艺、腾讯视频、优酷三大网络平台向全行业倡议，以"网络电影"作为通过互联网发行的电影的统一称谓。2022 年 4 月，国家广电总局办公厅发布《关于国产网络剧片发行许可服务管理有关事项的通知》，明确对网络剧片实施发行许可管理制度。同年 6 月 1 日起，国家广电总局对网络剧片正式发放行政许可，《金山上的树叶》成为首部获得"网标"的网络电影，标志着网络剧片管理从备案登记转向发放行政许可的新阶段。

三、网络电影的类型与特征

(一) 网络电影的类型

从题材类型上划分，常见的网络电影类型有情感类、喜剧类、悬疑类、动作类、奇幻类、惊悚类、科幻类、玄幻类等。

情感类网络电影主要以爱情的发生和发展为线索，在叙事模式上更多是讲述不可能的爱情如何实现的故事。情感类网络电影大致可分成三类：第一类是以情感故事为主线，讲述纯美爱情故事；第二类是以情感为主题，通过时空扩展或引入奇幻、悬疑等其他类型元素展开剧情；第三类以"玛丽苏"式的情感故事为主体，满足受众减压放松的观影需求。

喜剧类网络电影多以夸张的剧情、令人捧腹的情节设定以及演员自带喜感的搞笑演出满足受众减压放松、娱乐身心的观影需求，从而成为较受关注的网络电影类型之一。此外，喜剧类网络电影的制作成本相对较低，这也是创作者热衷喜剧类网络电影的一个原因。

悬疑类网络电影通过设置悬念，用曲折的故事情节，激发观众内心的紧张感与好奇心，并引发后续思考和讨论，使人意犹未尽。近年来，悬疑类网络电影呈现出"悬疑＋"的趋势，大多突破单一的推理剧情主线，融入刑侦、科幻、惊悚、动作、情感等多种剧情元素，满足观众的多重口味。

动作类网络电影往往以精彩的打斗场面、勇敢坚毅的英雄形象、激情热血的故事内容来打动人心。以往的动作类网络电影往往多与军旅、武侠等元素结合紧密，但随着网络电影多元化的发展，近两年的动作类网络电影并不局限于军旅、武侠题材，也有不少作品与古装、奇幻、悬疑等多种元素相结合，满足不同的受众需求。

奇幻、科幻、玄幻等含有超现实元素的网络电影凭借脑洞大开的剧情、极具视觉冲击力的特效，满足了观众的好奇心，因而颇受关注。

此外，不少网络大电影并不会采取单一的类型样式，而是对多种类型进行融合，每种类型之间的界限也很模糊，甚至难以分辨哪种是影片的主要类型。各种类型融合的"大杂烩"网络大电影的出现，也是希望能满足观众对不同类型元素的喜好。

(二) 网络电影的特征

网络电影形式上具备了电影的基本要素，但又以其新的呈现方式和创新的艺术形式，区别于传统电影。参与性、即时性、原创性、互动性是网络电影的特性，这些特性是与网络传播的特性紧密相关的。

1. 题材丰富多样，满足多元化需求

网络电影虽在整体质量上与院线电影有较大差别，但其重要优势在于可满足互联网不同用户群体的喜欢，在类型上可做到更为垂直细分，从而使受众群体更为广泛。网络电影在涵盖院线电影常见题材的基础上，还以更大的包容度和更广泛的想象力，探索更多新的可能。突出了"网感"，也更满足日益多元化的观影需求，其多元的题材类型触及电竞类、体育类、音乐类、动画类等大银幕较少涉及的领域。在网络电影的观看方式上更是个体性和多元化的。网络电影的播放者与观看者合而为一，自己选择自己喜欢的网络电影自己播放给自己观看，这就是网络电影的特有观看模式。

2. 品质格调和艺术水准有所提高

在网络电影发展初期，呈现出大众化、草根化和后现代化的审美特征，在内容主题上反叛主流、拒绝传统、标新立异，在观看方式上贴近网民的娱乐与互动需求，制作模式也不需要遵从传统电影制作的社会分工和角色定位方式。随着政策引导力度加大、行业自律意识增强、专业力量持续涌入、创作方式不断创新，带动网络电影整体品质有所提升，靠低级庸俗、封建迷信、色情暴力等违规不良和擦边球内容博眼球的作品已明显减少，网民对网络电影的认可度持续提高。

网络电影的平均制作成本提高，制作周期增长，使得网络电影的整体

制作水平得到了较大的提升，在画面制作、剧情表达以及人物塑造等方面均有所提高。一些网络电影质感已接近或达到院线电影的水准，给观众带来了较以往更好的观影体验。

整体上看，网络电影目前仍存在良莠不齐的问题，且平庸者居多。部分作品仍体现出"重经济效益轻社会效益""既不触负能量底线，也不攀登正能量高峰"的创作思路，标题党、擦边球、恶搞经典、"前六分钟"等顽疾在个别作品中仍然存在。

3. 系列化创作呈现"剧集化"特点

系列化网络电影一般指由同一机构出品或主创团队制作的多部在剧情或人物上具有关联性的网络电影的集合。近年来，系列化网络电影又呈现出较以往更新节奏加快、上线排片密集、内容上更具有连贯性的"剧集化"特点。"剧集化"是指某系列网络电影在较短的时间内以分集的形式集中上线。"剧集化"网络电影多为 2—4 部，每两部之间的上线间隔一般不超过一周，内容上通常是连续剧形式，故事具有连贯性。不同于其他系列网络电影拍完一部上线播出后再根据播出表现拍摄第二部，"剧集化"网络电影在开拍时就已经确定好了分集结构，拍摄进度、剧情设定基本遵从剧集的模式，再通过周更的方式维持较长时间的热度。"剧集化"特色不仅影响力更高，也更具有用户黏度，进一步凸显系列化创作的价值优势，展现出了较强的爆发力和较持续的影响力。

4. 创作主体多元，演职人员年轻有活力

在网络电影诞生初期，网络电影创作主体呈现非中心化、零散化的特征，创作动机呈现多元化格局，电影从精英走向大众。随着网络电影制作水平的提高，网络电影主要以商业机构出品为主，涵盖领域广泛。视频网站优化规则、统筹资源，积极推动网络电影创作向专业化、规模化发展，并直接参与出品了多部具有较大影响力的作品。同时，参与网络电影创作的政府机构和传统影视机构也逐渐增多，助力网络电影品质格调提升。"80 后""90 后"青年演职人员成为网络电影的主要创作群体，网络电影庞大的体量和较低的门槛给这些新入行的人们提供了一个广阔的历练平

台，同时也有众多年轻演员通过接拍网络电影来获取经验和积累知名度。随着网络电影的规模化和专业化，一些知名导演、老戏骨也逐渐加入，他们在为网络电影领域带来名气和流量的同时，也一定程度上带动了网络电影演职人员整体专业度的提高。

5. "龙标"网络电影数量剧增

网络电影的概念，从管理角度看，是指由视频网站等播出平台履行内容审核责任的作品，播出时一般标有"审核序列号"。而院线电影通常是指经过主管部门前置审核，正式获得电影公映许可证并在院线公映的作品，其播出时会在片头出现"绿底龙头标志"，上面写有"公映许可证"以及电审字号，简称"龙标"。从传播渠道上看，按照政策要求，网络电影只能在网上播出，而院线电影既可以在电视台、各类院线播出，也可以在网上播出。近年来随着互联网日益成为影视作品的重要传播渠道，特别是网络电影的发展和发行体系的成熟，有部分获得"龙标"的电影选择仅在互联网发行或首先在互联网发行，业界一般将其称为"龙标"网络电影。

四、网络电影的制作流程

网络电影是传统电影与新媒体融合产生的一种新的艺术产品，它是传统电影在新媒体上的发展，同时也是新媒体对传统艺术形式的一种继承。与院线电影相比，网络电影制作周期短而播出快，投资较少而回收很快，且回报率较高，这些都让它在业界越来越受到重视。网络电影的制作流程包括拍摄与剪辑、宣发与传播两个环节。

（一）网络电影的拍摄与剪辑

1. 网络电影的内容创作

网络电影的受众与传统电影相比，呈现出更为年轻化的态势。这个年轻化不只体现在实际年龄上，也体现在娱乐心态和对现有文化价值的认同上。网络电影的受众和创作人群，熟悉和喜好现代乃至后现代主义文化价值更胜于古典主义美学，在人生态度上亦具有与其父辈不同的时代特征。因此，在网络电影的内容上，亦表现出相应的特点。

第一，网络电影在情节架构上，不像传统电影追求深度和价值。受限于网络播出平台，可供手机等多媒体用户下载，制作上追求短小精悍，更主要的是网民生产的随意性、好奇心驱动，使得网络电影更趋向一种个体书写、个体体验，多以人生情感经历、情绪的纠结为主[①]。

第二，网络电影在故事的选择和编排上，不倾向于深刻，转而倾向于叙事的趣味性。网络电影与网络小说类似，长盛不衰的卖点有三种，一种是作品唤起大笑，一种是作品唤起眼泪，第三种是作品挑战观众的智商，拥有出乎意料的结局和聪明的叙事。在 2015 年以前，网络院线中流通的内容明显区别于传统院线片，网络电影以软色情、奇幻僵尸、惊悚、地域性喜剧、搭院线档期电影 IP 顺风车等题材和类型为特点，分众属性明显，其中 19—30 岁的男性受众比例明显偏重[②]。

2. 网络电影的拍摄

由于受创作主体和传播媒介的限制，网络电影的视听语言和传统电影的有所区别。网络电影作为草根阶层介入精英艺术，自娱自乐的文化产品，这一文化生产的自主性、随意性和日常性也使网络电影的叙述视角内在性、主体化色彩更浓。网络电影在景别、光影和色彩等方面都力图还原生活、写照现实，去除了更多讲述和呈现中的雕饰。

从景别上看，网络影像不同于传统银幕，它的尺幅较小，像素也相对较低，在大银幕上清晰可见的细节，在网络影像上则会模糊或者被忽略。因此，在网络电影中，创作者倾向于减少远景、全景的使用，而大量使用近景、特写乃至大特写的景别。

从光影和色彩上看，同样还是硬件限制和美学追求的共同结果，导致网络电影并不醉心于大银幕刻意追求的丰富的光影层次和复杂的色彩方

---

① 宋永琴：《网络电影的叙事机制与消费文化》，《当代电影》，2011 年第 10 期。

② 徐亚萍：《网络大电影：转型中的网络电影及其风险》，《现代传播》，2016 年第 12 期。

案，而倾向于一种单纯的、表现力和装饰性都很强的色彩方案和用光方案。这种倾向特别是在对于较大的空间展现时体现出来，在这里，网络影像无法展示真实空间丰富的细节和层次，于是网络电影的创作者们反其道而行之，努力超越现实，去除所有不必要的细节元素，力图呈现一种简单、纯粹的美①。

3. 网络电影的剪辑

网络电影制作中最核心的元素是片名、海报和前六分钟的拍摄。网络电影前六分钟的拍摄效果意义非凡，前六分钟的剧情能否吸引观众，决定了整部影片的票房。因此，网络电影的剪辑逻辑与传统电影有着较大区别。由于网络电影与传统电影的观众在观影条件和心态上的不同，两种电影剪辑的心理节奏也是不同的。传统电影的观众在固定的时间和空间完成完整的观影活动，因此，影片的创作者是以一部影片的长度为单位，来整体进行影片的节奏和情绪设计。而网络电影则不同，观众随时可以放弃观看，影片必须随时抓住观众的心智，持续保持一种高度的兴趣和紧张感。因此，网络电影倾向于一种高速到达终点的剪辑，倾向于在单一画面内传递简单明确的信息，一般避免长时间让观众面对一个镜头细细观察品味。在硬件限制和美学追求的双重作用下，网络电影减少了对长镜头和景深镜头的追求，而转向蒙太奇理论。网络电影单个画面必须有感染力且信息必须明确，影像的意义多通过复杂的剪辑得以体现。

（二）网络电影的宣发与传播

任何行业的产业化发展都应当以市场为驱动因素，就如同电影的发展从无声到有声，从宽屏到立体，从影院到家庭院线，是科技的推动，更是市场的推动。而网络电影的产业化模式的建立也需要在市场因素的作用下才能得以建立和完善。和传统电影生产模式相对工业化的生产相比，网络

---

① 陈宇：《网络时代的自由表达——网络电影的美学特征及其价值意义》，《当代电影》，2011 年第10 期。

电影的制作和发行则具有手工作坊式的特点，它依托的网络平台体现出了个人化、个性化、互动参与的传播特性。目前传统电影行业也已经看到了网络电影所蕴藏的巨大市场价值，并开始着手投入部分精力到对网络电影的扶植和发展当中。中国网络电影的宣发与传播商业模式主要有以下几种。

1. 内容提供商向视频网站提供内容产品，依靠与平台运营商分享广告收入获利

这种经营模式是目前最为常见的方式。因为网络电影的投资制作规模一般比较小，内容提供商无力去做大规模的宣传推广，只有靠内容优势，希望得到网络受众的认可，从而得到广泛传播，获取广告商和平台运营商的关注。

目前几乎所有视频网站都是免费为用户提供视频播放服务的，其利润来源无外乎广告投资。视频网站所获取的利润比例要比内容提供商所获得的利润高出很多。事实上，内容提供商与平台运营商所获利润的分配比例多为 5∶5 或 4∶6，甚至会达到 3∶7。

2. 以网络电影为广告载体，由集团公司投资拍摄，意在产品营销和推广

许多网络电影的制作已经开始采取这种方式，例如由联想集团与日本电通广告投资拍摄的《爱·在线》、由春水堂和宏网联合拍摄的《175 度色盲》、由中国娱乐网推出的《天使的翅膀》，都是以宣传产品或提升网站知名度为目的而投资拍摄的。这种模式充分地利用了网络电影以网络为渠道的优势。

3. 以网络为宣传媒体，通过电子商务平台经营获利

这是全球最大的视频网站 YouTube 与亚马逊、苹果 iTunes 的合作模式：受众仍然通过视频网站浏览视频文件，但对于感兴趣的网络电影则可登录电子商务平台进行购买。平台运营商依然可以获取广告收入，而在此基础上，还可以通过观众的购买而二次获利。

五、网络电影的产业化发展前景

网络电影作为传统电影与网络共同催生出的一种特殊形式，其商业模式的新亮点，很大程度上是由"网络"这一特殊的媒体所赋予的。首先，相较于传统电影产业的产业链，在生产环节上，网络电影的生产更加灵活。基于网络良好的交互性，网络电影在其创作之初就能够与受众形成良好的互动，第一时间获得市场需求的信息反馈，从而将市场最大化。其次，网络赋予网络电影的宣传推广以得天独厚的便利性。网络在网络电影的传播过程中又扮演着双重角色，它既是宣传的媒体，又是发行放映的渠道。与传统电影不同，网络同时融合了网络电影产业链的中游和下游，是网络电影进行发行和营销的双重平台，且于此平台进行商业运作的成本几乎为零。最后，网络电影的营销渠道呈现多样性。视频网站是网络电影进行放映的首要选择，却并非唯一选择。事实上，视频网站的用户同时也是其他新媒体终端的接受者。新媒体强调信息的高速传递和共享，楼宇电视、公交移动、航空传媒、5G 网络等，都可以成为网络电影的承载对象和营销渠道。

网络电影作为一种数字时代诞生的电影形式，我们对其产业价值的探讨尚处在初级阶段。然而，它所蕴含的商业价值已经被越来越多的投资者、制片商发现和认识，也有越来越多的资金注入网络电影的产业化运作当中去，在未来，网络电影将有更多的发展可能。

第四节　网络直播

随着社会的进步，经济的发展，互联网因其无可比拟的优越性在我们日常生活中扮演着越来越重要的角色，随之而崛起的网络直播成为新兴产业。在传统媒体直播的影响下，以 YY 语音、网络电台为代表的线上直播模式迅速发展，主要以秀场直播、游戏直播和电商直播等形式出现。

一、网络直播的定义

网络直播是流媒体技术的高级应用，借助专用系统和宽带网络，使受众足不出户便可以观看同现场观众完全相同的实时场景，甚至是发生在世界另一边的现场新闻报道。不同于传统的电视现场直播，网络直播采用多媒体播放技术和双向互动的在线交流形式。

有学者提出，网络直播是将信息同步公开面向受众传播的一种即时播出，具有双向流通过程的信息网络发布方式。相较于一般的电视直播来说，借助的传播媒介发生了最大的变化，由传统的电视传送更换成了网络这个第四媒体[①]。

二、网络直播的起源与发展

（一）网络直播的诞生背景

1. 电子竞技产业的发展

电子竞技的发展在中国已经越来越被关注，电竞产业链不断升级完善，从内容制作方到赛事举办方，从俱乐部到管理联盟，从赞助商到电竞选手，等等。随着中国游戏产业的日益壮大，建立在流媒体基础上的游戏视频直播平台也悄然兴起。现在的游戏直播平台播出的内容主要有三类：电竞赛事、个人直播和游戏节目。

游戏主播分一般游戏玩家、专业游戏玩家主播和明星主播。三者数量呈金字塔状分布，但三者的粉丝数量则是呈倒金字塔状分布。专业游戏玩家主播是指通过参与此类游戏比赛，获得较好名次而被广大游戏玩家所熟知的专业玩家。明星主播则是在此类游戏有着一定的粉丝集群，有着强大粉丝号召力的主播。明星主播一般由专业游戏玩家主播和美女主播构成，前者体现着游戏的专业性，后者体现着游戏玩家的性别趋向[②]。

---

① 王意明：《网络直播与传统电视直播的竞合》，《新闻世界》，2009 年第 11 期。

② 孟轶：《网络游戏直播平台的传播学刍议》，《戏剧之家》，2015 年第 18 期。

2. 体育赛事的竞技性与未知性

体育节目的价值充分体现在人们通过激烈而精彩的体育比赛获得的情感满足。当前体育节目变得日益丰富多彩，信号传输的手段也日益丰富。从最早的电视赛事播报到电视赛场直播，拉近了体育爱好者和体育赛场及参赛选手的距离。体育节目的发展经历了网络带宽不足的文字直播以后，进入带宽发达的网络视频阶段，也由此带动了一批视频网站的兴起。视频直播可以让观众体会到体育赛事激烈对抗的感官刺激，包括视觉刺激和听觉刺激两个方面。

3. 网络直播观看的便捷性与陪伴感

对于广大的体育观众而言，无论是从网络上欣赏比赛，还是获取需要的赛事资源，个性化的服务和便利的收视条件将成为首要的选择因素[①]。过去，用手机看电视最大的障碍是资费问题。近年，随着手机媒体功能的逐渐强大，各地通信运营商也纷纷降低资费，这些举措十分有利于用手机上网观看电视直播。现代人工作压力大，生活节奏快，精神高度紧张，容易感到身心疲惫，对于面对面的社交活动，也就疲于应付。而观看直播的便捷性恰好打破了社交所需要的时间和场合上的限制，节约了社交成本，使得社交活动不再纷繁复杂。在直播平台，观众通过和他人之间的交流和互动，得到关注和认同，也在网络直播的陪伴中使自己不再孤独。

(二) 网络直播的发展历程

1. 直播 1.0 时代

2000 年是中国的网游元年，伴随着网络游戏的不断发展，例如 2005 年的《魔兽世界》，以 YY 语音为首的多人在线语音交流平台应需而现，"游戏语音"可以说是网络直播的雏形。同一时期国内最早出现的直播是一些网络聊天室，主要面向电脑 PC 端，规模不大，广告也多，基本由宅

---

① 肖鹏、郑景惠、张旭东：《体育节目网络直播历程及发展探讨》，《山东体育科技》，2008 年第 1 期。

男宅女和一些"网红"通过直播以聊天唱歌等方式来消遣和牟利，比如"六间房"这种视频聊天社交网站就是其中之一。在 2005 年至 2011 年，诞生了秀场直播的鼻祖 9158，它是由视频网站演化而来的，随之 2009 年六间房和呱呱布局进行秀场直播，2010 年 YY 上线了直播业务。由此，诞生了直播行业的 1.0 时代，虽然直播内容单一，但也造就了一批直播 1.0 新秀。娱乐至上的人们，体验到了网络革新时代带来的新娱乐方式。

2. 直播 2.0 时代

2012 年虎牙上线，2014 年斗鱼直播上线，直播的内容开始呈现垂直化趋势。这时，游戏直播开始了，随着手游产业的不断发达，YY 和 9158 的上市，PC 端直播也就暂告一段落。因为资本的介入，2015—2016 年，直播爆发了风口，大量创业者涌入直播行业，移动直播平台遍地开花，上演了无数场"千播大战"。此时，全民直播浪潮开启，网红经济凸显了它特有的江湖地位，而资本的介入，也是一切商业活动性质转变的开始。

2012 年前后，DOTA、英雄联盟等竞技类游戏兴起，观众由最初在视频网站上找游戏视频逐渐渗入到网络直播领域，各种教学、娱乐的电竞比赛视频开始蜂拥而至，逐渐吸引电竞玩家靠拢。2015 年之后，大量资金投入网络直播，使得网络直播更加活跃，在 PC 终端的拓展中，以智能手机为代表的移动端直播 App 的开发也越来越多。直播的内容不再局限于游戏与社交，户外直播、二次元直播、综艺节目直播、文娱类直播等开始普及，"直播＋"的概念开始融入于各行各业中。

2016 年被誉为"中国网络直播元年"，直播在中国更多方面多层次地发展起来：papi 酱大火，电商圈网红、各类淘女郎等不断发迹。同样是这一年，淘宝直播上线。2016 年，资本市场对网络直播趋之若鹜，网络直播成为带动网络视频产业的新契机。相关行业数据显示，截至 2016 年 10 月，全国在线直播平台数量超过 200 家。

3. 直播 3.0 时代

2017 年开始，政府对网络直播行业进行规范整顿，行业格局从当初的野蛮生长向巨头争霸过渡，流量、主播和资本都开始向头部聚拢，同时直播电商获得了爆发式增长。直播 3.0 时代开启了全民直播时代，明星、企业家、政客纷纷试水直播，直播行业带来了一番互联网盛况。

2019 年新冠疫情爆发，因为出行的不便，宅家的群众有了更多机会接触网络，其中网络购物、教育、医疗、娱乐等行业以云在线、云复工复产的方式得以保障社会基本运行。除了以李佳琦为代表的网红购物直播、响应政府"停课不停学"的在线教育直播之外，网络直播在对抗疫情建设上也发挥了重要作用：先有记录中国速度的火神山、雷神山医院十天而成的 5G 现场直播，后有武汉解封 24 小时的纪录性在线直播。

2020 年作为 5G 的商用元年，网络直播拥有了更为强力的技术支持，又因为新冠疫情这等特殊事件的发生，获得了更广阔的市场。在全面建成小康社会的建设中，生活水平的提高也带来了人们需求由低层次向高层次实现递进发展，"直播＋"的这种在线双向传播方式正在网络生态中不断成长。

网络视频直播平台是基于移动终端的信息实时发布与社交互动平台，充分融合了移动化、视频化、社交化三大互联网发展趋势，并不是简单的"电视直播＋移动端互动"，而是以社交为基础，满足碎片式、场景化、主题性的互动需求。与传统直播不同，网络直播对直播时间、直播环境、直播设备都没有严格的要求，网络主播也不需要专业的资质，极大激发了网民的参与感，直播开始从传统直播逐渐向全民直播转向[①]。

三、网络直播的类型与特征

(一) 网络直播的类型

按照直播内容划分，在线网络直播主要分为音乐、体育、游戏、综艺节目等类型。2013 年前，网络直播平台本是游戏直播的天下，但从 2013 年之后，其他内容的直播纷纷出炉，如化妆美颜、探险旅游、手艺加工、宠物售卖、体育比赛、汽车测评等，可以说，能在现实生活中见到的内

---

① 王子龙：《直播 APP 下的全民网络主播初探》，《新闻研究导刊》，2016 年第 2 期。

容，几乎都可以在直播平台中找到①。按照平台来划分，则分为腾讯、乐视、网易等综合性大平台网络直播，欢聚时代（YY）、天鸽互动（9158）等网络秀场平台以及移动在线网络平台直播。

（二）网络直播的特征

1. 打破了"点对面"的传播模式

传统电视直播作为一种节目形式，是经过编导组织化和结构化的立体时空，无法照顾到每个观众的情感需求和信息取向。即使电视直播的形式和方式变得越来越多样化，直播频道也越来越多，但一直没能摆脱"点对面"的单一模式。而网络直播给受众提供了一个相对自在的状态和流程，同时也提供给观众一个虚拟的大平台进行信息的交流与反馈，相较于传统电视直播来说更加开放，直播内容和形式也不那么固定，做到了更好的双向互动②。

2. 拓展了受众对于节目的选择空间

传统电视直播受地域覆盖的影响，传播空间极为有限。体育赛事直播，除CCTV－5直播能通过数字电视传输到多个地方去之外，类似北京体育、上海体育等地方性体育台所直播的比赛则无法通过电视屏幕呈现在外地观众面前。加上各大体育台直播的比赛场次以及拥有的赛事转播权的不同，电视直播很难满足观众对于节目选择的需求。网络直播通过互联网平台展开，相对于传统电视直播来说，让大众有了更多的主动操作性和更自由的选择空间。

3. 网络直播门槛低

传统电视媒体直播都是用专业设备操作完成，普通人要想尝试一次直播不太现实。而如今，大量的直播类应用在移动端快速普及，使得直播的门槛大幅度降低。手机技术的不断革新，为移动端视频直播的推广提供了

---

① 张旻：《热闹的"网红"：网络直播平台发展中的问题及对策》，《中国记者》，2016年第5期。
② 王意明：《网络直播与传统电视直播的竞合》，《新闻世界》，2009年第11期。

土壤，而网络环境持续的技术性优化则降低了视频内容产生和资金成本，这给当下的移动端视频直播带来了无限可能①。

网络直播对直播环境、直播设备和直播者的要求较低。随着互联网以及高科技产品的飞速发展，信息的流通变得越来越方便，越来越快速。网络直播所需要的设备不再像新闻媒体那样精准、昂贵。无论是在室内外，一台智能手机，一根自拍杆或三脚架，再加上补光灯和充足的电源就可以完成直播。网络直播对直播者素质的要求较低，直播者不需接受专业的培训或获得某些资质。以斗鱼为例，在斗鱼 TV 上申请直播间，只需要填写个人信息，上传身份证正反面，提供自己的银行卡账号并确认斗鱼转账即可。

4. 网络直播互动性强

网络直播的特点是实时感和互动性，这种特性使得传播的内容更自然真实。弹幕文化在网络直播中的位置至关重要。弹幕是一种参与的方式，是消解观众观看节目时无聊的入口，还能营造出共同在场的氛围，且是有趣内容的传播平台②。网友发送弹幕来表达自己的想法，直播者随时根据弹幕情况调整直播内容，实现了两者的完美互动，营造了虚拟的网络社区。

5. 较高的经济回报

越来越多的人加入主播行列的重要原因就是它的经济效益。观众的"打赏"，订阅量的回馈，广告的植入，这些都是主播收入的来源。一个主播通过直播一些能吸引人的东西，吸引的人数（粉丝）越多，获得的盈利就越多。如果一个主播的人气高、粉丝多，就会被企业签下，从而获得更多的财富。

四、电商直播的基本要素

目前，网络直播已经成为网络文化内容供应、技术创新、商业模式创

---

① 范悦龙：《互联网巨头资本追捧在线直播迎来黄金时代》，《计算机与网络》，2015 年第 16 期。

② 马紫涵：《从网络直播看新媒体发展趋势》，《参花（下）》，2015 年第 4 期。

新的代表，成为网络文化市场的重要组成部分。其中，中国直播类媒体行业主体可以分为电商直播、体育直播、游戏直播、真人秀直播、演唱会直播五种类型。随着各大平台的助推，一批当红主播相继涌现，一些影视演员也开始涉足直播带货领域，直播带货逐渐成为未来电商发展的趋势与风口。在电商直播的过程中，最重要的三个元素是：人、货、场。

（一）人

人是指做直播的主播，也就是展现在用户面前，介绍和分享商品的主持人。通常短视频中的主角往往需要担任策划、编辑、采访、制作、导播、主持等一系列工作，但进行直播商品分享的主播则只需要将商品分享给用户，让用户记住该商品并使其产生购买商品的欲望即可。因此，直播的主播必须具备一定的语言描述能力、充分了解商品和显示突出的人设特点。

1. 具备一定的语言描述能力

要在短视频直播间做好商品分享，主播除了需要能说会道，还需要在语言描述上具备两个比较突出的能力，即控场能力和带节奏能力。控场能力是指通过语言和肢体语言、表情等，抓住用户视觉和听觉的能力，甚至能影响用户的心跳速度和嘴角上扬或下弯的角度。作为主播需要了解关于直播的基本要求，包括对直播内容、时间、现场气氛的整体把控，以及对各种突发事件的灵活应对等。"带节奏"一词源于网络游戏，最初常被用于游戏解说，其本意是经验丰富的玩家利用自己的能力使游戏中的角色具备对方所没有的优势，并能够起到一定的领导带头作用，组织自己的队友进行一些有意义的进攻或防守，并体现出向成功前进的节奏感。在商品分享的直播中带节奏的能力，主要是指能够更好地与用户、粉丝互动，带领用户、粉丝完成直播间的一些互动设置，并活跃直播间氛围的能力。

2. 充分了解商品

充分了解商品也就是懂货，即主播能深刻理解行业及商品的优劣，能准确地提炼商品的核心卖点，并针对用户痛点讲解商品的优势与卖点，以及为用户提供实用的解决方案。非常了解商品并且很专业的主播，能够很好地获得用户的信任，并给用户一种安全感，从而提高商品的关注度和销售量。

3. 显示突出的人设特点

做电商直播的主播还需要有自己突出的人设特点，要让用户先喜欢上主播这个人，这样用户才有更大的可能去喜欢其分享的商品。当然，每个主播都有不同的人设，但通常具备说服力、引导能力、亲和力和让用户有信任感等基本特点的主播，对直播分享会有很好的助力作用。

(二) 货

货是指商品，因为商品本身的质量和用途才是用户购买的关键。所有商品既是电商直播的主要对象，也是影响运营的核心要素。对于直播运营来说，针对商品本身的策略主要有两点：一是选择商品，二是商品定价。

1. 选择商品

选择商品是指直播前就要确定直播过程中要推荐哪些商品，这是需要内容创作者花费很多精力准备的。直播运营的商品选择通常有以下三个要求：针对性选品、货品丰富和质量保证。

2. 商品定价

购买商品最重要的决定因素是价格。在商品分享的直播中，商品定价一定要有竞争力，至少对比其他同类商品更有价格优势。同时，直播过程中还可以通过价格对比展示其商品的价格优势，这样才会更长久地吸引用户观看直播。

(三) 场

直播时所指的场并不是传统意义上的实体场地，而是线上的直播间。直播间影响直播运营策略的因素包括直播间的场景、直播间的流量和直播间的玩法三个方面。

1. 电商直播间的场景

电商直播间大体可以分为两种类型：实景直播间和虚拟直播间。实景直播间就是实际搭建一个场景进行直播，比较常见的有明星直播间、座谈会等，这类直播间对场地、设备的要求比较高。虚拟直播间，是运用电影电视行业的色键抠像技术，将蓝、绿幕实时扣除，再实时置换直播需要的理想场景的一种直播技术。在直播间根据带货种类和规模大小也可以分为不同类型，个人直播间一般可控制在 8—15 平方米，多人团队配合型直播间多控制在 20—40 平方米。美妆类直播间 8 平方米大小即可，而服饰类直播间一般需要更大的空间和景深，以进行服饰的陈列和展示。选择了相应的直播场景后，就要对场景进行布置，一个合格的直播间场景，应该具备三个部分：展示区、产品区、道具区。展示区的核心作用是突出主播讲解及展示的产品；产品区：通过货架陈列等方式，向用户展示更多商品，延长观众在直播间的停留时间；道具区：用于摆放奖品及各类道具，如小黑板等；道具可辅助主播进行产品说明。

在拍摄和后期制作阶段，通常将带货直播间分为四个区域，分别是：贴片区、背景区、中景区和前景区。贴片区主要是关键信息贴片和文案；背景区主要是背景以及 Logo 呈现，以及音乐氛围；中景区呈现主播形象、服化道、主播演绎；前景区可以陈列商品、助播展示细节、展示道具等。

2. 电商直播间的流量

电商直播间的流量是商品分享的重要决定因素。商品分享的直播运营策略中需要了解的与直播间的流量相关的内容包括直播间流量的来源、在直播前获取流量和在直播中获取流量三个方面。

电商直播间流量的来源分为两个渠道，一个是公域流量，另一个是私域流量。公域流量就是公共的流量，也就是初次主动或被动参与到开放平台的内容曝光中的流量。直播电商可以通过发布优质短视频，获取平台更多的推荐；主动做推广，获取更多的展现机会；参与官方推广的活动和话题，让更多平台用户看到自己的账号，并进入自己的直播间。私域流量与公域流量相反，是属于相对封闭的信任流量，即电商直播间账号能够掌控的、可以反复利用，并稳定触达的一些流量资源。

在直播前，电商直播间账户可以通过发布预热视频、直播发布预热、在个人主页和昵称的位置发布直播预告、站外流量预热等方式获取流量。在直播中，电商直播间账号同样可以通过给自己高质量的短视频、直播投放"DOU＋"，增加直播间流量等方式获取流量。

3. 电商直播间的玩法

在直播过程中，主播需要通过设置更多的玩法与粉丝和用户互动，这样可以增强粉丝和用户对商品的了解以及对主播的信任感，并增加粉丝和用户在直播间的停留时长。更多的互动还可以在一定程度上提高直播间的活跃度，获取更多流量，更早实现提高商品转化率的目标。

近年来，电商直播带货行业持续发展，整体来看，电商直播变现方式相对简单直接。同时，伴随着电竞行业、游戏行业的发展逐渐成熟，游戏直播行业也逐步扩大。因此，未来一段时间内，电商直播与游戏直播仍然是直播行业内主要的增长动力。

五、电商直播流程

电商直播流程分为直播前、直播中、直播后三个步骤。

（一）直播前

直播前一般需要根据直播的需要完成直播选品、直播前预热引流、直播脚本的制作，同时根据人员分工，完成直播间的布置、准备和检查相关的直播设备等工作。直播间产品的挑选，可以根据粉丝需求、市场趋势、主播人设、直播主题、供应链和同行这些要素进行参考。直播前预热引流可以通过社交媒体、微信群、微博等平台，以图文或视频的方式进行推广。直播脚本的作用在于确定直播流程、做好人员安排、把控直播节奏、有效处理突发事件。直播团队一般分为主播、副播、操作、中控和场控。直播设备的检查是为了保证直播过程的稳定性和画质清晰度，以便提供更好的观看体验。直播设备一般包括手机、相机、三脚架、灯光、麦克风、电脑、各类充电器等常用设备，以及秒表、计算器等辅助工具，还有各种展示板和小黑板。例如，服装类直播间就会经常用到尺码表；美妆类直播间则会选用一块小黑板，写上不同肤色或不同场合选用什么色号或款式的商品。

（二）直播中

在直播中，主播和团队的工作主要包括商品介绍、商品上架和与用户互动三个方面。首先，在直播中主播和团队要进行产品讲解，在直播的不同环节设置互动环节，保持活跃的状态，并控制直播节奏。其次，主播和团队需要根据直播节奏进行的商品链接切换、活动预热、推送、商品的改价、控制库存、营销活动设置等。最后，主播和团队需要引导用户互动，并随时回应用户关心的问题，提高用户观看体验。

（三）直播后

直播后一般需要对直播间进行整理，并组织团队第一时间进行直播数据的复盘。直播数据复盘是对当天直播表现的全面梳理，找到问题并提出解决办法。直播数据的复盘是对直播效果的直接考察，对下一次直播的顺利开展具有重要的指导意义。一般直播数据复盘，主要计算的是这些数据：直播观看总人数、直播总实付订单量、直播总实付订单金额、毛利率、净利率、退货率、退款率等。

在激烈的市场竞争中，网络直播行业也出现了很多乱象，需要社会多方共同治理。在政府层面，政府部门需要不断完善法律法规，加强监管力度。对于各个网络直播平台来说，要主动承担社会责任，加强监管，弥补自身系统的缺陷，做好直播的"把关人"。在网络主播方面，需要提高自身素质修养，进行良性竞争，转变以低俗博眼球的观念。而网络受众也需要理性对待，远离"键盘侠""网络推手"等群体的煽动，不随波逐流，胡乱起哄①。

【本章小结】

在移动传播时代，丰富的网络视听节目类型满足了受众多元化的需求，也对节目创作者提出了更高的要求。本章对网络剧、网络综艺节目、网络电影、网络直播等几种网络视听节目的特征和创作规律进行了梳理。这些网络视听节目的类型、内容和风格与电视时代的节目形式有所区别，也有一定的联系，并随着时代的发展处于不断变化的过程中，需要创作者持续对某一垂直领域予以关注，并长期针对某一节目类型进行深耕细作。

【本章学习与思考】

1. 请举例说明一部国产网络剧的类型、题材、视听风格及目标受众。

2. 请策划一档文化类综艺节目，并从内容主题、节目嘉宾、环节设置和风格特征等方面撰写第一期的节目脚本。

3. 请观看一场完整的网络电商直播，并从人、货、场三个维度分析该账号的直播主题、直播流程、直播互动和直播效果。

---

① 杨仕宇：《网络直播乱象背后的思考——以斗鱼 TV 为例》，《西部广播电视》，2016 年第 6 期。

后　记

　　2024 年是中国接入国际互联网三十周年，从鼠标到触摸屏，这是一场发生在指尖上的巨变。从整体产业发展来看，中国网民规模稳居世界第一，勾勒出互联网正在成为我国经济转型升级的新引擎。本书的撰写工作前后时间跨度有两年，在这段时间里，网络媒介发生了日新月异的变化，也在持续推动网络视听节目的不断发展。本书作为网络视听节目的发展缩影，主要从实践操作层面，对网络新闻、网络微电影、网络纪录片、网络短视频、网络影视广告、网络音频节目、网络直播等节目类型和制作模式进行梳理，以期对影视专业课程实践课程的教学起到一定的帮助。在本书的撰写过程中，离不开成都大学影视与动画学院领导和师生的大力支持。本书编写组成员包括：成都大学影视与动画学院影视系齐梦若，负责第六章和第七章的撰写工作；影视与动画学院 21 级新媒体方向研究生包鸿明，负责第三章的撰写工作，成都大学影视与动画学院影视系副主任邓瑶，负责第一、二、四、五、八章的撰写工作。然而，不可否认的是，由于体量的限制，本书从一个不算全面的角度，在类型的提炼、案例的选择和经验的总结等方面尚有许多不完备之处，恳请各位读者批评指正。

邓　瑶　齐梦若

2024 年 10 月